elefante

o joio e o trigo

elefante

Edição
TADEU BREDA

Cotejo da tradução
JOÃO PERES

Preparação
LIVIA AZEVEDO LIMA

Revisão
MORITI NETO

Capa & Projeto gráfico
ANA LOBO

Direção de arte
BIANCA OLIVEIRA

MARION NESTLE

UMA VERDADE INDIGESTA

COMO A INDÚSTRIA ALIMENTÍCIA MANIPULA A CIÊNCIA DO QUE COMEMOS

Tradução
HELOISA MENZEN

Para Charles, Rebecca
e Mal, é claro

Apresentação 11
Paula Johns

Introdução
Indústria alimentícia e nutrição 15

1. **Uma história para ter cautela** 31
   Psicologia dos presentes 35
   Atuando em comitês 38
   Influenciando a pesquisa 42
   Gerenciando a influência da indústria farmacêutica 44

2. **A complexidade da nutrição em benefício da confusão** 51
   Nutrição e ciência dos alimentos 52
   A pesquisa em nutrição é dispendiosa 55
   Os efeitos do financiamento são complicados 57

3. **Doce vida: açúcar e doces como alimentos saudáveis** 73
   Pesquisa financiada pela indústria de mel 79
   Pesquisa financiada pela indústria de doces 80
   Pesquisa financiada pela indústria de chocolate 84

4. **Venda de carne e laticínios** 93
   Pesquisa sobre carne financiada por checkoffs 95
   Pesquisa sobre laticínios financiada por checkoff 99
   Escândalo do leite com chocolate 105

5. **Marketing não é ciência** 111
   "A superfruta rica em nutrientes" 113
   Noz-pecã, tão boa quanto outras nozes 115
   Um suco de romã maravilhoso 118
   Uso da ciência para comercialização de alimentos saudáveis 124

6. **Coca-Cola, um estudo de caso** 131
   Esforços de recrutamento 140
   Financiamento à pesquisa da Coca-Cola 141

7. **Comitês conflitantes: antes e agora** 149
   A ciência não rigorosa do Comitê Consultivo 159
   Recomendações quanto ao colesterol 162
   Crítica da indústria: orientações sobre o açúcar
   não são baseadas na ciência 166

8. **Cooptado?** 171
   Escolhas inteligentes 179
   Promoção de alimentos processados 181
   Oposição a "açúcares adicionados" nos rótulos de alimentos 181
   Defesa do "natural" 182
   Promoção do patrocínio da indústria alimentícia 183
   Implicações internacionais 185

9. **Soluções frágeis** 189
   Primeiras lutas 190
   Lutas atuais 193

10. **Justificativas, fundamentos e
    desculpas — todos estão em conflito?** 205
    A cartela de bingo do conflito de interesses 211
    Vieses não financeiros 218

11. **Divulgação e descontentamento** 225
    Políticas de divulgação 227
    Descontentamento com a divulgação 231
    Descontentamento com a Lei de Liberdade de Informação 237

12. **Gerenciamento de conflitos** 243
    Fundação Nutrição: 1942 a 1985 243
    A Era Fred Stare 248
    Políticas de divulgação 253

13. **Além de divulgar, o que fazer?** 261

14. **É hora de agir** 277
    Empresas alimentícias devem financiar pesquisas nutricionais? 278
    O financiamento da indústria deve ser aceito? 282
    O que as universidades e os periódicos nutricionais devem fazer para proteger a integridade científica? 285
    Como você deve lidar com esse assunto? 287

Agradecimentos 297

Posfácio
Uma verdade indigesta à brasileira 301
　　Sinta o sabor 302
　　Tudo dominado 303
　　Rótulos claros 306
　　A escolha é sua 307
　　Ultra-ataque 308
　　Incompreensão 310
　　Há saídas 314

Notas 319

Sobre a autora 365

APRESENTAÇÃO

Falar de alimentação é falar de cultura, meio ambiente, relações de poder, sustentabilidade, afeto, prazer, tradição, além do aspecto mais óbvio: o impacto daquilo que comemos na nossa saúde. Marion Nestle reúne, em *Uma verdade indigesta*, elementos fundamentais que desfazem a aparente confusão sobre o tema. Ao trazer essa discussão para o Brasil, certamente teremos um debate mais rico para separarmos o joio do trigo.

Na atual conjuntura de concentração de poder entre os atores que controlam os sistemas alimentares — da produção ao consumo —, o que comemos e o que sabemos ou acreditamos saber sobre o ato de comer é fortemente determinado pelas relações de poder na sociedade. A pressão pela maximização do lucro a qualquer preço tem uma série de efeitos colaterais, com graves impactos na nossa saúde no meio ambiente.

Criar produtos comestíveis com ingredientes baratos, cheios de aromatizantes, estabilizantes, espessantes e corantes, com pitadas de nutrientes para que possam ser vendidos como saudáveis, é uma das especialidades da indústria de alimentos ultraprocessados. Como mostra este livro, essas mesmas empresas patrocinam e depois divulgam os resultados de "estudos" sobre seus produtos, em manobras que deveriam ser rotuladas como marketing — e não como ciência.

Nenhum de nós é impermeável às alegações nutricionais amplamente promovidas nos rótulos, graças à permissividade da legislação, ou por meio da disseminação de pesquisas que, ao invés de informar sobre as recomendações alimentares, contribuem para confundi-las. O caso clássico é o do ovo, que de vilão do colesterol passou a mocinho.

Por muitos anos acreditei que o problema crônico de intestino preso, comum a muitas mulheres, pudesse ser solucionado tomando diariamente uma determinada marca de iogurte. Caso não funcionasse, podia-se pedir o dinheiro de volta, como prometia a propaganda. Esse é apenas um dentre os inúmeros exemplos da confusão nutricional em que estamos imersos.

O primeiro passo para começar a desfazer essa confusão é reconhecer que existe um problema na forma como as indústrias alimentícias utilizam pesquisas e pesquisadores para promover seus produtos. *Uma verdade indigesta* dá uma contribuição definitiva para a conclusão dessa etapa.

O conflito de interesses tem uma relevância crescente, não só na cobertura da área de alimentação e nutrição no Brasil, mas também nos fóruns regionais e globais de doenças crônicas e saúde. As comparações entre as táticas da indústria do tabaco e de alguns segmentos da indústria de alimentos, em especial de ultraprocessados e agrotóxicos, são muito comuns. Os cientistas, relações públicas e outros profissionais incumbidos de semear dúvidas sobre a nocividade dessa categoria de produtos são, em alguns casos, os mesmos que em outras épocas serviram aos propósitos das fabricantes de cigarros.

Como veremos no epílogo deste livro, escrito pelos jornalistas João Peres e Moriti Neto, são muitas as similaridades entre o que acontece no Brasil e os casos relatados por Marion Nestle neste livro, ocorridos majoritariamente nos Estados Unidos. Não se trata de "mera coincidência": os episódios envolvem empresas e pesquisadores com nome e endereço fixo. Está tudo interligado. Afinal, estamos falando das mesmas corporações.

A boa notícia, pelo menos em algumas bolhas, é que a "comida de verdade" vem ganhando um protagonismo inegável. Cada vez mais pessoas reconhecem que bom mesmo é comer comida, frutas, legumes, verduras, grãos. *Uma verdade indigesta* traz dicas valiosas para todos aqueles interessados em alimentação saudável, tanto do ponto de vista de escolha individual, quanto de análise acadêmica, para identificar o que é ciência e o que é marketing.

O livro é também um convite à cidadania num contexto em que o poder das corporações é cada vez mais preponderante e coloca a democracia em risco. Precisamos de cidadãos conscientes, informados e atuantes. Por meio de cobranças e críticas a governos e empresas, podemos contribuir para nivelar o campo de ação e reduzir assimetrias na influência sobre políticas públicas e legislações.

No Brasil, a Aliança pela Alimentação Adequada e Saudável está alinhada a essas ideias. Criada em 2016, reúne organizações da sociedade civil de interesse público, profissionais, associações e movimentos sociais com objetivo de desenvolver e fortalecer ações coletivas que contribuam com a realização do Direito Humano à Alimentação Adequada por meio de políticas públicas para a garantia da segurança alimentar e nutricional e da soberania alimentar no Brasil.

Organizamos nossa agenda de atuação em torno de dez temas. O trabalho de Marion Nestle, de certa forma, perpassa todos esses princípios, mas, em particular, o de "monitorar e expor práticas e políticas que estimulem condutas alimentares nocivas à saúde". Assim, este livro pode ser lido como uma chamada para ação e para o *advocacy* — e, portanto, está totalmente sintonizado com nossas atividades como instituição defensora do bem público e de uma sociedade mais saudável, justa e sustentável. Acreditamos que ambientes saudáveis promovem escolhas saudáveis.

Em síntese, *Uma verdade indigesta* ajuda o leitor a entender por que comer é um ato político.

PAULA JOHNS
Diretora-presidente da ACT **Promoção da Saúde**
Março de 2019

INTRODUÇÃO
Indústria alimentícia e nutrição

Eu amo a ciência da nutrição. Em meu primeiro trabalho como professora, dei aulas sobre isso. Fiquei apaixonada. Até hoje, adoro o desafio intelectual de descobrir o que comemos, por que comemos o que comemos e como as dietas afetam a nossa saúde.

Não é fácil estudar essas questões em todos os contextos — genética, formação cultural, estilo de vida, renda e educação — que influenciam nosso bem-estar. Também tenho um fascínio infinito pela maneira como as escolhas alimentares se relacionam com muitos dos problemas mais desafiadores da sociedade, entre os quais a saúde é apenas o mais óbvio. O que comemos está relacionado com pobreza, desigualdade, raça, classe, imigração, conflitos sociais e políticos, degradação ambiental, mudanças climáticas e muito mais. O alimento é uma lente através da qual podemos examinar todas essas preocupações.

Eu amo a complexidade das questões alimentícias e a paixão com a qual as pessoas tratam delas. Não amo, porém, o modo como a indústria alimentícia acrescentou a essa complexidade uma complicação desnecessária: o envolvimento dos profissionais de nutrição em metas de marketing muitas vezes contrárias aos interesses da saúde pública.

Uma verdade indigesta se dedica a compreender como empresas de alimentos, bebidas e suplementos financiam pesquisadores e profissionais de nutrição, e como isso se associa com o objetivo final do lucro. O livro surge em um momento em que os escândalos criados por esse tipo de financiamento são notícia de primeira página. Cito um exemplo inesperado — e altamente surreal — de por que os assuntos tratados aqui devem ser importantes para todos nós.

Durante a particularmente controversa disputa presidencial de 2016 nos Estados Unidos, *hackers* russos roubaram valiosas mensagens eletrônicas de funcionários do Partido Democrata e as publicaram no site WikiLeaks. Roubaram também e-mails de pessoas que trabalhavam na campanha de Hillary Clinton e as publicaram em outro site — DC Leaks. Esse nível maquiavélico de intriga internacional deveria estar a anos-luz de distância do financiamento da indústria alimentícia a profissionais de nutrição, exceto por uma coincidência verdadeiramente bizarra: os dados armazenados no DC Leaks incluíam mensagens trocadas entre uma conselheira da campanha do ex-presidente Bill Clinton, Capricia Marshall, e Michael Goltzman, vice-presidente da Coca-Cola. Enquanto trabalhava com Clinton, Marshall também fazia consultoria para a multinacional, cobrando sete mil dólares por mês.[1]

Os e-mails da Coca-Cola podem ter sido um efeito colateral da interferência russa nas eleições norte-americanas, mas, para mim, foram um presente. As mensagens tocam nos principais temas deste livro — e, não menos importante, expõem meu nome. Os e-mails revelados incluíam uma mensagem de janeiro de 2016 do diretor de uma agência australiana que fazia relações públicas para a empresa. O texto trazia anotações de uma palestra que eu havia acabado de dar na Austrália. Na época, eu era pesquisadora visitante na Universidade de Sydney, ligada ao grupo da professora Lisa Bero, cujos estudos sobre a influência corporativa na pesquisa científica aparecem com frequência neste livro. As anotações sobre minha palestra — muito bem-feitas, na verdade — citam alguns dos participantes da conferência, analisam o conteúdo apresentado e aconselham a Coca-Cola a monitorar futuras comunicações, pesquisas e presença nas mídias sociais, além de acompanhar o trabalho de Lisa Bero.[2]

Lembro-me vagamente de que alguém me disse que um representante da Coca-Cola estivera em minha palestra, mas, na época, não parei para pensar nisso. Meu livro de 2015 sobre a indústria de refrigerantes — *Soda Politics: Taking on Big Soda (and Winning)* [Políticas do refrigerante: desafiando os grandes fabricantes (e vencendo)] — tinha acabado de ser publicado, e presumi que alguém da indústria estaria na plateia em todas as minhas palestras. Os e-mails revelados pelo DC Leaks demonstram o grande interesse da Coca-Cola nas atividades de indivíduos de qualquer lugar do mundo que possam questionar os efeitos de seus produtos sobre a saúde, além das pressões da empresa sobre jornalistas que escrevem sobre o assunto.

Em 2015, a repórter da agência *Associated Press* (AP) Candice Choi investigava o recrutamento de especialistas em dietas pela Coca-Cola para promover os refrigerantes nas redes sociais. A equipe de relações públicas da empresa havia trabalhado durante anos com esses profissionais para fazê-los divulgar "conteúdo patrocinado" que anunciasse "como nossas bebidas podem se encaixar em uma dieta saudável e balanceada". Como esperavam que o artigo de Choi "tivesse uma perspectiva negativa e cínica", os funcionários da companhia "procuraram os editores da AP para registrar formalmente preocupações acerca da matéria" em que a repórter estava trabalhando, prometendo "continuar a incentivá-los a não divulgar" suas descobertas. Nesse caso, as pressões não funcionaram. A reportagem descreveu como as empresas alimentícias trabalhavam "nos bastidores para apresentar seus produtos de forma positiva, muitas vezes com ajuda de terceiros, vistos como autoridades confiáveis". Candice Choi publicou a alegação de um porta-voz da Coca-Cola sobre aquela estratégia: "temos uma rede de especialistas em dietética com os quais trabalhamos. Toda grande marca trabalha com blogueiros ou pessoas pagas".[3] Graças aos e-mails, agora sabemos como esse sistema funciona.

As mensagens mostram como a Coca-Cola influencia os repórteres que escrevem sobre esses tópicos. A equipe da corporação se relacionava com Mike Esterl, repórter do *The Wall Street Journal*. Havia uma pesquisa que demonstrava os benefícios dos impostos sobre refrigerantes, e a ideia era ter certeza de que "Mike entendeu a fonte do estudo, e que este ainda não havia sido publicado ou avaliado por um grupo de especialistas da área".[4] Outra mensagem dizia: "para sua informação, por favor, note que temos envolvido a repórter da AP Candice Choi nesse assunto desde abril, e tem havido numerosos compromissos — verbais e escritos".[5]

O mesmo e-mail também se refere ao relacionamento confortável entre a então diretora científica da Coca-Cola, Rhona Applebaum — guarde esse nome —, e os cientistas que realizavam pesquisas acadêmicas financiadas pela empresa. A equipe da Coca-Cola escreveu que sabia que a reportagem de Choi incluiria uma troca de e-mails na qual Applebaum se referia com frequência ao grupo de cientistas como "Cartel" e aos críticos como "*trolls*". O texto levantou dois pontos: a pesquisa financiada pela indústria normalmente promove os interesses do patrocinador; e alguns pesquisadores ganham a vida com trabalhos financiados por corporações alimentícias e associações empresariais. Choi apontou que um desses grupos "transmitiu regularmente conclusões favoráveis para os financiadores — ou "clientes", como esses cientistas preferem chamá-los.[6]

Outras mensagens se referiam ao *lobby* da companhia para influenciar a conduta de nutricionistas. A equipe de relações públicas se preocupou com a possibilidade de que o comitê acadêmico responsável por revisar as evidências científicas usadas no Guia Alimentar dos Estados Unidos de 2015 propusesse "eliminar as bebidas com açúcar das escolas, taxá-las e restringir a publicidade de alimentos e bebidas com alto nível de sódio ou adição de açúcares" para todos os segmentos da população. Com isso, a equipe sugeriu que a empresa "deve estar preparada para que este relatório seja frequentemente citado por ativistas" e "deve trabalhar em conjunto para equilibrar a cobertura".[7] Posteriormente, o diretor de Relações Governamentais da Coca-Cola assegurou aos colegas que havia trabalhado em estreita colaboração com o Congresso e as agências federais "para garantir que a recomendação política acerca de um imposto sobre refrigerantes não fosse incluída nas diretrizes finais". Esses esforços foram bem-sucedidos: a palavra "imposto" não aparece em nenhuma parte do documento.

Os e-mails revelados pelo DC Leaks oferecem um vislumbre precioso de como a empresa de bebidas tentou influenciar nutricionistas, pesquisas nutricionais, jornalistas que cobrem a área e recomendações dietéticas. Quando podem, outras empresas alimentícias também fazem isso.[8] A diferença é que a Coca-Cola foi flagrada em ação.

Não foi a primeira vez, e nisso está a gênese deste livro. Em agosto de 2015, enquanto *Soda Politics* estava na gráfica, o *The New York Times* publicou uma reportagem de primeira página sobre o fato de a empresa financiar pesquisadores universitários, que criaram um grupo chamado Global Energy Balance Network [Rede Global de Balanço Energético] (GEBN). O propósito era convencer o público — contrariando muitas evidências — de que a atividade física é mais eficaz que a dieta como meio de controle do peso corporal.[9] Como eu tinha sido citada naquela matéria, repórteres me ligaram em busca de comentários. Eles quase não acreditaram que uma empresa tão proeminente como a Coca-Cola tivesse financiado uma pesquisa escancaradamente voltada aos próprios interesses, que pesquisadores de universidades respeitadas tivessem aceitado recursos para tal ou que instituições acadêmicas tivessem permitido que o corpo docente o fizesse. Se os repórteres não tinham ideia de que essas práticas existiam, ficou claro, então, que eu devia escrever outro livro.

Na verdade, eu já estava pronta para isso. Produzi meu primeiro artigo sobre essas questões em 2001[10] e, em agosto de

2015, estava no meio do que acabou sendo um projeto de um ano para coletar estudos financiados pela indústria que produziam resultados favoráveis aos interesses dos patrocinadores. Poucos meses antes, eu havia começado a publicar resumos dessas pesquisas no blog que mantenho desde 2007, FoodPolitics.com. Continuei a fazer postagens até março de 2016. Mencionarei os resultados desse exercício depois, mas, por ora, vamos a alguns exemplos, a começar pela Rede Global de Balanço Energético.

A Coca-Cola tinha financiado pesquisas sobre os efeitos da atividade física no balanço energético e na gordura corporal. Os cientistas relataram que as pessoas que participaram do estudo equilibraram a ingestão de calorias com apenas 7.116 passos por dia — "uma quantidade possível para a maioria dos adultos".[11] Esta pode parecer uma pesquisa básica sobre fisiologia do exercício, mas implica que a atividade física — e nem tanta assim — é tudo o que precisamos para controlar nosso peso, independentemente de quanta Coca-Cola tomemos.

A corporação não está sozinha no patrocínio de pesquisas de marketing disfarçadas de ciência básica. No final de 2017, o *Journal of the American Heart Association* publicou os resultados de um teste clínico que concluiu que a incorporação de chocolate amargo e amêndoas à nossa dieta pode reduzir o risco de doenças coronarianas.[12] Adoro isso. Você consegue adivinhar quem pagou por esse estudo? A Hershey Company, fabricante de chocolate, e a Almond Board, uma organização empresarial dos produtores de amêndoas da Califórnia. Eles também pagaram a sete dos nove autores por terem participado do teste — os outros dois eram funcionários da Hershey.

E se as descobertas desses estudos forem verdadeiras? E se exercício, chocolate e amêndoas forem bons para a saúde? O que há de errado em financiar pesquisas para provar isso? Essa é uma questão séria que merece uma resposta séria: este livro. Laços financeiros com empresas alimentícias não são necessariamente causa de corrupção. É possível que um pesquisador seja financiado por uma companhia e mantenha a independência e a integridade. O financiamento por empresas alimentícias, porém, costuma exercer influência indevida, e invariavelmente *parece* que é assim. Ou seja, uma simples insinuação de financiamento empresarial à pesquisa é suficiente para reduzir a confiança de alguns segmentos do público. Profissionais de nutrição reconheceram os riscos de aceitar patrocínio de empresas alimentícias há muito tempo, mas a maior parte deles tem considerado que os benefícios — dinheiro, recursos, contatos — superam os riscos. Do ponto de vista da indústria alimentícia, "capturar" cientistas e profissionais de nutrição é uma estratégia bem estabelecida para influenciar as recomendações dietéticas e as políticas públicas.[13]

As empresas entendem que precisam dessas estratégias para sobreviver no mercado ferozmente competitivo de hoje. O fornecimento de alimentos nos Estados Unidos provê cerca de quatro mil calorias por dia *per capita*, incluindo desde bebês até lutadores de sumô. Isso é o dobro da necessidade média de uma pessoa. Wall Street, porém, espera que as corporações com ações na bolsa de valores façam mais do que obter lucros: espera que elas aumentem a remuneração do acionista a cada trimestre.[14] A concorrência obriga as empresas alimentícias a se esforçarem para convencer os clientes a optar por seus produtos, a comer mais e a comprar produtos mais lucrativos. Os mais lucrativos, de longe, são os alimentos e as bebidas ultraprocessados[15] — *junk food*, em inglês —, que são ricos em calorias, mas têm baixo valor nutricional. Recorrer a profissionais de nutrição para declarar a inocuidade desses produtos faz sentido para os negócios. Então, finalmente essas empresas passam a promover alimentos supostamente mais saudáveis: os "superalimentos" — termo de marketing sem significado nutricional.

Como professora de nutrição, todos os dias lido com a perplexidade das pessoas acerca das escolhas alimentares. Em 2006, escrevi *What to Eat* [O que comer] na esperança de reduzir parte da confusão e incentivar os leitores a desfrutar a comida — um dos maiores prazeres da vida. Ao final, a recomendação dietética básica é tão constante e simples que o jornalista Michael Pollan a resumiu em poucas palavras: "coma comida, não demais, principalmente verduras".[16] Infelizmente, porém, recomendações como essa não vendem produtos alimentícios. A influência de profissionais de nutrição, sim.

Muito do que sabemos sobre a influência corporativa na ciência vem de estudos sobre as indústrias de tabaco, química e farmacêutica. O exemplo mais relevante, no nosso caso, diz respeito à maneira como as farmacêuticas induzem os médicos a prescrever medicamentos mais caros — e às vezes desnecessários — e encomendam pesquisas para demonstrar que suas drogas são mais seguras e mais eficazes que genéricos ou concorrentes. Décadas atrás, médicos reconheceram os efeitos negativos criados pela ação da indústria, registraram as distorções e deram passos para combatê-las. Publicações médicas exigiram que os autores divulgassem laços financeiros com farmacêuticas que pudessem lucrar com os resultados de seus estudos. Em 2010, o Congresso dos Estados Unidos exigiu que as farmacêuticas divulgassem pagamentos a médicos. Nada próximo a esse nível de preocupação, escrutínio ou ação, porém, se aplica aos esforços das empresas alimentícias em acionar profissionais de nutrição.[17]

Talvez porque as práticas dessa indústria sejam mais difíceis de mensurar, os profissionais de nutrição têm falhado em reconhecer e em lidar com os riscos à própria reputação advindos de tais parcerias. A pesquisa nessa área é relativamente nova, mas os poucos estudos publicados sugerem paralelos próximos aos efeitos da indústria farmacêutica. Trata-se de um problema tanto *sistêmico* quanto pessoal.[18] As empresas de ultraprocessados também distorcem pesquisas com o objetivo de colocar em foco questões úteis para o desenvolvimento de produtos e para o marketing;

influenciam pesquisadores a enfatizar resultados equivocados; e encorajam profissionais de nutrição a oferecer opiniões laudatórias sobre patrocinadores e produtos — ou a permanecer em silêncio acerca dos efeitos desfavoráveis. Quando esses profissionais colaboram com empresas alimentícias, portanto, podem parecer mais interessados em marketing do que em saúde pública.

Deixo claro que não é fácil falar sobre essas questões. Uma razão para isso é que os efeitos do financiamento da indústria parecem ocorrer em um nível inconsciente, tão abaixo do radar do raciocínio que sua influência não é reconhecida. Além disso, a revelação dos relacionamentos financeiros com as empresas alimentícias é tão constrangedora que ninguém quer falar sobre isso. Minha própria situação ilustra essas dificuldades.

Como deve estar evidente, além de escrever sobre essa história, estou inserida nela e tenho minhas questões — profissionais e pessoais — ao lidar com as empresas alimentícias. No lado profissional, trabalho com colegas que aceitam esse tipo de financiamento e ficam ressentidos com a menor sugestão de que isso pode influenciar a pesquisa. Editores de revistas são cautelosos para publicar artigos sobre conflitos induzidos pela indústria. Ao escrever sobre esses tópicos, enfrentei minha própria parcela de dificuldades para publicá-los: várias rodadas de revisão pelos meus pares, rejeição de comentários que havia sido convidada a enviar e, em um caso especialmente doloroso, uma obrigação de retratação.[19]

Eu mesma não consigo evitar me envolver com empresas de alimentos, bebidas e suplementos. Elas me enviam amostras de produtos. Patrocinam as reuniões que frequento, as sociedades a que pertenço e as publicações que leio. Entregam informativos, livros, *releases*, materiais pedagógicos, pequenos presentes (canetas, brinquedos, lanternas e *pen-drives*) e grandes presentes (você acreditaria em um saco de pancadas com o formato de uma lata de refrigerante?). De vez em quando, forneço consultoria a empresas alimentícias, respondo às suas perguntas e falo em reuniões que elas patrocinam. Como expliquei no livro *Food Politics* [Políticas alimentares], essas interações são comuns entre os nutricionistas acadêmicos. Incomum é questioná-las.

Como professora de nutrição, preciso saber o que as empresas alimentícias estão fazendo. Interagir é um aprendizado, embora, às vezes, constrangedor. Eu estava escrevendo este livro quando Daniel Lubetzky, carismático proprietário da empresa de frutas e nozes KIND, pediu-me para ajudá-lo a selecionar o conselho da sua nova fundação sem fins lucrativos, a Feed the Truth [Alimente a verdade]. Ele havia prometido 25 milhões de dólares ao longo de dez anos para a organização, que tinha por objetivo "melhorar a saúde pública, fazendo da verdade, da transparência e da integridade os principais valores do atual sistema alimentar".[20] Para isso, patrocinaria pesquisas científicas e programas de educação para expor os esforços das empresas alimentícias em distorcer estudos e ir contra a saúde pública. Eu não poderia recusar.

Sempre atenta, a repórter Candice Choi, da AP, escreveu a respeito. Ela registrou minha explicação, dizendo que Marion Nestle "normalmente, mantém a indústria à distância, mas achou Lubetzky 'muito persuasivo' e sentiu que a Feed the Truth poderia aumentar a conscientização sobre a influência corporativa na pesquisa nutricional".[21] O artigo de Choi também apontou que a organização tinha pagado minhas despesas de viagem para uma reunião em Washington. Choi merece todo o crédito por apurar os pagamentos recebidos, mas, particularmente, não me agradou ter esse reembolso divulgado no *The Washington Post*.

Deixe-me contextualizar esse dinheiro. Ao longo dos anos, precisei desenvolver uma política de gestão para lidar com pagamentos e presentes de empresas alimentícias — o que posso e o que não posso aceitar — para minimizar a influência delas e para permanecer vigilante sobre a influência exercida de modo inconsciente. De acordo com essa política, aceito reembolso de despesas de viagem, hospedagem e refeições, mas, pessoalmente, não aceito honorários, taxas de consultoria ou quaisquer outros pagamentos diretos. Em vez disso, peço às empresas alimentícias que façam uma doação equivalente à Marion Nestle Food Studies Collection, na biblioteca da Universidade de Nova York, ou, agora que estou oficialmente aposentada, ao fundo de viagens estudantis do meu departamento. Quando os pagamentos são feitos a mim, endosso os cheques a uma ou ao outro (e declaro tudo no imposto de renda).

Como veremos, muitas evidências demonstram que o pagamento de viagens, hotéis, refeições, registros de reuniões e pequenos presentes são o suficiente para influenciar o resultado de pesquisas e a prática de prescrição de médicos.[22] Não tenho motivos para pensar que eu seja particularmente imune à influência de pagamento para uma coleção de biblioteca ou para um fundo que beneficia minha reputação. Apesar de imperfeita, minha política exige que eu pense cuidadosamente sobre cada interação com uma empresa alimentícia que envolva pagamentos ou benefícios.

Mais um exemplo: em 2017, fui convidada para falar em um simpósio na Suíça organizado pela Nestlé (com a qual não tenho parentesco), empresa há muito acusada de evadir-se ou violar os códigos éticos de comercialização de substitutos do leite materno e papinhas.[23] Aceitei porque estava curiosa para saber mais sobre o empreendimento científico da empresa, e queria uma oportunidade de compartilhar minhas opiniões com uma audiência à qual normalmente não tenho acesso. Críticos das ações da Nestlé, porém, avaliaram os riscos de eu ser usada pela empresa, entenderam que os prejuízos à minha reputação seriam muito grandes e me pediram para recusar o convite. A política que institui me forçou a pensar muito sobre as possíveis consequências da escolha de falar naquele simpósio.

Estou ciente de que tenho a sorte de estar em uma posição que me permite manter tal política, tomar essas decisões e escrever livros sobre esses tópicos. Nunca dependi da concessão de fundos. Durante as três décadas que passei na Universidade de Nova York, fui privilegiada — acredite em mim, pois sei exatamente o quanto — com um cargo de professora titular que pagava todo o meu salário e fornecia bolsas de estudo, telefone, computador e biblioteca de primeira linha, tudo que preciso para o tipo de pesquisa que faço.

Ao escrever este livro, também enfrentei outra decisão difícil: o que *não* incluir nele. Para limitar o escopo, optei por enfatizar a influência da indústria alimentícia sobre o consumo — empresas que produzem alimentos e bebidas que as pessoas normalmente consomem. Ainda assim, decidi excluir várias categorias: bebidas alcoólicas, suplementos dietéticos e adoçantes artificiais. A similaridade da indústria do álcool com a indústria do tabaco na manipulação de pesquisas e políticas está consolidada.[24]

Em *Food Politics*, escrevi bastante sobre a escassez de evidências quanto aos benefícios dos suplementos alimentares para quem tem uma dieta razoavelmente variada. Esse segmento financia muitos estudos que demonstram as vantagens para a saúde de se tomar um produto ou outro, mas pesquisadores independentes não chegam ao mesmo resultado — algumas vezes, inclusive, sugerem que ingerir nutrientes em forma de comprimido pode ser prejudicial. Apesar disso, metade dos adultos norte-americanos toma suplementos, acreditando compensar dietas inadequadas.[25] Essa indústria é muito hábil em obter a pesquisa de que necessita para explorar as ansiedades em torno da alimentação: *caveat emptor*, o risco é do consumidor.

Quanto aos adoçantes artificiais, as empresas muitas vezes financiam estudos para provar que, isoladamente e em conjunto, as substâncias são seguras e eficazes para perda de peso. Pesquisas independentes questionam esse resultado.[26] Enquanto aguardo mais evidências para determinar a segurança ou a eficácia desses produtos químicos, sigo uma regra alimentar pessoal: nunca como nada artificial.

Além disso, para evitar que este livro tenha o dobro do tamanho, pouco ou nada se dirá sobre as empresas envolvidas na agricultura — alimentos geneticamente modificados, agroquímicos e alimentos orgânicos. Os esforços dessas indústrias para influenciar pesquisas, opiniões e políticas também foram minuciosamente investigados e documentados.[27] Mesmo com essas omissões deliberadas, ainda temos muito sobre o que falar.

Uma verdade indigesta aborda conflitos de interesses induzidos pelas interações da indústria alimentícia com os profissionais de nutrição e os efeitos sistêmicos desses conflitos na política pública e na saúde pública. Para os fins dessa nossa conversa, isso pode ocorrer quando pesquisadores ou nutricionistas, cujo principal interesse é produzir uma nova evidência ou oferecer recomendações sobre nutrição e saúde, distorcem — ou parecem distorcer — suas descobertas ou opiniões devido a laços financeiros com empresas de alimentos.

Em termos de saúde pública, os conflitos induzidos pela indústria constituem um problema "perverso" sem solução fácil, a não ser a recusa da verba oferecida. No mundo real da pesquisa e da prática de nutrição, no entanto, é mais fácil falar em não aceitar dinheiro do que efetivamente não o aceitar, sobretudo entre os que dependem mais do que eu de financiamentos externos para pesquisas e salários. Mesmo assim, creio que seria mais saudável para todos nós que os profissionais de nutrição — tanto os que atendem em consultórios quanto os acadêmicos — resistissem muito mais aos riscos e às consequências do patrocínio e estabelecessem medidas claras para minimizar esses problemas.

E quanto a você? A verdadeira questão é como você — leitor, consumidor de alimentos, cidadão — pode reconhecer e se proteger contra o ataque de informações enganosas e recomendações resultantes da manipulação de pesquisas e práticas de nutrição das empresas alimentícias. Todo mundo come. A comida é importante. Todos precisamos e merecemos uma recomendação nutricional saudável, destinada a promover a saúde pública — e não os interesses comerciais corporativos. Como podemos fazer isso? Continue a ler.

1.
Uma história para ter cautela

Aquilo que sabemos sobre o que ocorre com outras indústrias é a principal fonte de nossa preocupação com os efeitos do financiamento de estudos pela indústria alimentícia. Décadas de livros, relatórios, análises e comentários descrevem como as corporações têm influenciado pesquisas e opiniões. Um levantamento analisou exclusivamente estudos ou revisões dos efeitos do financiamento da indústria desde a década de 1970. Foram identificados cerca de oito mil itens, dos quais apenas um punhado sobre empresas alimentícias. Independentemente do setor, porém, as conclusões são semelhantes. Todas as indústrias que fabricam produtos com benefícios questionáveis à saúde exercem influência pela diligente adesão a estratégias inicialmente estabelecidas com grande êxito pelas empresas de tabaco, e depois descritas em detalhes como um conjunto de atuação legal para influenciar políticas, moldar a percepção pública e obter pesquisas que auxiliem nesses esforços — os chamados "manuais de ação".[29]

Na década de 1950, os executivos da indústria de tabaco já estavam cientes das evidências que ligam o consumo de cigarro ao câncer de pulmão. Apesar disso, embarcaram em campanhas para lançar dúvidas e refutar a nocividade do fumo. O manual de ação previa que os executivos desviassem repetidamente a atenção das doenças provocadas pelo produto, neutralizassem as críticas e minassem os pedidos de regulamentação. A cartilha também exigia uma repetição incessante de declarações elaboradas com cuidado: o tabagismo é uma questão de responsabilidade pessoal, as tentativas do governo de regular o tabaco são manifestações de um Estado "babá", as restrições ao fumo infringem a liberdade, e as pesquisas que relatam os prejuízos causados pelo cigarro são *"junk science"* — ciência porcaria, sem valor.

Crediteemos, portanto, à indústria de tabaco a produção do modelo agora seguido por outras áreas, entre elas, a alimentícia.[30] Qualquer que seja o setor, a cartilha exige o repetido e implacável uso deste conjunto de estratégias:

- Lançar dúvida sobre o conhecimento científico;
- Financiar pesquisas para produzir os resultados desejados;
- Oferecer presentes e acordos de consultoria;
- Usar grupos de fachada;
- Promover autorregulação;
- Promover responsabilidade pessoal;
- Usar tribunais para desafiar críticos e regulamentos desfavoráveis.

Para nossos propósitos, o melhor exemplo do uso prático dessa cartilha é a indústria farmacêutica. A atuação foi tão bem-sucedida que, no início dos anos 1990, especialistas em ética médica ficaram consternados ao observar que floresciam conflitos de interesses em quase todas especialidades e subespecialidades médicas.[31] Hoje, os conflitos criados pelas práticas da indústria farmacêutica têm sido amplamente reconhecidos e documentados. É especialmente relevante a maneira pela qual a *Big Pharma*[32] induz os médicos a receitar medicamentos e a financiar pesquisas para demonstrar a superioridade de suas drogas. Também relevantes são as demandas, cada vez mais insistentes, para restringir as mais notórias práticas da indústria. As atuais políticas de regulamentação do setor podem não ser totalmente eficazes, mas demonstram que, há muito tempo, a profissão médica reconheceu os riscos da influência dessa indústria e tem tomado medidas para se prevenir deles ou mitigá-los.

Defrontei-me pessoalmente com essa realidade em 2005, quando a Associação Americana de Diabetes me convidou para falar sobre aspectos dietéticos da doença em sua reunião anual. Ao folhear o programa, fiquei surpresa de ver tão poucas sessões tratarem de questões nutricionais. Encontrei apenas uma sessão sobre açúcar e saúde, organizada pela Oldways Preservation & Exchange Trust e patrocinada pela Coca-Cola. Esta era a descrição: "dietas baseadas em demonizar qualquer alimento, incluindo doces e açúcares, estão fadadas ao fracasso — a questão é o controle da porção".[33] Sim, é, mas essa sessão parecia destinada a assegurar aos especialistas em diabetes que os pacientes poderiam beber Coca-Cola impunemente.

Na minha palestra, mostrei um slide da recém-aprovada droga injetável para diabetes da marca Byetta (exenatida), extraída do monstro-de-gila, um lagarto peçonhento. Injeções? Monstro-de-gila? Certamente, comer legumes e perder alguns quilos seria uma abordagem melhor para prevenir o diabetes tipo 2. Os membros da plateia me criticaram por questionar o valor de uma droga que poderia ajudar os pacientes a controlar os níveis de açúcar no sangue. Isso também me surpreendeu, pois presumi que aquele público soubesse tão bem quanto eu que perder peso — normalmente, apenas alguns quilos — pode reverter os sintomas do diabetes tipo 2 em muitos pacientes.[34]

Depois, circulei pela área comercial do evento. Muitos metros quadrados estavam comprimidos por estandes de divulgação de medicamentos. Caminhei pelos corredores, coletando os itens gratuitos — lembrancinhas distribuídas em todos os lugares. Havia objetos pequenos, como canetas, blocos de prescrição e brinquedos, e itens mais caros, como aventais de laboratório, estetoscópios, malas médicas e livros didáticos. Como explicarei em breve, está provado que até mesmo presentes pequenos induzem médicos a prescrever os produtos da empresa doadora. As farmacêuticas gastam fortunas com lembrancinhas, mas gastam fortunas ainda maiores com visitas pessoais de representantes, cursos de educação continuada, refeições e férias — tudo para influenciar as práticas de prescrição médica. Na década de 1970, críticos escreveram livros sobre os gastos dessas companhias para "alcançar, persuadir, adular, mimar, iludir" os médicos — e, assim, vender mais. A maior parte do dinheiro foi para os representantes, homens — e, mais tarde, mulheres — que visitavam consultórios no intuito de explicar os benefícios dos medicamentos e deixar presentes. Pelo súbito aumento das vendas de marcas específicas de remédios, os farmacêuticos sabiam quando os representantes haviam feito uma visita na região. No jornal da Associação Médica Americana, propagandas de medicamentos respondiam por metade da renda, o que talvez explique por que a instituição não reclamava das práticas de marketing da indústria farmacêutica.[35]

A explicação mais óbvia para a abundância de literatura sobre as práticas da indústria farmacêutica é que as interações desse setor com a comunidade médica são facilmente *mensuráveis*: pelo valor monetário dos presentes e dos pagamentos (é claro), pelos efeitos nas práticas de prescrição dos beneficiários, pelos votos em comitês consultivos sobre medicamentos e pelos resultados das pesquisas. Outros efeitos, no entanto, são mais difíceis de mensurar: tratamento desnecessário de pacientes, custo mais alto com saúde e perda de confiança na profissão médica. Por analogia, todas essas descobertas são relevantes para a não muito bem estudada influência das empresas alimentícias. Para qualquer indústria, entretanto, o ponto de partida para análise da influência do financiamento é o impacto dos presentes no comportamento humano — que tem sido observado pelos psicólogos.

Psicologia dos presentes

Assim como eu antes de fazer essa pesquisa, você também pode achar que presentes não são grande coisa. Você dá e recebe presentes, alegremente ou não. Você agradece a quem o presenteou. E ponto final. Porém, os muitos psicólogos que estudam os efeitos causados pelos presentes que a indústria farmacêutica dá para médicos recordam que estes profissionais são humanos e que muito do que os seres humanos pensam e sentem ocorre inconscientemente. Todos nós, inclusive os médicos, respondemos a presentes de maneira previsível. Nossas respostas — e isso é decisivo — geralmente são involuntárias, inconscientes e irreconhecíveis. Nenhum médico, portanto, pretende se comprometer com uma empresa farmacêutica, mas até mesmo um presente pequeno é suficiente para mudar a prática de prescrição em favor de quem o presenteou. Presentes maiores têm ainda mais impacto. Apesar dessa evidência, os agraciados — humanos como são — acreditam que os mimos e os pagamentos das empresas farmacêuticas não exercem influência.[36]

Essas conclusões derivam de estudos experimentais de psicologia, neurobiologia e economia comportamental. Demonstram que até mesmo pessoas com boas intenções respondem de maneira previsível a presentes e pagamentos, mas não percebem que o fazem. Empresas farmacêuticas, portanto, não "compram" médicos, e médicos não "se vendem" para empresas farmacêuticas. A influência é muito mais sutil e torna excepcionalmente difícil a prevenção, o gerenciamento e até mesmo a discussão sobre o assunto. Se não acreditam que são influenciados, os beneficiários não veem motivo para recusar presentes e pagamentos.[37] Os médicos podem não ser corruptos, mas o sistema os corrompe.

As empresas farmacêuticas estão no negócio de venda de medicamentos. Querem, portanto, que os médicos prescrevam suas marcas no lugar de concorrentes, genéricos ou produtos sem receita, mesmo quando essas alternativas apresentam melhores resultados e são mais eficazes e menos dispendiosas. Pagam aos médicos para fazer recomendações por elas, falar e agir em nome delas em comitês ou conselhos. Também oferecem inscrições gratuitas em conferências (realizadas, geralmente, em *resorts*), despesas de viagem e refeições.

Preocupados com os efeitos dessas práticas no custo de saúde, nos riscos para os pacientes e na confiança da profissão, médicos atentos a questões éticas exigiram uma regulamentação. Atuaram no Congresso dos Estados Unidos, reivindicando a divulgação pública dos presentes da indústria farmacêutica e de seus laços financeiros com médicos. Apesar da oposição da indústria, em 2010 o Legislativo finalmente concordou e aprovou duas leis.[38] O resultado disso é o site Open Payments [Pagamentos abertos], no qual facilmente se verifica que, em 2016, 1.481 empresas farmacêuticas gastaram 8,18 bilhões de dólares em pagamentos para 631 mil médicos e 1.146 hospitais universitários. Cerca de metade da despesa foi para pesquisa, e a outra metade chegou às mãos de médicos de outras formas.[39]

O resultado dos investimentos da indústria farmacêutica está comprovado. No início dos anos 1990, pesquisadores mostraram que uma viagem gratuita para uma conferência patrocinada pelo setor dobrava a taxa de prescrição de um certo remédio. Em 2000, uma análise de mais de quinhentos estudos descobriu que presentes, refeições, financiamentos de viagem e visitas de representantes da indústria estavam fortemente correlacionados com mais prescrições de medicamentos de marca em detrimento de alternativas mais baratas ou mais eficazes.[40]

O Open Payments facilita a realização desses estudos — e aumenta a precisão. Em 2015, pesquisadores descobriram que quase a metade de todos os médicos dos Estados Unidos aceitou pagamentos do setor, num total de 2,4 bilhões de dólares. Um levantamento sobre as prescrições de estatina[41] no ano seguinte chegou a uma correlação: para cada mil dólares recebidos de empresas farmacêuticas, a taxa de prescrição para estatinas de marca aumentou 0,1%, enquanto os pagamentos por treinamento educacional levaram a um aumento de 4,8%. Pesquisadores preocupados com a crise de saúde provocada pelo uso excessivo de opiáceos descobriram que, de 2013 a 2015, um em cada doze médicos norte-americanos recebeu pagamentos — mais de 46 milhões de dólares — de empresas que vendiam esses medicamentos.[42]

Especialmente preocupante é o fato de que não se precisa de muito para exercer essa influência. Canetas, lembrancinhas, blocos de prescrição e amostras de medicamentos induzem a mudanças nas taxas de prescrição. Visitas de representantes da marca são particularmente eficazes — em função disso, agora, muitos hospitais as proíbem. Pagamentos para falar ou fornecer recomendações também funcionam muito bem. Hoje, almoços e jantares — no valor médio de 138 dólares (espera-se que com vinho) — são o tipo mais frequente de presente da indústria farmacêutica. Até mesmo refeições de menos de quinze dólares estão intimamente relacionadas a maiores taxas de prescrições — mesmo meses depois de terem sido desfrutadas. Jornalistas investigativos da ProPublica usaram os dados do Open Payments para demonstrar a relação entre a magnitude dos pagamentos das empresas farmacêuticas e as práticas de prescrição.[43]

Igualmente perturbadora é a disposição generalizada para aceitar tais presentes. Em 2009, quase 84% dos médicos relataram ter recebido presentes ou pagamentos de empresas farmacêuticas — cardiologistas foram alvos especialmente receptivos. Quando interrogados, porém, 90% dos que aceitam financiamento de corporações farmacêuticas negam a influência e dizem que suas prescrições se baseiam apenas no conhecimento clínico e na experiência. Pesquisas mostram outra situação. Quem recebe os regalos permanece fiel a quem presenteou por um longo tempo e, quanto maiores os agrados, mais chance de que os agraciados se oponham a qualquer medida para prevenir esse tipo de influência.

Por que médicos permitem isso? Esse aspecto também foi pesquisado. Lembre-se de que eles são humanos e de que a influência não é consciente. Médicos acreditam que *merecem* esses presentes. Eles estudaram por anos, sacrificando-se para chegar à posição em que estão, trabalham arduamente e talvez ainda estejam pagando as dívidas do financiamento estudantil. Veem-se, portanto, no direito de receber presentes, pois creem que são racionais nas práticas de prescrição e invulneráveis à influência da indústria farmacêutica. A lembrança dos sacrifícios que fizeram realmente aumenta a disposição para que aceitem esses agrados.[44] Nada disso importaria se presentes não exercessem influência, mas o fato é que exercem. Laços financeiros com empresas farmacêuticas não afetam apenas as práticas de prescrição médica: também influenciam opiniões em comitês consultivos de medicamentos e resultados de pesquisas.

Atuando em comitês

Se médicos que atuam em comitês consultivos têm laços financeiros com os produtos em avaliação, são mais propensos a recomendar medicamentos questionáveis? Ou a recomendar produtos de marca em vez de genéricos, ou um uso mais amplo de medicamentos? Sim, são. Por lei, os especialistas que atuam em colegiados de órgãos públicos federais não devem estar presos a interesses conflitantes. Quem tem vínculos com empresas envolvidas na fabricação dos produtos em análise está impedido de participar desses comitês. Mas, quando as agências renunciam a essa regra — o que elas fazem com frequência —, abre-se uma brecha.[45]

A Food and Drug Administration (FDA) [órgão equivalente à Agência Nacional de Vigilância Sanitária (Anvisa)] é responsável pela aprovação de medicamentos nos Estados Unidos. Utiliza cerca de cinquenta comitês para obter recomendações de especialistas independentes sobre questões científicas, técnicas e políticas. Leis, regulamentos e documentos de orientação regem os potenciais conflitos — reais e aparentes — entre os candidatos a cargos nesses comitês. Os membros são considerados "funcionários especiais do governo" e não podem tomar parte de assuntos que tenham efeito direto sobre interesses financeiros: participações acionárias e de títulos, acordos de consultoria, subsídios, contratos ou empregos com a indústria farmacêutica ou alimentácia. Com frequência, no entanto, a FDA insiste que não consegue encontrar candidatos suficientes sem ligação com as empresas do setor, e abre mão de certas exigências.[46]

Há muito dinheiro envolvido nas decisões para aprovação de medicamentos, e alguns produtos são ineficazes, prejudiciais ou aumentam o custo com cuidados de saúde. Isso tem rendido muitas críticas à FDA. O Open Payments oferece a possibilidade de investigar os comitês do órgão. Estudos sobre aprovação de medicamentos encontram resultados impressionantes: os membros de comitês com laços financeiros com os fabricantes são muito mais propensos a se posicionar pela liberação de remédios do que os membros sem vínculos. E mais: algumas aprovações não teriam ocorrido se tivesse sido vedada a participação de profissionais ligados à indústria farmacêutica. A agência, porém, ignora essa evidência. Em 2017, a FDA anunciou como responderia à reclamação dos críticos: pretendia conceder *mais* — e não menos — espaço aos integrantes financeiramente comprometidos com empresas de medicamentos.[47] Declarações como essa fazem com que a FDA pareça "capturada" pela indústria farmacêutica.

Preocupados, pesquisadores analisaram os comitês e emitiram diretrizes práticas. Estudos mostram que os membros dos comitês costumam receber presentes e gratificações das empresas farmacêuticas — que provavelmente serão afetadas pelas regras — para proferir palestras. Uma investigação descobriu que 84% dos autores das diretrizes emitidas pela Rede Nacional e Integral de Câncer recebem tais pagamentos. Outra relatou que 62% dos membros de um comitê internacional que escreve diretrizes de práticas clínicas em gastroenterologia tinham ao menos um vínculo financeiro com uma empresa farmacêutica relevante. Nesse caso, os especialistas com conflitos de interesses se recusaram a discutir seis das oito recomendações.[48]

A explicação padrão para essas altas porcentagens, como eu disse acima, é a impossibilidade de encontrar especialistas independentes para atuar nos comitês. Mas tenho algumas dúvidas sobre isso. Também tenho dificuldade em acreditar que recusar determinados nomes seja uma medida de proteção suficiente. Segundo minha experiência, os membros da comissão querem escutar as opiniões uns dos outros e podem ser influenciados por elas, mesmo quando os indivíduos dispensados estão fisicamente ausentes das discussões em pauta.

Além dos laços financeiros diretos, as farmacêuticas têm outras maneiras de influenciar as decisões. Uma delas é pagar pela formação de grupos de defesa de pacientes para pressionar pela aprovação de medicamentos. Nesse sentido, um banco de dados estabelecido pela *Kaiser Health News* descobriu que, em 2015, catorze empresas farmacêuticas doaram coletivamente 116 milhões de dólares para 594 desses grupos.[49] Em 2018, um relatório do Senado dos Estados Unidos pediu mais transparência sobre essa questão, observando que, de 2012 a 2017, os cinco principais produtores de medicamentos opioides contribuíram com quase nove milhões de dólares para grupos de defesa da sociedade civil. Segundo o relatório, essas organizações "amplificaram e reforçaram, de fato, as mensagens que favorecem o aumento do uso de opioides".[50]

Meu exemplo favorito é a liberação pela FDA, em 2015, da flibanserina — o "Viagra feminino" —, comercializada como tratamento de "transtorno do desejo sexual hipoativo generalizado adquirido em mulheres na pré-menopausa", que os críticos acreditam ser uma doença. Com base nos benefícios mínimos do medicamento e nos riscos bem documentados, os comitês da FDA rejeitaram o produto duas vezes. Na terceira, porém, o fabricante, Sprout Pharmaceuticals, organizou um grupo de fachada chamado Even the Score e o posicionou como organização feminista em defesa do direito de as mulheres tomarem aquele medicamento. O comitê consultivo, então, votou pela aprovação baseado no argumento supostamente independente do grupo. Outro exemplo dessa captura corporativa é que, apesar de mencionar os perigos do medicamento, exigir uma etiqueta de advertência na caixa do produto e três estudos adicionais, a FDA aceitou a decisão do comitê. O *The Washington Post* atribuiu a decisão à "campanha inteligente e agressiva de relações públicas da Sprout" e a classificou como uma má notícia "para a aprovação racional de medicamentos".[51]

As farmacêuticas também financiam grupos de defesa de pacientes para comprar seu silêncio. Organizações que recebem dinheiro raramente exigem o controle do preço dos medicamentos. Essas doações podem ser consideráveis — em 2015, por exemplo, as corporações contribuíram com 26,7 milhões de dólares para a Associação Americana de Diabetes. Nesse caso em particular, porém, a associação rompeu a lógica e pediu ao governo federal que negociasse uma redução dos preços dos medicamentos aos pacientes idosos, uma atitude que o Congresso, sob pressão da *Big Pharma*, não permite ao Executivo.[52]

Como veremos ao longo deste livro, portanto, quando se trata de financiamento da indústria, as questões nunca são simplesmente "preto no branco". Geralmente, elas têm os diversos tons de cinza.

Influenciando a pesquisa

As empresas farmacêuticas têm fortes subsídios econômicos para convencer a FDA, os médicos e o público de que seus produtos fazem maravilhas pela saúde, não causam efeitos colaterais e são melhores do que os remédios alternativos. Além de financiar ensaios clínicos designados a comprovar segurança e eficácia, as companhias financiam "ensaios para semear" — estudos destinados a comercializar medicamentos para médicos. Pagam *ghostwriters*[53] para produzir artigos assinados por autores que parecem ser independentes — mas que são tudo, menos independentes —, e não publicam os resultados dos estudos que não favorecem seus produtos.[54]

Um dos principais objetos de investigação é a maneira pela qual a pesquisa financiada pela indústria quase invariavelmente favorece os interesses comerciais do patrocinador. Sheldon Krimsky, professor da Universidade Tufts que estuda a manipulação da ciência pela indústria, afirma que esse "efeito de financiamento" foi descoberto em meados da década de 1980, quando cientistas sociais perceberam que, se soubessem quem pagou por um estudo, poderiam prever os resultados. No final da década de 1990, uma investigação sobre o efeito do financiamento examinou estudos sobre a segurança de medicamentos bloqueadores de cálcio para redução da pressão arterial. Quase todos os autores (96%) que concluíram que os medicamentos eram eficazes relataram laços financeiros com fabricantes. Apenas 37% dos que duvidaram da eficácia tinham tais laços. Em 2003, uma revisão sistemática de mais de mil pesquisas biomédicas chegou a resultados semelhantes: pesquisadores com conexões no setor privado eram quase quatro vezes mais propensos a apresentar conclusões em prol da indústria do que os que não tinham esses laços.[55]

Desde meados da década de 1990, o grupo de pesquisa de Lisa Bero, atualmente na Universidade de Sydney, tem produzido evidências de que os estudos financiados pela indústria geralmente favorecem os interesses do patrocinador. Outros grupos têm confirmado esse raciocínio. Pesquisas patrocinadas por empresas farmacêuticas geralmente favorecem tratamentos medicamentosos mais novos — e mais caros. Os trabalhos bancados por apenas uma companhia têm maior probabilidade de ser tendenciosos do que os patrocinados por uma empresa farmacêutica junto a outro financiador. Os resultados desfavoráveis têm menor chance de ser publicados. No que diz respeito aos estudos sobre medicamentos, a ideia de que o financiamento da indústria distorce os resultados da pesquisa parece ponto pacífico.[56]

Mas, como isso acontece? Lembre-se de que os beneficiários do financiamento da indústria não reconhecem a influência que sofrem — em geral, a negam. Para aprovar um medicamento, uma farmacêutica só precisa atestar que o produto é razoavelmente eficaz e seguro — não é preciso compará-lo com genéricos ou concorrentes. Ainda que medicamentos menos eficazes possam ter sido eliminados por pesquisas preliminares, isso não é suficiente para explicar a solidez do efeito do financiamento.

Uma explicação mais convincente é a facilidade de desenhar o estudo para se obter o resultado desejado — consciente ou inconscientemente. Basta deixar de fora as comparações apropriadas e dar uma interpretação positiva a resultados que não apresentaram diferenças estatisticamente negativas. Nesse sentido, o grupo de Lisa Bero demonstrou que cinco indústrias, entre elas as farmacêuticas, seletivamente financiam pesquisas que apoiam os objetivos do setor, manipulam as questões para obter os resultados desejados e suprimem resultados não favoráveis. Corroborando esse achado, Krimsky sugere que a fonte de financiamento pode não ser uma evidência definitiva, mas abre uma forte possibilidade de viés. Intencionalmente ou não, o financiamento da indústria farmacêutica impulsiona a agenda de pesquisa, confunde a ciência e alimenta a desconfiança pública.

A questão é o que fazer com isso. Um estudo recente sugere que os editores das principais revistas médicas dos Estados Unidos não têm como prestar muita atenção ao viés das pesquisas, pois metade deles recebeu pagamentos das empresas de medicamentos e aparelhos médicos.[57]

Gerenciando a influência da indústria farmacêutica

A influência de presentes e pagamentos é tão flagrantemente evidente que não pode ser ignorada. O que fazer? Se você olha as relações financeiras dos médicos com a indústria como simples corrupção, as soluções óbvias são: programas de educação sobre conflito de interesses, restrições da dimensão dos presentes, códigos de ética e obrigação de divulgação de laços com empresas. Isso ajuda, mas os problemas são invariavelmente mais complicados. Quando a influência da indústria é inconsciente, não reconhecida ou negada, esses métodos são ineficazes. Na verdade, a imposição deles pode ter efeito contrário, levando os presenteados a acreditar ainda mais na imunidade pessoal a qualquer influência. Em função disso, alguns especialistas argumentam que há apenas uma maneira de lidar com conflitos de interesses induzidos por presentes e pagamentos da indústria: bani-los.[58]

Por décadas, líderes médicos têm encorajado políticas nessa direção. Em 1984, Arnold Relman, então editor do *New England Journal of Medicine*, abriu novos caminhos, exigindo que os autores declarassem conflitos. Um ano depois, ele pediu aos médicos para que abrissem mão de relações com o mercado e colocassem os interesses dos pacientes em primeiro lugar. Demorou uma década para que a Associação Médica Americana abordasse essa questão, admitindo que os presentes da indústria farmacêutica haviam criado três riscos: influência sobre os médicos, impressão de conduta profissional inapropriada e aumento do custo de medicamentos para pacientes. A organização defendeu uma nova política: os profissionais só deveriam aceitar os presentes que beneficiassem diretamente os pacientes e tivessem um valor irrisório.[59] Como vimos, porém, até pequenos agrados exercem influência.

Sem nenhuma melhoria evidente nas práticas da indústria farmacêutica, o Congresso ficou preocupado com a integridade da pesquisa apoiada pelo governo dos Estados Unidos. Em 1995, estabeleceu padrões para garantir que o planejamento, a conduta e o relatório da pesquisa não fossem distorcidos por conflito de interesses. Exigiu que os beneficiários de bolsas de pesquisa divulgassem suas relações: salários, taxas de consultoria, honorários, ações, patentes, direitos autorais ou *royalties*. Declarou que, se necessário, os pesquisadores deveriam modificar planos de estudo, encerrar participação ou livrar-se de envolvimentos conflitantes.[60] Aplicou essas diretrizes a todas as pesquisas, incluindo as nutricionais.

Em 2009, a principal associação comercial da indústria farmacêutica emitiu um código de conduta para a interação com os profissionais de saúde, ação que parecia destinada a desencorajar a criação de uma regulamentação federal. Ao decidir o que os representantes das empresas farmacêuticas poderiam ou não dar aos profissionais da saúde, a organização propôs que os presentes deveriam beneficiar os pacientes ou contribuir para a educação médica.[61] A tabela 1.1 resume as diretrizes (algumas práticas, agora proibidas, eram comuns antes de 2009) e expõe as lacunas, como o significado de "modesto".

TABELA 1.1. Diretrizes de 2009 da indústria farmacêutica sobre o que as empresas podem e não podem dar aos médicos (exemplos selecionados)

Item	Permitidos	Não permitidos
Estetoscópios, canetas, pranchetas e blocos de prescrição		●
Cartões de presente – vale-compra de livros		●
Folhetos para pacientes		●
Bolas de golfe e mochilas esportivas		●
Reuniões de educação continuada em resorts ou instalações de golfe		●
Ingressos para eventos esportivos, shows e concertos		●
Gasolina		●
Refeições em restaurantes e refeições para cônjuges		●
Materiais educativos: modelos anatômicos, folhetos, aparelhos para autoavaliação de pacientes e kits de medicamentos	● se inferiores a cem dólares	
Refeições ou pizzas em apresentações ou conferências de educação médica	● se modestos	
Refeições com executivos de empresas	● se modestas	

Apesar dessas diretrizes, no ano seguinte, o Congresso aprovou uma lei chamada Physician Payments Sunshine Act. Parte da pressão pela aprovação da norma veio de médicos como Jerome Kassirer, que havia acabado de deixar o cargo de editor do *New England Journal of Medicine*. Nas palavras dele, "diretores de escolas médicas e diretores de programas de treinamento devem fazer um trabalho melhor para lidar com conflitos de interesses. No que se refere a profissionalismo, devem ensinar que não há almoço grátis. Nada de jantares ou livros didáticos — nem mesmo uma caneta esferográfica".[62]

Em 2013, uma força-tarefa patrocinada pela ONG Pew Charitable Trusts recomendou as melhores práticas para médicos envolvidos em educação. As práticas incluíam a exigência de divulgação de laços com a indústria e proibições definitivas quanto à aceitação de financiamento do setor para falar, escrever ou lecionar em favor das empresas, ganhar presentes e refeições, manter relacionamentos de consultoria. Mais recentemente, Robert Steinbrook, editor geral do prestigiado *JAMA Internal Medicine*, apontou as "tensões inerentes entre o lucro das empresas de saúde, a independência dos médicos, a integridade do nosso trabalho e a acessibilidade dos cuidados médicos". E observou: "se os fabricantes de medicamentos e aparelhos deixassem de enviar dinheiro aos médicos para palestras promocionais, refeições e outras atividades sem justificativas médicas claras, e investissem mais em pesquisas confiáveis e independentes sobre segurança, eficácia e acessibilidade econômica, nossos pacientes e o sistema de saúde seriam melhores".[63]

Apesar das evidências de que as farmacêuticas encontram rapidamente maneiras de contornar as restrições a presentes e pagamentos, elas e seus beneficiários continuam a negar a influência e a opor-se à regulamentação. Em 2016, cerca de cem sociedades médicas nacionais e estaduais dos Estados Unidos apoiaram uma lei do Senado — Protect Continuing Physician

Education and Patient Act [Lei de proteção à educação continuada do médico e o paciente] — que isentava os fabricantes de medicamentos e aparelhos de relatar pagamentos feitos a médicos por educação continuada, periódicos e livros didáticos.[64] Com forças poderosas fazendo *lobby* para manter o *business as usual*, ou seja, tudo como estava, a profissão médica ainda tem um longo caminho a percorrer para resolver os conflitos de interesses induzidos pela indústria, mesmo quando estes — e os danos que causam — são completamente documentados.

Lidar com os efeitos desse tipo de financiamento sobre os profissionais de alimentação e nutrição é ainda mais difícil — em parte, porque é complexo medi-los. Como veremos a seguir, até o momento, apenas alguns estudos têm examinado a influência das empresas alimentícias na pesquisa nutricional.

2.
A complexidade da nutrição em benefício da confusão

Como acabamos de ver, os efeitos do financiamento das empresas farmacêuticas são mensuráveis. É, portanto, fácil projetar estudos sobre medicamentos. De fato, para descobrir se um remédio é seguro e eficaz, é só fornecê-lo — um único produto — às pessoas, observar seus efeitos e comparar o resultado ao observado em pessoas que não o tomaram ou tomaram outro produto. Com a comida, porém, a situação é mais complicada. Comemos uma grande variedade de alimentos e as dietas também variam enormemente — de um dia para o outro e de pessoa para pessoa. Todas as outras coisas que fazemos também variam. Na verdade, humanos são péssimos animais para testes. Não ficamos presos em gaiolas para sermos alimentados com dietas controladas — pelo menos, não o suficiente para aprendermos algo útil. Tudo isso força os estudos sobre dieta e saúde a serem amplamente observacionais, não experimentais, e, portanto, vulneráveis a vieses no desenho e na interpretação.

Essa complexidade também dificulta a pesquisa sobre os efeitos do financiamento da indústria alimentícia. Estudos sobre esse assunto são mais recentes, menos numerosos e mais difíceis de ser interpretados. Grande parte do meu fascínio com a pesquisa em nutrição reside justamente em sua complexidade inerente. Somado a isso há assuntos relacionados à distinção entre a pesquisa em nutrição e a ciência dos alimentos ou engenharia de alimentos.

Nutrição e ciência dos alimentos

Um pouco de história ajuda a explicar essa distinção. Desde pelo menos o tempo de Hipócrates, cientistas têm tentado estudar como a comida nos mantém aquecidos e vivos.[65] O envolvimento da indústria alimentícia com esses estudos, entretanto, data apenas do início dos anos 1900, quando cientistas começaram a identificar as vitaminas — as treze substâncias diferentes que devem ser obtidas dos alimentos. Eles também identificaram os minerais, necessários em quantidades extremamente pequenas. A descoberta das vitaminas, que ocorreu entre 1913 (vitamina A) e 1948 (vitamina B12), entusiasmou pesquisadores ansiosos por descobrir quais alimentos as continham e o que elas faziam no corpo. As companhias alimentícias e farmacêuticas ficaram igualmente entusiasmadas, pois poderiam vender vitaminas e minerais não apenas para melhorar a qualidade da alimentação e de seus produtos, mas também para criar suplementos. Naqueles dias inebriantes da descoberta dos nutrientes, a parceria de pesquisa entre cientistas e essas empresas fez todo o sentido.

Depois da Segunda Guerra Mundial, corporações norte-americanas como General Foods, Kraft e Quaker Oats construíram laboratórios e recrutaram pesquisadores. Nestlé e Unilever fizeram o mesmo na Europa. Os diretores científicos das empresas alimentícias tinham grandes orçamentos para conduzir pesquisas básicas e estudos voltados para o desenvolvimento de produtos. Os cientistas da Unilever, por exemplo, estudaram as propriedades fundamentais de gorduras e óleos que podiam ou não ser aplicados a margarinas. Em meados da década de 1980, em resposta à pressão dos acionistas por um retorno dos investimentos mais alto e imediato, as empresas dos Estados Unidos fizeram com que as pesquisas se concentrassem mais diretamente em objetivos comerciais. À medida que as companhias se fundiram e consolidaram, e os resultados financeiros de curto prazo se tornaram cada vez mais prementes, a maioria delas fechou os laboratórios internos e terceirizou a pesquisa para universidades. Hoje, a Nestlé (na Suíça) e a Unilever (na Holanda) são as únicas que mantêm grandes operações de pesquisa básica, embora também estabeleçam parcerias com pesquisadores acadêmicos.

Nos Estados Unidos, a Lei Morrill, de 1862, organizou o cenário para futuras colaborações entre cientistas universitários e empresas alimentícias. Concedeu terra aos estados para estabelecimento de faculdades de agronomia com o objetivo de promover "a educação liberal e a prática das classes industriais nas diversas atividades e profissões da vida". Essas novas faculdades criaram departamentos de ciência animal, aves e laticínios, e recrutaram professores para conduzir pesquisas explicitamente destinadas a ajudar a expandir a agropecuária. No estado de Nova York, onde moro, Cornell é a universidade criada com essas concessões de terras públicas. Estabeleceu departamentos de ciência animal em 1902. O departamento de laticínios, por exemplo, recrutou professores para ministrar cursos de química e microbiologia lácteas e processamento e fabricação de laticínios. A Cornell criou o próprio negócio para treinar estudantes, o departamento ainda administra um rebanho leiteiro e produz o sorvete, o iogurte e o queijo Cornell.[66]

No início do século XX, praticamente não havia processamento de alimentos, mas isso logo se tornou importante para a economia de Nova York. Em 1956, em resposta a um pedido da Associação de Enlatadores e Congeladores do Estado de Nova York, o Departamento de Lácteos da Universidade de Cornell criou o programa de Ciência e Tecnologia de Alimentos. A missão declarada do Departamento de Ciência de Alimentos é preparar alunos para ocupar papéis de liderança na indústria alimentícia, na academia e no governo, aprimorar o conhecimento sobre as propriedades dos alimentos e das bebidas e transferir esse conhecimento para os sistemas alimentares. Porque essa área do conhecimento se desenvolveu como um braço da indústria alimentícia, as missões dos cientistas de alimentos e da indústria estão estreitamente alinhadas, minimizando as possibilidades de conflitos de interesses.

Em contraste, o desenvolvimento dos departamentos de nutrição tomou um caminho decididamente diferente. Mais uma vez usando a Universidade de Cornell como exemplo, os programas nessa área também nasceram da ciência animal, mas atraíram professores interessados no valor nutricional da alimentação na dieta humana. Em 1974, a Cornell estabeleceu a atual Divisão de Ciências Nutricionais, cuja missão é gerar conhecimento por meio da pesquisa científica, educar e orientar a próxima geração de acadêmicos, pesquisadores, profissionais de nutrição e cidadãos responsáveis, melhorar a nutrição e a saúde humana e informar a política e a prática de nutrição por meio de engajamento público.[67] O propósito da ciência da nutrição é melhorar a saúde pública. Como, porém, nem todos os produtos alimentícios promovem a saúde, os objetivos da ciência da nutrição não estão necessariamente alinhados aos das empresas alimentícias — o que cria a possibilidade de relacionamentos conflitantes.

Da maneira como vejo as coisas, a ciência de alimentos é a indústria alimentícia. Os estudantes de ciências alimentares da Universidade de Cornell têm aulas no auditório da PepsiCo. Como tudo mais sobre alimentação e nutrição, as distinções são mais complicadas, e as fronteiras, mais elásticas. Em qualquer um desses departamentos, as faculdades podem lidar com problemas semelhantes. Muitos cientistas de alimentos agora investigam questões da fisiologia e da saúde humana, aumentando, assim, a possibilidade de conflitos de interesses. Analisar o quanto custa estudar a dieta e a saúde humanas nos ajuda a entender por que os pesquisadores em ambas as áreas podem receber financiamento da indústria.

A pesquisa em nutrição é dispendiosa

Como as doações do governo e de fundações são escassas, pesquisadores recebem financiamento da indústria. E, como os estudos observacionais estão especialmente sujeitos a erros de interpretação, cientistas consideram que o nível mais alto da pesquisa nutricional experimental é constituído por estudos clínicos aleatórios e controlados, que examinam os efeitos do consumo de dietas, alimentos ou nutrientes em um ou mais parâmetros de saúde. Esses estudos custam fortunas. Aprendi isso quando estive envolvida com o Healthy Eating and Living [Alimentação e Vida Saudável], um estudo clínico aleatório e controlado para descobrir se as sobreviventes de câncer de mama teriam menos recorrências se comessem mais frutas e verduras.[68] O projeto começou em 1993, com a doação de John e Christie Walton (da família Walmart), que tinham interesse pessoal em dieta e prevenção de câncer. A Fundação Walton deu cinco milhões de dólares para o pesquisador John Pierce e sua equipe bancarem o estudo de viabilidade e os custos iniciais daquilo que acabou sendo uma longa investigação na Universidade da Califórnia.

Quando os resultados mostraram que a pesquisa era viável, Pierce solicitou ao Instituto Nacional de Câncer (NCI, na sigla em inglês) o financiamento por sete anos de um estudo multicêntrico para medir a ingestão dietética, a saúde e a sobrevivência de três mil mulheres que haviam sido tratadas de câncer de mama. O NCI concedeu dezessete milhões de dólares para cobrir a pesquisa de 1997 a 2002, e, posteriormente, um adicional de quinze milhões de dólares para as despesas até 2007. Não, não é erro de impressão. As doações do NCI realmente somaram 32 milhões de dólares, além dos cinco milhões que vieram da Fundação Walton. De acordo com Pierce, esse custo precisa ser contextualizado: "na época, era aproximadamente o mesmo que um único equipamento tecnológico inovador no hospital".[69]

O financiamento custeou o trabalho de funcionários em sete locais diferentes, além de equipamentos e suprimentos, exames laboratoriais, visitas a escritórios, armazenamento de amostras de tecido e sangue (o que é *muito* caro), reuniões e incentivos pela participação. Também pagou minhas despesas de viagem para San Diego por cerca de dez anos — primeiro, para as reuniões iniciais de planejamento e, depois, para participação no comitê de gerenciamento de dados. No final, os resultados foram decepcionantes. O estudo não encontrou nenhum benefício de sobrevida geral associado a uma alimentação com porções extras de frutas e vegetais, embora um subgrupo de mulheres fisicamente ativas tenha sobrevivido por mais tempo. Os pesquisadores, no entanto, publicaram 110 relatórios científicos sobre como conduzir aqueles testes e sobre os benefícios dessa dieta para a saúde.[70]

O financiamento veio de uma fundação rica e de uma agência governamental. As empresas que produzem frutas e verduras não têm essa soma de dinheiro. Elas — e qualquer outra empresa alimentícia —, portanto, não querem investir em um estudo tão caro, longo e imprevisível. Em vez disso, apostam em interesses mais pragmáticos.

Ocasionalmente, recebo cartas do diretor de pesquisa da California Table Grape Commission [Comissão da Uva de Mesa da Califórnia], que reúne produtores de uva. A organização oferece "doações de 35 mil dólares para pesquisas sobre qualquer problema de saúde relevante em que o consumo de uvas possa ter um impacto benéfico". Um anúncio semelhante, com doação de trinta mil dólares, veio do projeto Yogurt in Nutrition [Iogurte na nutrição], da Danone, para "pesquisar os benefícios para a saúde associados ao consumo de iogurte". A solicitação de propostas da California Strawberry Commission [Comissão de Morangos da Califórnia] é ainda mais explícita: "o principal objetivo do programa de pesquisa nutricional é estabelecer a evidência científica para apoiar uma alegação de saúde geral, segundo os critérios da Autoridade

Europeia de Segurança Alimentar ou da FDA".[71] São declarações que indicam que esses grupos não formulam hipóteses abertas de pesquisa sobre os efeitos de alimentos específicos. Em vez disso, pedem estudos especificamente projetados para estabelecer os benefícios dos produtos. Como veremos, esse tipo de estudo é tão útil para fins de marketing que muitas empresas e associações comerciais investem avidamente nele.

Os efeitos do financiamento são complicados

Até agora, argumentei que a ciência de alimentos está sobretudo, embora não exclusivamente, preocupada com a descoberta de soluções técnicas para problemas relacionados a produtos alimentícios. Já a ciência nutricional se ocupa principalmente dos efeitos de nutrientes, alimentos e dietas na fisiologia e na saúde humanas. A pesquisa de marketing, contudo, tem um propósito decididamente diferente: criar e vender produtos alimentícios. As empresas sempre financiaram estudos voltados para o desenvolvimento de produtos, mas, agora, estão ainda mais interessadas em trabalhos que demonstrem os benefícios desses produtos para a saúde — ou que desacreditem as evidências contrárias. É fácil detectá-los. Sempre que vejo um estudo que sugere que um único alimento (carne de porco, aveia ou pera), um padrão alimentar (tomar café da manhã) ou um produto (carne, refrigerante diet ou chocolate) melhora a saúde, procuro investigar quem pagou por ele. Isso é possível porque a maioria dos periódicos profissionais exige declarações sobre laços financeiros.

Alguns anos atrás, publiquei em meu blog exemplos particularmente divertidos de pesquisas patrocinadas e resultados enviesados. Em março de 2015, analisei tantos estudos desse tipo que postei os resumos em uma série com duração de um ano. Encontrei essas pesquisas em publicações que lia rotineiramente, além de contar com a ajuda de colegas que sabiam que eu estava reunindo esse material. Embora tivesse pedido aos leitores que falassem sobre estudos financiados pela indústria com conclusões contrárias aos interesses dos patrocinadores, quase ninguém fez isso. Coletei 168 estudos patrocinados por empresas alimentícias ou conduzidos por investigadores financeiramente ligados a essas corporações. Desses, 156 relataram resultados que favoreciam os interesses do patrocinador — apenas doze não o fizeram.

Minha coleta foi casual, uma amostragem de "conveniência". Como eu não reuni os estudos de forma sistemática, científica, só foi possível chegar a uma conclusão: é muito mais fácil encontrar resultados favoráveis do que desfavoráveis em pesquisas financiadas pela indústria. Apesar dessa limitação, o conjunto ilustra pontos interessantes. O mais óbvio deles é que diferentes tipos de empresas financiam pesquisas potencialmente úteis para os fins de marketing. Minha coleção aleatória incluiu estudos patrocinados por fabricantes e vendedores de adoçantes artificiais, cereais matinais, chicletes, enlatados, chocolate, café, milho, laticínios, suplementos dietéticos, alho, leite em pó para bebês, lentilha, nozes, suco de laranja, batata, refrigerantes, produtos de soja e açúcar.

A contribuição da indústria para a pesquisa varia de mínima (fornecimento de suplementos ou outros produtos para que sejam testados) a significativa (pagamento dos custos parciais ou totais do estudo). Muitos investigadores que divulgaram o financiamento declararam não ter conflito de interesses — aparentemente, não consideraram esse dinheiro um motivo de conflito. Quando os estudos não encontraram resultados significativos do ponto de vista estatístico, os cientistas financiados pela indústria tenderam a interpretá-los como favoráveis ao patrocinador, e não como neutros. Na minha amostragem de artigos, mudanças favoráveis foram perceptíveis sobretudo nos estudos patrocinados por empresas de suplementos.

Os resultados que obtive são razoavelmente consistentes com os encontrados por apurações sistemáticas. Nesse tipo de apuração, revisões são feitas com base na definição de critérios científicos para avaliar estudos publicados. Cada um é submetido a esses critérios usando métodos validados para resumir e interpretar as evidências. "Meta-análise" é o termo usado para descrever um processo de combinação dos resultados dos múltiplos estudos para aumentar o poder estatístico das conclusões.

Gary Sacks e seus colegas da Universidade Deakin, em Melbourne, por exemplo, usaram métodos sistemáticos para descobrir quanto da pesquisa nutricional é financiado por empresas alimentícias ou conduzido por pesquisadores com laços financeiros com elas. Eles examinaram cada artigo revisado por pares e publicado nos quinze periódicos nutricionais mais citados em 2014. Os resultados mostram que, entre mais de quatro mil estudos, a maioria foi financiada por agências governamentais ou fundações. Apenas 14% revelaram financiamentos ou laços financeiros com empresas alimentícias. Desse grupo, porém, mais de 60% relataram resultados favoráveis ao patrocinador. Apenas 3% chegaram a conclusões desfavoráveis.

Os efeitos do financiamento aparecem tanto na pesquisa nutricional quanto na pesquisa de medicamentos. Em contraste com as milhares de análises sobre o financiamento da indústria farmacêutica publicadas ao longo dos anos, no entanto, apenas alguns estudos têm examinado o impacto das verbas da indústria alimentícia no resultado da pesquisa sobre nutrição e saúde. Até agosto de 2018, eu identifiquei precisamente onze estudos sobre o tema. Por ser parecerista de periódicos da área, porém, sabia que havia outros prestes a ser publicados.

Enquanto eu trabalhava neste livro, o professor Ralph Walton, já aposentado do Departamento de Psiquiatria da Faculdade de

Medicina do Nordeste de Ohio, enviou-me o que certamente é a primeira tentativa desses estudos: uma análise não publicada sobre a segurança do adoçante artificial aspartame. Ele a havia preparado para o programa de entrevistas de Mike Wallace na televisão em 1996. Walton observara que as conclusões dos estudos sobre a segurança do aspartame eram altamente contraditórias, e quis saber se o resultado estava correlacionado com a fonte de financiamento. Estava. A NutraSweet, fabricante do aspartame, tinha financiado 74 estudos — *todos* eles concluíram que o adoçante era seguro. Entre os 92 estudos independentes, porém, 84 — mais de 90% — questionaram tal segurança.[72]

O primeiro artigo publicado sobre o efeito do financiamento da pesquisa nutricional apareceu apenas em 2003, décadas depois dos primeiros estudos sobre a influência da indústria de medicamentos. Posso pensar em várias explicações para esse atraso. O tema da comida é mais complicado do que o de medicamentos, e a pesquisa em nutrição é mais difícil. Além disso, devemos comer para viver, e as empresas alimentícias fabricam produtos que amamos comer. É difícil conceber que as empresas alimentícias precisem ser tão deliberadamente manipuladoras quanto as companhias farmacêuticas ou de cigarros. Os poucos estudos até o momento, porém, sugerem paralelos próximos.

Digo "sugerem" porque é difícil discutir essa pesquisa de maneira taxativa. Os onze estudos sobre financiamento das pesquisas de alimentos que identifiquei em 2018 variam quanto às fontes, aos graus do financiamento e se os autores têm ou não laços com o financiador. Eles observam os efeitos de produtos amplamente diferentes, e variam nos resultados, nos métodos de exame e análise e nas descobertas. Na tabela 2.1, resumi os diferentes elementos para enfatizar como é difícil obter conclusões simples de apenas onze estudos.

O crédito do primeiro estudo publicado sobre a influência da indústria alimentícia é dos investigadores do Teachers College, da Universidade Columbia. Eles estavam interessados em saber se a fonte de financiamento tinha algo a ver com as conclusões sobre a segurança e eficácia do Olestra, substituto não calórico de gordura criado pela Procter & Gamble (P&G). Esse estudo me despertou especial interesse. Em 1998, escrevi um relato sobre a campanha de quinhentos milhões de dólares da P&G para convencer a FDA a aprovar o Olestra como ingrediente em salgadinhos, apesar das preocupações com saudabilidade, interferência na absorção da vitamina A e eficácia real na perda de peso.

Os pesquisadores de Columbia examinaram 67 artigos de vários tipos: relatórios de pesquisa, análises, comentários e cartas. Dos que defendiam a segurança e a utilidade do Olestra, 80% haviam sido patrocinados pela P&G ou por outras empresas alimentícias. Dentre os artigos que expressavam dúvidas, porém, 89% foram financiados por grupos não industriais. Todos os estudos de autores que relataram vínculo empregatício ou relação de consultoria com a P&G favoreceram o Olestra. Se você nunca ouviu falar do Olestra, é porque essa gordura não funcionou no mercado e poucos produtos ainda a usam. Em 2010, a revista *Time* classificou-o como uma das cinquenta piores invenções do mundo.[73]

No início dos anos 2000, o ganho de peso e a obesidade foram amplamente reconhecidos como problemas de saúde pública de relevância nacional nos Estados Unidos. Pesquisadores destacaram os refrigerantes como um dos causadores dessa situação, graças ao alto teor de açúcar e à falta de valor nutricional dos produtos. Começaram a examinar as ligações entre as bebidas açucaradas e o aumento do risco de obesidade, especialmente entre crianças.[74] Para combater essas descobertas, a Coca-Cola e a Associação Americana de Bebidas passaram a financiar os próprios estudos. Isso permitiu comparar os resultados de acordo com a fonte de financiamento.

Tabela 2.1 — Estudos que examinaram a influência da indústria alimentícia na pesquisa em saúde nutricional — 2003 a 2018.

Ano	Produto	Resultado na saúde
2003[a]	Olestra	Segurança e eficácia
2007[b]	Bebidas açucaradas	Riscos múltiplos
2007[c]	Bebidas açucaradas	Ganho de peso
2009[d]	Suplementos cálcio	Densidade dos ossos em crianças
2012[e]	Laticínios	Obesidade
2013[f]	Bebidas açucaradas	Ganho de peso
2013[g]	Probióticos Prebióticos — ambos adicionados ao leite em pó para bebês	Infecções da microflora benéficas
2014[h]	Bebidas açucaradas	Ganho de peso
2016[i]	Bebidas açucaradas	Obesidade e diabetes tipo 2
2016[j]	Adoçantes artificiais	Perda de peso
2018[k]	Bebidas açucaradas	Efeitos desfavoráveis para a saúde

Método	Conclusão
Correlação	Estudos financiados pela indústria favoreceram o patrocinador
Correlação	Estudos financiados pela indústria encontraram menos riscos
Meta-análise	Estudos financiados pela indústria encontraram efeitos menores
Correlação	Ensaios clínicos financiados pela indústria — mais propensos a favorecer o patrocinador, mas não significativamente
Correlação	Nenhuma diferença no efeito do financiamento, embora as perguntas da pesquisa financiada pela indústria favoreceram o patrocinador
Revisão sistemática	Pesquisa financiada pela indústria Perguntas favoreceram os resultados
Revisão sistemática	Nenhuma diferença pelo financiamento da fonte, mas os ensaios financiados pela indústria foram mais propensos a recomendar o produto do patrocinador
Meta-análise	Estudos financiados pela indústria — efeitos fracos
Correlação	Autores patrocinados Resultados favoreceram o patrocinador
Revisão sistemática	Estudos financiados pela indústria e autores patrocinados favoreceram os patrocinadores
Revisão sistemática	Pesquisa financiada pela indústria subestimou os efeitos adversos

Fontes da tabela

a. LEVINE, J; GUSSOW J. D.; HASTINGS, D.; ECCHER, A. "Authors' financial relationships with the food and beverage industry and their published positions on the fat substitute Olestra". *American Journal of Public Health*, 2003, v. 93, n. 4, pp. 664-9.

b. LESSER, L. I.; EBBELING, C. B.; GOOZNER, M. et al. "Relationship between funding source and conclusion among nutrition-related scientific articles". PLOS *Med*. 2007, v. 4, n. 1, p. e5.

c. VARTANIAN, L. R.; SCHWARTZ, M. B.; BROWNELL, K. D. "Effects of soft drink consumption on nutrition and health: A systematic review and meta-analysis". *American Journal of Public Health*, 2007, v. 97, n. 4, p. 667.

d. NKANSAH, N.; NGUYEN, T; IRANINEZHAD, H.; BERO, L. "Randomized trials assessing calcium supplementation in healthy children: Relationship between industry sponsorship and study outcomes". *Public Health Nutrition*, 2009, v. 12, n. 10, pp. 1931-7.

e. WILDE, P.; MORGAN, E.; ROBERTS, J. et al. "Relationship between funding sources and outcomes of obesity-related research". *Physiology & Behavior*, 2012, v. 107, pp. 172-5.

f. BES-RASTROLLO, M.; SCHULZE, M. B.; RUIZ-CANELA, M.; MARTINEZ-GONZALEZ, M. A. "Financial conflicts of interest and reporting bias regarding the association between sugar-sweetened beverages and weight gain: A systematic review of systematic reviews". PLOS *Med*, 2013, v. 10, n. 12, e1001578.

g. MUGAMBI, M. N.; MUSEKIWA, A.; LOMBARD, M. et al. "Association between funding source, methodological quality and research outcomes in randomized controlled trials of synbiotics, probiotics and prebiotics added to infant formula: A systematic review". BMC *Med Res Methodol*, 2013, v. 13, p. 137.

h. MASSOUGBODJI, J.; LE BODO, Y.; FRATU, R.; DE WALS, P. "Reviews examining sugar-sweetened beverages and body weight: Correlates of their quality and conclusions". *American Journal of Clinical Nutrition*, 2014, v. 99, pp. 1096-4.

i. SCHILLINGER, D.; TRAN, J.; MANGURIAN, C.; KEARNS, C. "Do sugar-sweetened beverages cause obesity and diabetes? Industry and the manufacture of scientific controversy". *Annals of Internal Medicine*, 2016, 165, v. 12, pp. 895-7.

j. MANDRIOLI, D.; KEARNS, C. E.; BERO, L. A. "Relationship between research outcomes and risk of bias, study sponsorship, and author financial conflicts of interest in reviews of the effects of artificially sweetened beverages on weight outcomes: A systematic review of reviews." PLOS *One*, 2016, v. 11, n. 9, e0162198.

k. LITMAN, E. A.; GORTMAKER, S. L.; EBBELING, C. B.; LUDWIG, D. S. "Source of bias in sugar-sweetened beverage research: A systematic review". *Public Health Nutrition*, 2018, v. 26, pp. 1-6.

Seis das onze análises sobre os efeitos desses recursos tratam das implicações das bebidas açucaradas. A primeira apareceu em 2007. Os autores revisaram mais de duzentos estudos sobre o impacto dessas bebidas na saúde. As pesquisas financiadas pela indústria foram oito vezes mais propensas a produzir conclusões favoráveis do que as custeadas por fontes não industriais. Naquele mesmo ano, a revisão sistemática e a meta-análise de 88 estudos relacionou as bebidas açucaradas a uma maior ingestão de calorias e a riscos de saúde. Mais uma vez pesquisas apoiadas por empresas relataram efeitos menores do que os bancados por fontes não industriais. Dois outros estudos confirmam essas descobertas.[75] Mais um, publicado em 2016, concluiu: "esta indústria parece estar manipulando processos científicos contemporâneos para criar controvérsia e promover seus interesses comerciais em detrimento da saúde pública".[76] Outro mais recente argumenta que tais pesquisas "dificultaram a busca da verdade científica sobre os efeitos das bebidas açucaradas na saúde e podem ter prejudicado a saúde pública".[77]

Minha interpretação: esses resultados são geralmente consistentes com o que sabemos sobre os efeitos do financiamento da indústria farmacêutica, mas de maneira menos categórica. Em 2016, Lisa Bero e seus colegas tentaram resolver essa incerteza com uma análise sistemática de todos os estudos que encontraram sobre os efeitos do financiamento em nutrição. De um conjunto inicial de 775 pesquisas, apenas doze preencheram os critérios estabelecidos por eles para inclusão. A análise cautelosa do grupo foi: "embora os estudos patrocinados pela indústria tenham sido mais propensos a obter conclusões favoráveis do que os não patrocinados, a diferença não foi significativa" — o que implica que o resultado poderia ter ocorrido por acaso.[78]

O que fazer? Independentemente do quão sistemático é esse processo de análise das análises, há sempre uma possibilidade de erro inerente. O pequeno número de estudos sobre o financiamento de pesquisas pela indústria alimentícia carece do poder estatístico das centenas ou milhares de trabalhos que examinam a influência das farmacêuticas. A revisão do grupo de Lisa Bero incluiu as pesquisas listadas na tabela 2.1, com exceção das três publicadas em 2016 ou um pouco depois, que apareceram após a análise. Foram incluídos quatro estudos que não estão na tabela 2.1. Um deles tratou de alimentos geneticamente modificados, não de saúde.[79] Os outros três também não analisaram os resultados na saúde, mas os efeitos da fonte de financiamento na qualidade da ciência. Essa é uma questão à parte que merece discussão própria, até porque esses três estudos — nenhum deles encontrou efeito do financiamento da indústria na qualidade científica — foram patrocinados por um grupo de fachada da indústria alimentícia ou conduzidos por autores ligados a esse grupo ou a empresas de alimentos.

O financiador era o braço norte-americano do International Life Sciences Institute [Instituto Internacional de Ciências da Vida] (ILSI), organização que aparece muitas vezes neste livro. O ILSI se descreve como grupo de reflexão científica independente, mas foi criado e é amplamente financiado pela indústria alimentícia. Por definição, isso o torna um grupo de fachada. Porém, você pode não perceber isso ao ler a declaração dos autores, que descrevem o ILSI como "uma fundação científica e pública sem fins lucrativos, que fornece um fórum neutro para que cientistas governamentais, acadêmicos e da indústria discutam e resolvam questões científicas de interesse comum para o bem-estar do público em geral".

O ILSI mantém uma atuação pública relativamente discreta, mas parece que nunca perde uma oportunidade para defender os interesses de seus quatrocentos ou mais patrocinadores corporativos. No relatório anual de 2016, quatro páginas e quinze colunas listam os apoiadores privados. Estes contribuem com dois terços das receitas anuais de quase dezoito milhões de dólares (o restante provém de doações ou financiamentos governamentais ou privados). No conselho de administração do ILSI, metade dos membros é da indústria, a outra metade é da academia — todos são voluntários não remunerados. Críticos descrevem o ILSI como uma organização de "dois níveis". Na superfície, envolve-se em atividades científicas legítimas. No fundo, porém, fornece aos patrocinadores "serviços globais de *lobby* estruturados de forma a garantir que as empresas financiadoras tenham participação majoritária em todos os seus principais comitês para tomada de decisão".[80]

O ILSI investe na qualidade científica da pesquisa financiada pela indústria. Então, trabalha junto a investigadores envolvidos financeiramente com empresas alimentícias. Como dissemos, dois estudos não encontraram efeito da fonte de financiamento na qualidade científica. Um deles analisou ensaios clínicos controlados e aleatórios relatados em periódicos médicos de alto nível. O coordenador da pesquisa, David Allison, revelou que "recebeu doações, honorários, *royalties* e taxas de consultoria de inúmeros editores, empresas alimentícias, de bebidas, farmacêuticas e outras entidades comerciais sem fins lucrativos com interesse em obesidade e ensaios aleatórios controlados". O segundo estudo, também conduzido por Allison, constatou que os ensaios clínicos financiados pela indústria tiveram uma pontuação *mais alta* na qualidade dos relatórios científicos do que os financiados por fontes não industriais.[81] Esses estudos comprovam a regra: as conclusões dos pesquisadores com laços industriais tendem a favorecer os interesses do patrocinador.

A regra se sustenta especialmente nesses casos, porque o último estudo é o único de que tenho conhecimento que sugere que a qualidade científica dos trabalhos financiados pela indústria é melhor do que a dos financiados por fontes não industriais. Outra vez as questões da pesquisa nutricional se mostram mais complicadas.

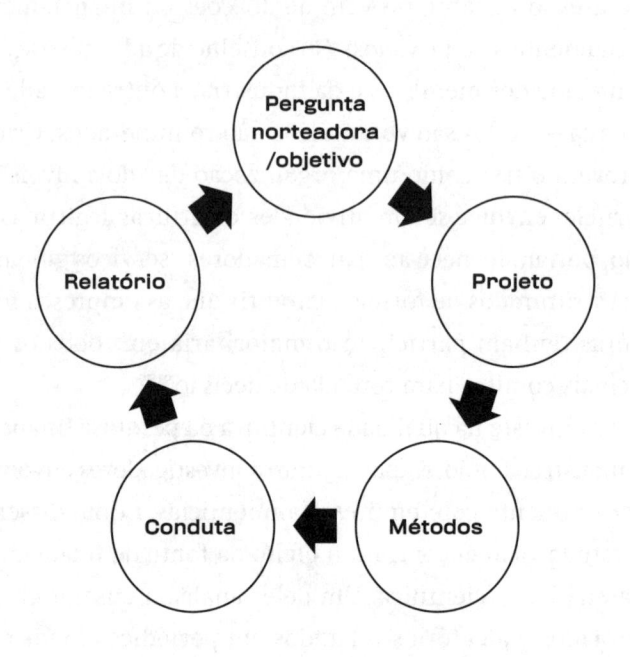

Figura 2.1. Vieses podem ser introduzidos em qualquer etapa do processo de pesquisa. Podem ser inconscientes e não intencionais, e não costumam ser reconhecidos. Cientistas devem fazer esforços especiais para se proteger de vieses em todas as fases. Adaptado de ODIERNA, D. H.; FORSYTH, S. R.; WHITE, J.; BERRO, L. A. "The cycle of bias in health research". *Accountability Res.*, 2013, v. 20, n. 2, pp. 127-41. Usado com permissão, cortesia de Lisa Bero.

Lisa Bero e seus colegas explicam que pesquisadores podem introduzir vieses — consciente ou inconscientemente — em todas as etapas do processo de pesquisa, como mostra a figura 2.1.[82] Por isso, o grupo examinou como e quando é mais provável que a distorção causada pelo financiamento apareça em estudos para prevenção de obesidade. A análise mostra que o financiamento da indústria alimentícia influencia pouco o modo como as análises são conduzidas. Em vez disso, é mais provável que os efeitos do financiamento apareçam na forma como a pergunta norteadora é feita e na interpretação dos resultados. De fato, os testes sobre obesidade financiados pela indústria tendem a se concentrar no papel de nutrientes específicos, enquanto os experimentos financiados por fontes independentes fazem perguntas mais amplas e complicadas sobre o comportamento alimentar. Essa discrepância "poderia limitar a relevância para a saúde pública da evidência rigorosa apresentada por revisões sistemáticas e diretrizes dietéticas".[83]

A pesquisa feita com recursos de empresas alimentícias tem uma probabilidade especialmente alta de ser enviesada. Por exemplo, os editais propostos pelas associações comerciais de uva, iogurte e morango esperam que os estudos produzam evidências de seus benefícios para a saúde. Caso contrário, não os financiarão. O grupo de Lisa Bero observa as maneiras pelas quais pesquisadores podem distorcer estudos para demonstrar benefícios. Pesquisadores podem se concentrar apenas em alguns nutrientes, ingredientes ou alimentos, em vez da relação entre eles ou em dietas gerais. Podem comparar os efeitos de alimentos individuais, contrastando as dietas que os incluem com as dietas carentes deles. Podem projetar experimentos sem aleatorização, teste duplo-cego ou comparações apropriadas. Podem se concentrar nos efeitos óbvios ou irrelevantes. Podem direcionar os resultados para que mostrem os efeitos desejados ou deixar de publicar os resultados desfavoráveis.[84]

Martijn Katan, pesquisador de lipídios em Amsterdã, aponta para o fato de que as empresas alimentícias não têm motivos para procurar pelos efeitos desfavoráveis de produtos. Assim, preferem estudos que as permitam ajustar as dosagens dos mesmos para aumentar a probabilidade de encontrar benefícios ou para que deixem os efeitos adversos abaixo de uma estatística significativa. Katan também enfatiza que o financiamento da indústria pode influenciar pesquisadores a ignorar dados desfavoráveis ou evitar publicá-los por relutância em desagradar o patrocinador.[85] Uma vez que tudo isso pode ocorrer inconscientemente, investigadores precisam fazer esforços especiais para controlar essas distorções. Alguns o fazem. Outros, não.

O especialista em ética Jonathan Marks observa que os vieses na pesquisa financiada pela indústria estão tão inseridos no processo que o enquadramento inadequado das questões e a mudança dos resultados são previsíveis. Investigadores, porém, podem favorecer a indústria alimentícia de outras maneiras: explicando a obesidade como uma questão de responsabilidade individual (em vez de como resultado do ambiente alimentar), enfatizando a inatividade física, em vez da dieta, como causa, ou se concentrando em suplementos, e não em dietas, como soluções para os problemas de saúde.[86]

Embora nem todos os estudos financiados pela indústria favoreçam o financiador, podemos entender por que o financiamento está associado ao resultado da pesquisa. As empresas alimentícias querem vender produtos. Pesquisadores querem obter recursos. O patrocínio da indústria não é, de forma alguma, o único motivo para cautela na interpretação de pesquisas, mas é um grande motivo. Os próximos capítulos explicam por quê.

3.
Doce vida: açúcar e doces como alimentos saudáveis

Se sua empresa produz açúcar ou produtos feitos com açúcar, você tem um problema de relações públicas. Hoje, esse é o inimigo alimentar número um. Quanto de açúcar é seguro comer? Nada, afirma o jornalista científico Gary Taubes. É o ingrediente associado a obesidade, diabetes tipo 2, doenças cardíacas, derrame, gota e Alzheimer. Sem ir tão longe, a Associação Americana do Coração recomenda o limite diário máximo de seis colheres de chá para mulheres e crianças. Como os homens geralmente são maiores, podem ingerir nove. A Organização Mundial de Saúde (OMS) e o Guia Alimentar dos Estados Unidos recomendam limitar os açúcares a 10% das calorias diárias, o que equivale a uma média de doze colheres de chá por dia, em torno de cinquenta gramas.[87]

Todas essas recomendações se referem aos açúcares adicionados. Ninguém, portanto, deve se preocupar com os açúcares naturalmente presentes em frutas e vegetais. Nesses casos, as quantidades são baixas e acompanhadas por vitaminas, minerais e fibras. Os açúcares adicionados, porém, fornecem calorias desprovidas de outros nutrientes.

Diante disso, o que você, que vende produtos açucarados, pode fazer? Recorra ao manual de ação, é claro. Lance dúvidas sobre a ciência que liga os açúcares aos problemas de saúde. Resista à ação do Estado, financie grupos de fachada, manipule a imprensa — e, sem dúvida, financie a própria pesquisa. Em 2014, a Union of Concerned Scientists [União de Cientistas

Preocupados] resumiu as táticas da indústria do açúcar: ataque a ciência, espalhe desinformação, dê emprego aos cientistas do setor e influencie acadêmicos.[88]

Hoje sabemos que desde os anos 1960, a partir da descoberta de antigos documentos de uma iniciativa açucareira, esse segmento empresarial lançou dúvidas sobre a ciência inconveniente. Na época, a Fundação de Pesquisa do Açúcar, precursora da atual Associação do Açúcar, gastava 10% do orçamento de pesquisa em estudos para combater a análise que sugeria a associação do produto ao risco de doenças cardíacas. Para distrair os profissionais de odontologia, impedindo que sugerissem limites de ingestão de açúcar para evitar a cárie, a fundação pressionou o Instituto Nacional de Pesquisa Odontológica a financiar estudos sobre qualquer assunto: remoção de placas, vacinas, tratamentos com flúor, bactérias bucais e escovação dentária — exceto açúcar. Esse esforço foi bem-sucedido. O Programa Nacional de Cárie de 1971 promoveu métodos alternativos para reduzir a cárie, mas não declarou nada sobre a necessidade de reduzir o consumo de alimentos e bebidas açucarados.[89]

A Associação do Açúcar quer convencer você de que "açúcar" se refere apenas aos cristais refinados de beterraba e cana-de-açúcar — sacarose, em termos bioquímicos. Logo depois que meu livro *Food Politics* foi lançado, em 2002, participei de uma entrevista de rádio na qual mencionei que os refrigerantes contêm açúcar e água. Fora isso, são nutricionalmente inúteis. Logo em seguida, recebi uma carta registrada de um advogado da Associação do Açúcar acusando-me de fazer "numerosas declarações falsas, enganosas, depreciativas e difamatórias sobre o açúcar".

O que eu havia dito de errado? Na visão deles, tudo. "Como conhecido por especialistas no campo da nutrição há mais de vinte anos, os refrigerantes praticamente não usaram açúcar (sacarose). O uso indevido da palavra 'açúcar', indicando outros adoçantes calóricos, não é apenas impreciso, mas também é um grave desserviço aos milhares de agricultores familiares que cultivam cana-de-açúcar e beterraba."[90] Aquele advogado estava brincando? Com o termo "outros adoçantes calóricos", a Associação do Açúcar queria dizer xarope de milho rico em frutose (HFCS) — o produto usado para adoçar que, aparentemente, não deve ser mencionado.

Em termos bioquímicos, a sacarose e o HFCS não são muito diferentes: ambos contêm glicose e frutose. A sacarose é a junção de glicose e frutose — 50% de cada —, mas as duas podem ser rapidamente separadas pelas enzimas intestinais. O HFCS contém 45% de glicose e 55% de frutose, já separadas. No corpo, ambos — sacarose e HFCS — se transformam em glicose e frutose "livres" (separadas). Nessa fase final, a origem delas é irrelevante.

Até que o milho começasse a ser cultivado para produção de etanol, o HFCS era muito mais barato que a sacarose. Sendo assim, a partir do início dos anos 1980, os fabricantes de alimentos usavam o xarope em todos os alimentos ou bebidas que podiam, justamente quando a prevalência da obesidade aumentou de forma rápida. De fato, o uso crescente ocorreu em paralelo ao aumento da obesidade — estamos falando de uma associação, não necessariamente de uma causa. "Frutose em grande quantidade" soa como algo ameaçador, em especial porque o excesso de frutose acaba como gordura no fígado. Em função disso, o HFCS passou a ser visto como o ingrediente barato e potencialmente prejudicial que deveria ser evitado. Na realidade, tanto a sacarose como o HFCS são açúcares. É melhor, portanto, consumir em pequenas quantidades qualquer um deles.

A meu ver, a diferença mais clara entre a sacarose e o HFCS é a representação por diferentes e conflitantes associações comerciais. A Associação do Açúcar representa os produtores e os processadores da sacarose da cana-de-açúcar e da beterraba — não quer relações com o HFCS. A Associação dos Refinadores de Milho representa a indústria que transforma o grão em xarope. Na disputa de mercado, a primeira processou a segunda para impedir que o xarope pudesse ser chamado de açúcar.[91] O relatório da União dos Cientistas Preocupados, a que me referi anteriormente, reproduziu os documentos divulgados durante esse processo. Há um e-mail do presidente da Associação do Açúcar pedindo uma pesquisa que prove que a sacarose é mais saudável que o HFCS: "questione a ciência existente. Peça mais ciência que compare a sacarose, a frutose e a glicose livres".[92]

A Associação de Refinadores de Milho, em contraste, quer posicionar o xarope como equivalente à sacarose. Entendi isso quando, inadvertidamente, fui pega em uma campanha publicitária. Em 2010, um executivo da Ogilvy, uma empresa de relações públicas, perguntou se eu me encontraria com o presidente da Associação de Refinadores de Milho, Audrae Erickson. Logo depois da reunião, minhas declarações sobre a equivalência bioquímica da sacarose e do HFCS apareceram no site da entidade. Pedi que elas fossem removidas. Qual foi a resposta de Erickson? "Leve-nos para o tribunal".[93]

Eu não estava disposta a fazer aquilo, mas soube depois por uma reportagem do *The New York Times* como a Associação de Refinadores de Milho havia operado em meio às batalhas legais entre as duas organizações comerciais. O repórter Eric Lipton baseou a investigação em e-mails e outros documentos. O título de um dos e-mails era: "Usando Marion Nestle".[94] As mensagens abordavam minha crítica a um estudo feito por pesquisadores da Universidade de Princeton, segundo o qual ratos alimentados com o HFCS tinham ganhado mais peso do que os alimentados com sacarose. Como o estudo não havia fornecido dados sobre a ingestão de calorias dos ratos, não achei que a conclusão fosse justificada e postei isso no meu blog. Minha postagem resolveu um problema para a Associação de Refinadores de Milho. Os e-mails declararam: "não podemos parecer muito orquestrados".

O artigo da Nestle funciona melhor para nós do que o estudo de Princeton", e "enviamos o artigo para os repórteres (o que acho que foi relativamente bem-sucedido)".[95]

Os outros e-mails abordavam testes de composição de bebidas adoçadas com o HFCS, feitos por pesquisadores da Universidade do Sul da Califórnia. Os testes mostraram que o teor médio de frutose era maior que 55% (algumas bebidas continham até 65%).[96] O chefe do Center for Consumer Freedom [Centro para a Liberdade do Consumidor], Rick Berman, no entanto, assegurou à associação: "se os resultados contradisserem a universidade, poderemos publicá-los ou, talvez, até concordar com Marion Nestle e dar a ela exclusividade para ser nosso canal nos meios de comunicação. Se, por algum motivo, porém, os resultados confirmarem a universidade, poderemos apenas enterrar os dados".[97]

Centro para a Liberdade do Consumidor? Usar-me como canal? Enterrar os dados?

Berman e seu centro são vergonhosamente conhecidos por campanhas de relações públicas agressivas em nome de clientes cujas identidades mantêm sempre em segredo. De acordo com a reportagem, o conselho da associação havia pago 3,5 milhões de dólares a Berman e autorizado o gasto de até cem mil dólares para contratá-lo no intuito de descobrir se a indústria do açúcar estava por trás da produção científica contrária ao xarope de milho — e, de fato, estava.[98] A Associação de Refinadores de Milho, contudo, estava determinada a esconder a conexão com o centro de Berman: "como você sabe, nosso patrocínio dessa campanha permanece confidencial. Estamos diretamente financiando a Berman & Co., e não o Centro para a Liberdade do Consumidor, que tem exibido os anúncios. Se precisar, sinta-se à vontade para declarar o seguinte: 'a Associação de Refinadores de Milho não está financiando o Centro para Liberdade do Consumidor'".[99]

Os e-mails também mostraram que a associação financiava uma pesquisa conduzida por James Rippe, que dirige um instituto de estudos solicitados por empresas alimentícias. Durante o período de quatro anos de análises, a associação pagou a Rippe cerca de dez milhões de dólares. Não surpreende que as pesquisas não tenham mostrado nenhum efeito negativo do consumo do HFCS para a saúde. Rippe havia declarado o financiamento pela entidade. Porém, os e-mails provam que, além desse valor, ele recebera 41 mil dólares por mês para escrever editoriais contestando as alegações de que o xarope poderia ser mais nocivo que o açúcar. "O objetivo era mostrar que, em níveis normalmente consumidos, a frutose — proveniente do xarope de milho com alto teor de frutose ou da sacarose — não leva a nenhuma anormalidade metabólica", disse Rippe.[100] De fato, um dos artigos se opõe à atribuição de danos à saúde associados à frutose. Outros dois consideram que os efeitos dos açúcares na saúde são mínimos e clinicamente insignificantes.[101]

Do ponto de vista da saúde, duvido que a quantidade ligeiramente maior de frutose do HFCS faça muita diferença. Se faz ou não, de todo modo, é uma questão científica legítima. O que não é legítimo é encomendar pesquisas para provar que os açúcares são seguros. Essa distinção pode parecer sutil, mas preparar estudos que atestem de antemão uma hipótese é fazer pesquisa de marketing, não ciência. Além disso, a demanda da Associação de Refinadores de Milho por essas análises introduz uma forte possibilidade de viés, sobretudo porque os investigadores sem laços financeiros com a indústria têm associado a frutose de qualquer fonte aos riscos crescentes de diabetes tipo 2 e doenças cardiovasculares.[102] Quais são, portanto, os efeitos reais da frutose no metabolismo do humano? Teríamos descoberto muito antes se interesses comerciais não estivessem misturados à ciência.

Mais um exemplo: John Sievenpiper, cientista que relata ter laços financeiros com Coca-Cola, PepsiCo, Dr. Pepper Snapple Group, Tate & Lyle, Instituto Canadense de Açúcar e outras organizações, escreveu que a relação causal entre os açúcares e as doenças crônicas não é comprovada, que outros fatores dietéticos e o sedentarismo estão igualmente relacionados ao ganho de peso e à obesidade, e que a preocupação com o açúcar é exagerada.[103] Nem sempre, porém, tais estudos isentam de danos o açúcar. Sievenpiper foi o coordenador de uma meta-análise que ligou a frutose ao risco aumentado de gota. Também liderou uma pesquisa com financiamento independente que sugeriu que as bebidas açucaradas aumentam de forma moderada o risco de hipertensão.[104] O cientista tem sido citado pelo argumento de que, embora o financiamento da indústria possa influenciar as conclusões extraídas do estudo, "isso não significa necessariamente que afete os resultados reais" e que quaisquer problemas são "facilmente superados por revisões sistemáticas e meta-análises que agrupem a totalidade da evidência. Estas se baseiam nos dados e não nas conclusões dos autores".[105] Porém, o financiamento da indústria é associado com frequência ao resultado da análise, e as revisões sistemáticas também podem ser tendenciosas.[106] No mínimo, a fonte de recursos distorce o objetivo da pesquisa — ou seja, as perguntas, como parecem indicar os estudos bancados pelas empresas de mel, doces e chocolate.

Pesquisa financiada pela indústria de mel

Ao argumentar que os estudos financiados pela indústria não produzem inevitavelmente os resultados desejados pelos financiadores, Sievenpiper está correto. Considere o mel, substância doce produzida por abelhas a partir do néctar de flores. Os açúcares do mel são principalmente glicose (22% a 35%) e frutose (28% a 41%). Em 2008, os produtores criaram o Conselho Nacional do Mel, programa de marketing administrado pelo Departamento de Agricultura dos Estados Unidos (USDA, na sigla em inglês), cujo objetivo era ampliar a participação do produto no mercado por meio de pesquisa, publicidade e educação. Em 2016, com uma contribuição de 1,5 centavo de dólar a cada 450 gramas de mel, o conselho arrecadou quase oito milhões de dólares.

Não seria ótimo para o marketing do mel — e a consequente participação no mercado — se os cientistas pudessem provar que o produto é mais saudável do que a sacarose ou o xarope de milho? O conselho estabeleceu uma parceria com o USDA para determinar se o consumo de mel aumentaria menos o nível de açúcar no sangue em relação ao consumo de quantidades semelhantes de sacarose e de HFCS. Se assim fosse, o mel seria uma escolha melhor para pessoas com diabetes. A investigação, porém, não teve essa sorte. De fato, o estudo não encontrou nenhuma diferença. Isso deveria ter sido previsto, pois, exatamente como o açúcar e o HFCS, o mel contém glicose e frutose. O conselho, no entanto, deve ter pensado que valia a pena tentar provar o contrário. E envolveu o USDA nesse empreendimento duvidoso. Os autores, justiça seja feita, não tentaram mudar os resultados. Para administrar os níveis de açúcar no sangue, disseram que comer menos açúcar é muito mais eficaz do que tentar encontrar algo que seja "mais neutro, em termos de efeitos sobre a saúde".[107]

Pesquisa financiada pela indústria de doces

Nos Estados Unidos, a indústria de doces é muito grande. Em 2017, fez girar cerca de 35 bilhões de dólares em vendas no varejo — dois terços apenas em chocolate.[108] Apesar disso, é claro, esse setor quer expandir o mercado. E, para tal, os consumidores teriam de comer mais — o que fariam se acreditassem que não sofreriam as consequências. Na investigação que mencionei na introdução, a repórter Candice Choi, da *Associated Press*, observou que pesquisas que "carregam o peso da autoridade acadêmica tornam-se parte da literatura científica e geram manchetes".[109] Os estudos aos quais ela se referiu concluíram que comer doces não exerce efeito sobre o peso ou a saúde de crianças. A satisfeita financiadora da pesquisa foi a maior associação comercial da indústria de doces, em parceria com o USDA.[110] Os autores basearam as conclusões nos relatos de pais acerca do que seus filhos comeram em um período de 24 horas — um método famoso pela imprecisão. Embora os autores tivessem advertido os leitores de que os dados talvez não refletissem o consumo típico e que "as relações de causa e efeito não pudessem ser extraídas", os leitores certamente — e imediatamente — foram atraídos. O comunicado à imprensa, emitido pela organização empresarial, anunciou: "novo estudo mostra que crianças e adolescentes que comem doces têm menos sobrepeso ou obesidade."[111]

A reportagem de Candice Choi citou uma fala minha: "ao contrário de outras pesquisas, os estudos financiados pela indústria são projetados e produzidos para ser úteis em marketing. As hipóteses são orientadas pelo mercado. A única coisa que move as vendas são as alegações de saúde". Essa declaração foi respondida pelo editor da *Candy Industry*, uma revista empresarial: "quando li a citação acima, da Marion Nestle, professora de nutrição da Universidade de Nova York, quase vomitei meu café da manhã". Ele insistiu que, para estimular as vendas, a indústria de confeitaria não depende de alegações de saúde. "*Merchandising*, promoções, publicidade, campanhas de mídia inteligentes e produtos inovadores, convenientes e saborosos fazem muito mais. Outra coisa: os fabricantes de doces não vendem nutrição. Vendem doçura, paladar, conforto e indulgência — prazeres permissíveis."[112] Tudo bem, mas por que, então, financiar estudos como esse?

Candice Choi observou que, desde 2009, os autores da pesquisa escreveram mais de duas dúzias de artigos financiados por empresas alimentícias. Duas das pesquisadoras — Carol O'Neil e Theresa Nicklas — são professoras. O terceiro é Victor Fulgoni, vice-presidente sênior da Nutrition Impact, empresa de consultoria que ajuda a indústria a "desenvolver e comunicar alegações agressivas baseadas na ciência sobre produtos e serviços". O negócio dele, como o de Rippe, é ajudar o setor a ter argumentos de saúde aprovados pelos órgãos públicos e bater metas de marketing. Choi teve acesso a e-mails comprovando que, em 2011, Nicklas havia cobrado 11,5 mil dólares da Nutrition Impact pelo trabalho em três manuscritos originais.

A reportagem de Choi cita Victor Fulgoni ao dizer que "estudos financiados pela indústria mostram resultados favoráveis porque as empresas investem em projetos com a 'melhor chance de sucesso' e 'qualquer tipo de financiamento cria viés ou pressão para entrega de resultados'". Talvez. Foi demonstrado, porém, que o financiamento da indústria aumenta a chance de viés, em especial quando os patrocinadores estão intimamente envolvidos na pesquisa — como a Associação Nacional de Confeiteiros. Embora os autores tenham dito que os financiadores não exerceram nenhum papel no projeto, na análise ou na redação do original, os e-mails sugerem o contrário. Em um deles, Fulgoni escreveu para O'Neil: "você notará que levei em consideração a maioria, mas não todos os comentários deles". Acerca de um estudo semelhante, sobre o consumo de doces por adultos,[113] Fulgoni escreveu: "finalmente passei pelos comentários da Associação Nacional de Confeiteiros. Em anexo, está minha tentativa de editar com base no *feedback* deles".

Mais recentemente, alguns desses autores publicaram outro estudo, argumentando que crianças podiam comer doces sem aumento do risco de obesidade ou de doenças cardiovasculares. Essa análise, no entanto, foi financiada por grupos sem interesse aparente no resultado: Institutos Nacionais de Saúde, USDA e Associação Americana do Coração.[114] Acreditando que o financiamento anterior da principal associação empresarial da área era irrelevante, os autores declararam que não havia conflitos de interesses. Isso é altamente relevante e deveria ter sido divulgado.

Outros pesquisadores financiados pela organização empresarial também concluíram que os doces representam apenas um modesto aporte no consumo de calorias, gorduras e açúcares, sem associação com o aumento da obesidade ou com fatores de risco cardiovasculares.[115] Esses autores divulgaram que a entidade "desenvolveu as questões da pesquisa, mas não contribuiu para o programa do estudo, análise, interpretação dos dados e redação do original". Além disso, "revisou o original antes da apresentação e fez pequenas sugestões editoriais para consideração dos autores, que tinham autonomia para aceitá-las ou rejeitá-las".[116] Pequenas sugestões editoriais? Esse é um nível incomumente alto de envolvimento de um patrocinador de pesquisa. Sugere uma chance ainda maior de viés nos resultados do estudo.

A associação dos fabricantes não está sozinha no financiamento de pesquisas sobre o consumo desses produtos. A Soremartec Italia, produtora de cacau em pó, chocolate e açúcar, patrocinou um estudo que concluiu que "a substituição de açúcares livres por carboidratos complexos não exerceu efeito sobre a pressão arterial ou o peso corporal e não exerceu um efeito claro sobre o perfil lipídico do sangue".[117] Três dos quatro autores relatam ter recebido pagamentos da Soremartec por "seminários, apresentações em congressos e atividades didáticas". Independentemente de bem conduzidos, esses estudos sem dúvida têm implicações preocupantes. Doces não são alimentos saudáveis. São um prazer e, como tal, é melhor que sejam consumidos de forma ocasional e em pequenas quantidades.

Pesquisa financiada pela indústria de chocolate

Todos (ou quase todos) amam chocolate. Não seria um sonho se, em vez de ser uma indulgência, o chocolate nos tornasse mais saudáveis? Amo hipóteses ligadas a desejos. Que tal esta: número de prêmios Nobel de um país, correlacionado ao consumo geral de chocolate nesse mesmo país?[118] Correlação, porém, não significa causa (neste caso, infelizmente). Isso não impede que os comerciantes de chocolate patrocinem pesquisas para promover o produto como alimento saudável.

A Hershey, por exemplo, participou de um estudo que sugeriu que o chocolate pode "inibir a desativação natural do cérebro durante tarefas mundanas e menos interessantes" (tradução: pode mantê-lo alerta quando você está entediado). A empresa forneceu o chocolate para o estudo e os pesquisadores agradeceram por "orientação e apoio ao longo do projeto e revisão cuidadosa do original antes da apresentação".[119] Esse experimento resultou numa manchete expecionalmente honesta: "Deixem de lado as bebidas energéticas: o chocolate tem um efeito estimulante sobre os cérebros humanos, diz estudo apoiado pela Hershey".[120] Categorizo este tipo de relatório como *nutrifluff* [nutrifofo], que defino como uma descoberta sensacional baseada em pesquisas preliminares sobre os benefícios de alimentos isolados, retirados do contexto dietético.[121]

A Mars é a empresa que mais investe na promoção dos benefícios dos componentes do chocolate. Produz até uma linha especial chamada CocoaVia. Em 1982, criou um centro de pesquisa de chocolate no Brasil.[122] Os cientistas estavam particularmente interessados nos flavonoides do cacau, substâncias químicas vegetais com ações antioxidantes, anti-inflamatórias e outros efeitos benéficos para o coração. Nos anos 1980 e 1990, os pesquisadores da Mars produziram estudos que sugeriam tais benefícios.

QUANTO CHOCOLATE VOCÊ PRECISA COMER PARA TER UMA DOSE DE FLAVONOIDES QUE TORNE SEU CORAÇÃO SAUDÁVEL

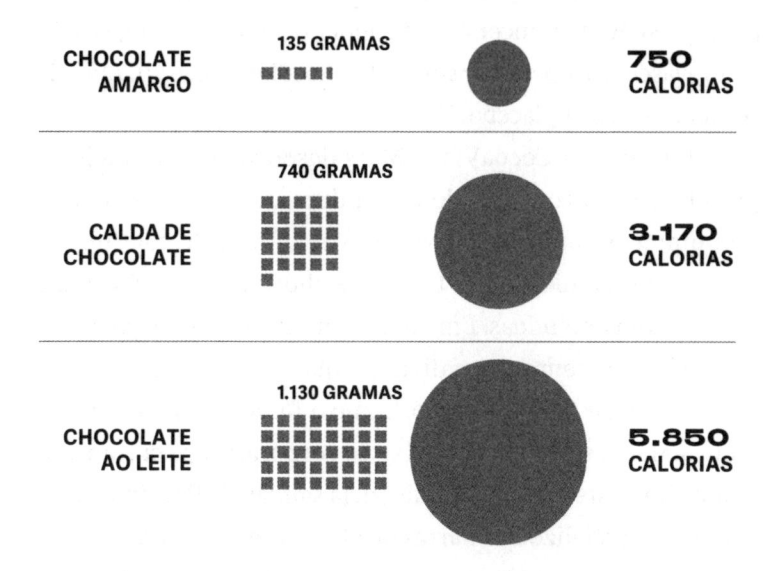

CHOCOLATE AMARGO	135 GRAMAS	●	**750** CALORIAS
CALDA DE CHOCOLATE	740 GRAMAS	●	**3.170** CALORIAS
CHOCOLATE AO LEITE	1.130 GRAMAS	●	**5.850** CALORIAS

600 a 750 mg/dia — dose recomendada de flavonoides do cacau fornecida por estudos sobre os impactos do mesmo na saúde

Fonte: Center for Science in the Public Interest J. Agric. Food Chem. 57:9169, 2099 and ConsumerLab.com

Figura 3.1 — As indústrias de chocolate financiam pesquisas para mostrar que os flavonoides do cacau oferecem benefícios para a saúde, mas são necessários quase 140g de chocolate amargo, tipo que tem mais flavonoides, para obter uma dose útil. Essa quantidade de chocolate, porém, também fornece 750 calorias — mais de um terço do limite diário para um adulto. Reproduzido de *Vox*, 16 out. 2017. Figura de Javier Zarracina. Vox Media, Inc., usada com permissão.

Infelizmente, os flavonoides do cacau têm problemas, como um gosto amargo. Estão presentes no cacau em quantidades tão pequenas que teríamos de comer pelo menos 140 gramas por dia para alcançar a dose recomendada, a exemplo do que mostra a figura 3.1. As calorias, as gorduras saturadas e os açúcares do chocolate podem anular quaisquer benefícios. E, pior do que isso, o processamento tradicional do chocolate destrói os flavonoides. As perdas explicam por que o teste clínico financiado pela Hershey não encontrou benefícios neuropsicológicos ou cardiovasculares pelo consumo de chocolate amargo, quando comparado a um placebo.[123]

Retornando à CocoaVia: a Mars desenvolveu um meio de preservar os flavonoides do cacau durante o processamento. Combinou-os com esteróis vegetais redutores de colesterol e usou esse ingrediente nas barras de chocolate e de chocolate coberto com amêndoas. Em 2002, a empresa decidiu que tinha pesquisas suficientes para divulgar que os produtos CocoaVia eram saudáveis para o coração. Como o *The New York Times* informou, a Mars estava em uma "busca corporativa para transformar o chocolate em uma indulgência saudável".[124] A indústria, então, comercializou as barras de chocolate — recomendando duas por dia, não menos — como meio de aumentar o fluxo sanguíneo, diminuir a pressão sanguínea e reduzir o risco de doenças cardíacas.

Infelizmente para a Mars, porém, a FDA não vê com bons olhos o uso de campanhas de marketing para tentar comprovar declarações de saúde. Em 2006, a agência reguladora enviou uma carta alertando a empresa de que afirmações como "promove um coração saudável" e "agora, você pode ter o verdadeiro prazer do chocolate com benefícios reais para a saúde do coração" eram falsas, enganosas e facilmente mal interpretadas na promoção do chocolate como alimento saudável. A FDA analisou o anúncio da Mars que diz que "as barras de chocolate contêm extratos de plantas naturais que comprovadamente reduzem o colesterol ruim em até 8%" e concluiu que, se a empresa quisesse alegar uma coisa dessas, teria de realizar testes clínicos para provar que comer as barras CocoaVia realmente reduzia o colesterol e prevenia contra doenças cardíacas.[125]

Em vez de correr o risco de sofrer o pesado ônus financeiro e científico dessa tentativa, a Mars desistiu das barras de chocolate e começou a comercializar o CocoaVia em pílulas e em pó, como suplementos alimentares, área que tem exigências mais brandas de markerting. Uma legislação de 1994 — Dietary Supplement Health and Education Act [Lei de saúde e educação de suplementos dietéticos] — permite fazer alegações quanto à "estrutura/função", ou seja, afirmar que um suplemento dietético pode ser útil para alguma estrutura ou função do corpo. Sob essa legislação, então, os rótulos da Mars puderam alegar que os suplementos CocoaVia "promovem um coração saudável, apoiando o fluxo de sangue", mas não impedem doenças cardíacas — distinção sutil despercebida por qualquer um que não seja advogado ou lobista.

Para convencer as pessoas a tomar os suplementos CocoaVia, a companhia financiou muitas pesquisas. Em 2015, bancou estudos que demonstraram que os flavonoides do chocolate são bem tolerados por homens e mulheres saudáveis, favorecem uma função cognitiva saudável durante o envelhecimento, invertem o risco cardiovascular em idosos saudáveis e melhoram os biomarcadores do risco cardiovascular.[126] Para evitar que as implicações de "coma mais chocolate" dos estudos fossem perdidas, a Mars divulgou um comunicado de imprensa dizendo que "os flavonoides do cacau reduzem a pressão sanguínea e aumentam a função dos vasos sanguíneos em pessoas saudáveis".[127] Em seguida, a empresa fez um anúncio de página inteira no *The New York Times* citando um nutricionista: os flavonoides "favorecem o fluxo sanguíneo saudável. Isso permite que o oxigênio e os nutrientes cheguem ao seu coração mais facilmente".[128]

Talvez em função de resultados conflitantes sobre os possíveis benefícios e a implicação de que chocolate é bom para a saúde, a Divisão Nacional de Propaganda, autorreguladora do setor publicitário nos Estados Unidos, pediu à empresa que revisasse as alegações do fluxo sanguíneo saudável e da capacidade da CocoaVia de ajudar "bombeiros, ou qualquer um, a se manter bem nos próximos anos". A organização concluiu que o marketing havia se baseado nas evidências dos estudos encomendados pela Mars, muitos dos quais foram falhos porque analisaram amostras pequenas e populações não representativas.

A Mars deveria deter um conhecimento maior, pois financiou mais de 150 estudos e controla cerca de cem patentes relacionadas aos flavonoides do cacau. Apesar disso, tem planos de pesquisa ainda mais ambiciosos. Em 2014, anunciou uma parceria com o Instituto Nacional do Coração, Pulmão e Sangue dos Estados Unidos para realizar um teste clínico sobre os efeitos dos flavonoides do cacau — sozinhos ou em combinação com suplementos vitamínicos — no risco de doenças cardíacas e câncer em dezoito mil homens e mulheres com mais de sessenta anos. Desde então, esse estudo dos resultados da suplementação do cacau e das múltiplas vitaminas (COSMOS) avançou, e agora cita como patrocinador um hospital de Boston e, como "colaboradores", a Mars, o Centro de Pesquisa de Câncer Fred Hutchinson, em Seattle, e a farmacêutica Pfizer. O instituto nacional não parece mais estar envolvido.[129]

Em meados de 2017, o estudo ainda recrutava participantes, e os resultados não eram esperados antes de 2020. A Corporação Crossfit, programa comercial de força e condicionamento, adquiriu uma cópia da carta de recrutamento explicando aos possíveis participantes que o COSMOS "estudará o papel do extrato do cacau (incluindo os flavonoides e os outros compostos naturais do grão) e das multivitaminas na melhoria da saúde. Estudos descobriram que o extrato do cacau pode reduzir o risco de doenças cardíacas e o declínio cognitivo relacionado à idade".[130] A carta é assinada por pesquisadores da Universidade de Harvard, do Hospital Brigham e do Centro de Câncer Hutchinson. Não menciona a Mars.

Apesar de ainda não haver evidências dos benefícios dos suplementos de flavonoides, essa pesquisa sugere que o chocolate, em especial o chocolate amargo, é bom para a saúde. De fato, um relatório investigativo sobre a comercialização desse alimento como saudável publicado pelo jornal *The Guardian* observa que "o chocolate tem sido apontado como um tratamento para agitação, anemia, angina e asma. Foi dito que desperta o apetite e age como afrodisíaco". E continua: "você deve ter notado que ainda estamos (apenas) na letra A".[131]

Se a indústria do chocolate não tivesse financiado esse estudo, os pesquisadores poderiam estar trabalhando em projetos mais compatíveis com as preocupações da saúde pública. Chocolate é delicioso, mas é açúcar. A Mars deve pensar que a demonstração de efeitos benéficos vale o investimento em pesquisa. Deve esperar que melhores evidências sobre os supostos benefícios à saúde dos suplementos CocoaVia levem a um aumento do consumo de seus produtos. Por extensão, afirmações sobre as vantagens dos suplementos dos flavonoides devem fazer maravilhas pela venda de M&M's ou Snickers.

Em resposta ao *The Guardian* e a uma investigação realizada por Julia Belluz na *Vox*, a empresa disse que mudou de estratégia. Não pretende mais que os estudos com flavonoides criem uma "aura de saúde para o chocolate" e disse que esse produto "não deve ser considerado um alimento saudável".[132]

A Mars é uma empresa de capital fechado e, recentemente, adotou ações incomumente amigáveis ao consumidor. Tem divulgado ingredientes geneticamente modificados nos rótulos do M&M's, apoiado as propostas da FDA para redução voluntária de sódio e declaração de açúcares adicionados, prometido rotular produtos com orientações para frequência de consumo "cotidiano" ou "ocasional", e parado de usar corantes artificiais. Em 2018, depois de criticar algumas vezes o ILSI porque este promovera ataques ao Guia Alimentar dos Estados Unidos e a outras diretrizes para dietas saudáveis, retirou-se do instituto.[133]

A Mars tem se preocupado com a percepção pública. Em setembro de 2016, recebi uma solicitação por e-mail da Equipe de Reputação Corporativa da Mars para participar de uma pesquisa. "Precisamos do seu conhecimento para nos ajudar a avaliar nossas relações externas e nossa posição corporativa — como você nos vê, nossos pontos fortes e o que precisamos fazer para melhorar", dizia a mensagem. Minha sugestão: pare de financiar pesquisas que transmitam a impressão de que o chocolate é um alimento saudável.

4.
Venda de carne e laticínios

Por motivo de religião, ética, bem-estar dos animais, proteção do meio ambiente, preferência pessoal ou, é claro, saúde, muitas pessoas não comem carne e laticínios. Os vegetarianos tendem a viver de modo mais saudável e a apresentar menos obesidade, doenças cardíacas e diabetes tipo 2 do que as pessoas que comem carne vermelha (principalmente boi, porco e cordeiro). Pesquisadores comprometidos com o estilo de vida vegetariano ou vegano observaram evidências de tais benefícios. Alguns desses estudos foram publicados em cadernos especiais de periódicos patrocinados pela Universidade Loma Linda, instituição adventista da Califórnia. Como os adventistas são vegetarianos — alguns mais rigorosamente do que outros —, os pesquisadores correlacionaram as variações das práticas vegetarianas aos efeitos na saúde a longo prazo.[134]

Os estudiosos que acreditam nos benefícios das dietas vegetarianas, porém, estão sujeitos a preferências intelectuais ou ideológicas que podem influenciar as análises. Esse viés é comum a qualquer cientista, e inerente às hipóteses da pesquisa. Todos, portanto, são — ou devem ser — treinados para controlar possíveis desvios no projeto e na interpretação dos resultados. No caso das dietas vegetarianas, predominam em todas as fontes afirmações sobre os benefícios para a saúde. De fato, o Guia Alimentar dos Estados Unidos de 2015 promove dietas à base de plantas. Por extensão, as dietas ricas em produtos de origem animal devem ser menos saudáveis. Quais produtos de origem animal? Quão menos saudáveis? As respostas não são simples. Dependem do que os não vegetarianos comem, bebem e fazem. Alguns estudos descobriram que os vegetarianos vivem mais do que os não vegetarianos, mas outros estudos não comprovaram o mesmo.[135]

Como apresentei em *Food Politics*, as indústrias de carnes e laticínios são tão poderosas que o Guia Alimentar não pode recomendar aos norte-americanos comer menos desses produtos. O documento oficial se vale de eufemismos: "prefira carnes magras". Ou, para laticínios: "escolha produtos sem gordura ou com baixo teor de gordura". A orientação quanto à carne é baseada na "forte" evidência de que comer menos carne de boi, porco e cordeiro e, em especial, carne processada, como bacon e linguiça, reduz o risco de doenças cardíacas e, "moderadamente", de obesidade, diabetes tipo 2 e certos tipos de câncer. Coloco esses julgamentos entre aspas porque a evidência é correlacional: o consumo de carne está consistentemente associado ao risco de doenças, mas é difícil demonstrar se causa as doenças ou se é apenas um indicador de outros fatores causais.

Evoluímos para comer carne, mas, atualmente, na esteira da alimentação com carne, mantemos outras práticas alimentares e de estilo de vida pouco saudáveis. A carne hoje contém resíduos de antibióticos e hormônios usados para promover o crescimento animal. É processada com sais potencialmente cancerígenos e outros produtos químicos. O método de produção causa danos ambientais. A gordura, especialmente a saturada, é uma preocupação. O Guia Alimentar dos Estados Unidos sugere não mais que 1.020 gramas de carne por semana, ou 145 gramas por dia. Muitos defensores das dietas vegetarianas vão além: acreditam que a carne e, às vezes, os laticínios são tão ruins para a saúde, o ambiente e os animais que ninguém deveria comê-los.[136] Para as indústrias de carnes e laticínios, pagar por pesquisas para combater tais pontos de vista é uma estratégia fundamental de marketing, que o Departamento de

Agricultura ajuda e estimula por meio de programas genéricos de divulgação, promoção e pesquisa — os *checkoffs*.

Pesquisa sobre carne financiada por *checkoffs*

Os *checkoffs* são uma iniciativa pública financiada pela contribuição sindical compulsória dos produtores rurais. O objetivo é aumentar a demanda por *commodities*. Os agricultores pagam taxas de acordo com o tamanho da produção. Os recursos vão para um fundo comum distribuído para programas nacionais e estaduais. O Departamento de Agricultura supervisiona e administra esses programas, estabelece as diretrizes, aprova os membros do conselho e monitora a publicidade, os orçamentos, os contratos e a pesquisa. Em teoria, os *checkoffs* realizam estudos, informam e educam a população — não deveriam fazer *lobby*. Na prática, essa atuação, por vezes, é distorcida.[137]

Os *checkoffs* de carne incluem o Conselho Americano de Carne de Cordeiro, o Conselho de Carne Bovina e o Conselho Nacional de Carne de Porco. A Associação Nacional de Pecuaristas de Bovinos oferece bolsas de pesquisa em parceria com o Conselho de Carne Bovina "para aumentar o potencial de lucro dos produtos de carne bovina". No início de 2018, a organização solicitou estudos que embasassem "resultados de saúde associados aos aspectos de força física e mental e bem-estar". A associação buscava demonstrar que a carne bovina melhora a capacidade física, a saúde do coração, reduz a inflamação e preserva a função cognitiva de idosos. O posicionamento da carne como alimento saudável parece ser uma tática nova. Historicamente, a principal preocupação da pesquisa na área tem sido contrapor a noção de que as carnes bovinas, de porco, cordeiro e processadas aumentam o risco de câncer ou de doenças cardíacas.

A ideia de que a carne vermelha está ligada ao risco de câncer surgiu logo depois da Segunda Guerra Mundial, quando o médico Denis Burkitt (famoso por descrever o câncer hoje conhecido como linfoma de Burkitt) observou que as pessoas que consumiam muita carne — dietas ocidentais — apresentavam mais câncer de cólon e reto. O tabagismo e a obesidade são fatores de risco bem estabelecidos para certos tipos de câncer. Estudos populacionais sugerem que a carne também o é. As pessoas que consomem muita carne têm um risco cerca de 20% maior de câncer de cólon e reto, e risco aumentado de câncer de esôfago, fígado, pulmão e pâncreas.[138]

As razões dessa associação não são totalmente compreendidas. Os cientistas suspeitam que certos componentes da carne naturalmente presentes ou criados durante o cozimento ou o processamento — sais, ferro, nitratos ou nitritos — podem ser carcinogênicos. Com base nisso, a OMS classifica a carne vermelha como "provavelmente carcinogênica para humanos" e as carnes processadas como inequivocamente "carcinogênicas para humanos".[139] Essas constatações, diz a organização, norteiam as recomendações de saúde pública para limitar o consumo do produto.

Você não gosta dessa conclusão? Então, lance dúvidas sobre a ciência. A Associação Nacional de Pecuaristas de Bovinos diz: "a evidência científica disponível simplesmente não sustenta a relação causal entre as carnes vermelhas ou processadas e qualquer tipo de câncer".[140] Como provas, cita estudos financiados pelo Conselho de Pecuaristas de Bovinos, que não somente deixaram de verificar a associação entre as carnes vermelhas e processadas e o câncer de próstata (que não está, geralmente, ligado ao consumo de carne), como também isentaram de culpa os métodos de cozimento de alta temperatura e os vários carcinógenos suspeitos.[141]

Além dos *checkoffs*, a indústria de carne apoia a própria pesquisa. Um estudo financiado pelo Instituto Norte-Americano da Carne concluiu que as crianças que comem carnes processadas têm dietas mais saudáveis — mais frutas, grãos integrais, alimentos proteicos, cálcio, potássio e vitamina C, e menos açúcar.[142] Um pesquisador que relata vínculos financeiros com vários grupos ligados à carne diz que "apontar para certas comidas e bebidas, incluindo achocolatado, carnes processadas, açúcares adicionados, como vilões na guerra da nutrição não é uma estratégia baseada na ciência, e deve ser contraposta no *front* político, caso comitês de revisão científica continuem a adotar essa abordagem".[143] A pesquisa financiada pela indústria da carne argumenta que o produto é nutritivo, necessário e seguro. Cientistas independentes, entretanto, recomendam um consumo menor. A escolha é sua.

Os argumentos sobre a gordura saturada como fator de risco para doenças cardíacas são ainda mais controversos. Nas dietas norte-americanas, a carne e os laticínios são as maiores fontes de ácidos graxos saturados. As gorduras do leite — e, portanto, os queijos — podem chegar a 75% de ácidos graxos saturados. Na gordura bovina, a proporção é de cerca de 40%, enquanto no abacate e na azeitona é de cerca de 15% — menos, mas ainda significativa. A alta proporção de ácidos graxos saturados na carne e nos laticínios é prejudicial? As indústrias desses grupos de alimentos financiam estudos para contrapor essa ideia. Normalmente, consideram que os ácidos graxos saturados são tão benignos que, se comêssemos mais gordura saturada, deveríamos esperar uma melhora em nossa saúde. Essas indústrias querem provas de que os ácidos graxos saturados não aumentam os níveis de colesterol no sangue nem o risco de doenças cardíacas. A Associação Americana do Coração argumenta o contrário. Cientista ligados a ela observam benefícios substanciais à saúde quando os ácidos graxos saturados são substituídos por gorduras insaturadas.[144]

Os estudos financiados pela indústria da carne produzem resultados previsíveis. Um deles concluiu que comer mais carne vermelha do que o recomendado não afeta os níveis de colesterol no sangue. O coordenador da pesquisa declara o apoio dos programas de *checkoff* de carne bovina e suína, entre outros grupos da indústria. Outra pesquisa sugeriu que a recomendação de reduzir a ingestão de ácidos graxos saturados resulta em uma redução do consumo de proteína. Foi publicada em um caderno especial de um periódico patrocinado pelo *checkoff* da carne bovina, e dois dos seis autores relatam ter recebido bolsa de pesquisa ou prestado consultoria para esse programa.[145]

Os vínculos financeiros dos pesquisadores com grupos relacionados à carne ou aos laticínios complicam os debates sobre os efeitos dos ácidos graxos saturados. Durante décadas, a maioria das pesquisas tem mostrado que, quando substituídos pelos ácidos graxos insaturados, eles elevam os níveis de colesterol no sangue. Em 2015, pesquisadores de Harvard demonstraram isso novamente. Porém, o coordenador desse estudo, Frank Hu, relata ter recebido financiamento de associações comerciais de abacate e nozes — fontes de gorduras "saudáveis". Ele também foi o pesquisador principal de um artigo do BMJ, o antigo *British Medical Journal*, que recomendou continuar a substituir a gordura saturada total por fontes de energia mais saudáveis.[146] Uma carta ao jornal reclamou que quatro dos coautores de Hu trabalhavam para a Unilever, empresa que produz margarinas com baixo nível de ácidos graxos saturados, provocando "um risco de viés inaceitável, com pesquisas anteriores que demonstram que os estudos financiados pela indústria produzem resultados mais favoráveis do que as pesquisas independentes".[147]

Embora alguns estudos patrocinados pela indústria de ácidos graxos saturados produzam resultados contrários, esse é um ponto comprovado. O *checkoff* da carne bovina e a Associação Nacional de Pecuaristas de Bovinos financiaram uma comparação entre os efeitos de dietas com baixo teor de carboidrato e de dietas com alto teor de proteína (carne bovina), contendo 8% ou 15% de ácidos graxos saturados. Depois de três semanas, a dieta rica em proteína levou a níveis significativamente aumentados de colesterol no sangue e risco cardiovascular, assim como pesquisas que datam da década de 1950.[148]

À medida que observo esses argumentos, percebo que o foco na gordura saturada, em vez de nos alimentos e nas dietas que a contêm, não faz sentido. Em termos químicos, as gorduras (na verdade, os ácidos graxos) são hidrocarbonetos diferenciados pela quantidade de hidrogênio ligada aos átomos de carbono. Se faltam hidrogênios, os carbonos se conectam uns aos outros por meio de ligações duplas. Dessa forma, as ligações potenciais ao hidrogênio não são preenchidas — portanto, são "insaturadas". Sem exceção, as gorduras nos alimentos são misturas de ácidos graxos saturados (totalmente hidrogenados), insaturados (uma ligação dupla) ou poli-insaturados (mais de uma ligação dupla). O que varia são as proporções desses três tipos. Todos têm a mesma digestibilidade e a mesma quantidade de calorias.

Em suma, as evidências apoiam a ideia de que a substituição de ácidos graxos saturados por gorduras insaturadas aumenta os níveis de colesterol no sangue e o risco coronariano. Uma vez que os estudos começam a lidar com alimentos e dietas, os resultados se tornam muito mais complicados e difíceis de interpretar. O fato de que grande parte dessa pesquisa é financiada pela indústria só aumenta a confusão. Esse é um problema especialmente grave quando se lida com trabalhos patrocinados pela indústria de laticínios.

Pesquisa sobre laticínios financiada por *checkoff*

O Conselho Nacional de Promoção e Pesquisa dos Laticínios e o Programa de Promoção dos Processadores de Leite arrecadam cerca de duzentos milhões de dólares por ano com taxas. Esses *checkoffs* são conhecidos pela campanha "Tomou leite?", que estimula o consumo da bebida em variadas situações.[149] Um programa de laticínios semelhante no Canadá financia pesquisas para promover "a eficiência e a sustentabilidade das fazendas leiteiras canadenses e dos mercados em crescimento, e fornecer laticínios de alta qualidade, seguros e nutritivos para os canadenses".[150]

Atualmente, Michele Simon é a diretora-executiva da Associação de Alimentos Baseados em Plantas, grupo comercial de empresas que pensa em substitutos para alimentos de origem animal. Em 2014, ela escreveu *Whitewashed*,[151] relatório previsivelmente crítico à promoção de laticínios pelo Departamento de Agricultura dos Estados Unidos.

Simon fez três observações intrigantes: quase metade do suprimento de leite dos Estados Unidos é usado na produção de queijo e sobremesas congeladas; leites com sabor de chocolate e morango (com adição de açúcar) respondem por 70% das vendas do produto nas escolas; e mais de 10% de todo o açúcar do país é usado na produção de laticínios. Fundos de *checkoff*, recorda ela, não devem ser usados para promover laticínios de baixa qualidade que entram em conflito com as recomendações do Guia Alimentar. O relatório pediu mais controle do Departamento de Agricultura para garantir que os *checkoffs* não sejam usados para fazer *lobby*.[152]

Infelizmente, *Whitewashed* não diz muito sobre o papel dos programas de *checkoff* na pesquisa sobre laticínios, mas poderia. Quando escrevi *What to Eat*, em 2006, dediquei três capítulos à explicação dos argumentos científicos em torno desses produtos. Minha análise dos estudos concluiu que os laticínios são simplesmente iguais aos outros alimentos. Mantenho essa opinião. Se você não gosta de laticínios, é intolerante à lactose, tem alergia às proteínas do leite ou não quer consumi-los por qualquer razão, não precisa fazê-lo. Muitos outros alimentos proveem os mesmos nutrientes. Se você gosta de laticínios, como eu, tudo bem, mas fique atento às calorias e aos açúcares adicionados.

Dito isso, o problema mais preocupante desse ramo é que grande parte da pesquisa é financiada pela indústria. Conheço apenas um estudo — sobre obesidade — que analisou os efeitos do financiamento. Não encontrou nenhuma relação entre patrocínio e resultado, mas os autores disseram que tiveram dificuldade para localizar trabalhos que não fossem bancados pelos fabricantes.[153]

Gosto das minhas conversas e debates com Greg Miller, diretor científico do Conselho Nacional de Laticínios, que costuma me enviar estudos que demonstram os benefícios dos produtos lácteos. O conselho é o braço de marketing dos *checkoffs* dos laticínios, com subsídios para projetos de pesquisa que encontrem informações positivas sobre os produtos.

O Conselho Nacional de Laticínios financia estudos baseados em princípios de integridade científica, transparência e parcerias públicas e privadas, nos moldes do estabelecido pelo ILSI. Um relatório do órgão lista as centenas de pesquisas que patrocina em três categorias: nutrição, desenvolvimento de produtos e sustentabilidade. Somente na categoria nutrição, contei 119 análises concluídas ou em andamento entre 2010 e 2016. Os projetos sobre saúde pública investigam os benefícios dos laticínios — particularmente, das variedades com alto teor de gordura — para a saúde cardiovascular, óssea, metabólica e infantil. Estudos direcionados aos efeitos no consumidor examinam como os laticínios melhoram a saúde muscular, o desempenho esportivo, a capacidade digestiva e a cognição. O conselho também tem outras prioridades de pesquisa destinadas a demonstrar as vantagens dos ingredientes do soro e dos subprodutos do leite. E apoia alguns projetos sobre sustentabilidade — sobre as emissões de metano, por exemplo.[154]

Um terço dos estudos da minha coleção de um ano foi financiado por corporações ou conduzido por pesquisadores ligados a elas. Em geral, essas pesquisas concluíram que os laticínios são benéficos ou inofensivos, mesmo quando sugerem que "não pode ser descartada a possibilidade de que a ingestão de leite seja simplesmente um indicador de dietas de melhor qualidade nutricional".[155] Esse "inofensivo" permite uma distorção para cima: um estudo financiado por empresas, com resultado neutro, resultou na manchete de que laticínios "não aumentam o risco de ataque cardíaco ou de derrame".[156]

Os estudos financiados pela indústria descobrem com frequência que os alimentos lácteos protegem contra derrames e doenças cardíacas e coronarianas, ajudam a controlar o diabetes tipo 2, reduzem as anormalidades metabólicas, melhoram a ingestão de vitaminas e minerais, reduzem o risco de alergias em crianças e restauram o equilíbrio dos fluidos depois da prática de exercícios de forma mais eficaz do que as soluções eletrolíticas.[157] Uma pesquisa patrocinada pelo consórcio de associações de laticínios de Canadá, Austrália, Holanda e Dinamarca concluiu que as gorduras lácteas não exercem efeito sobre "o grande número de variáveis cardiometabólicas".[158] São realizações impressionantes para um único alimento.

Para ser justa, às vezes os trabalhos financiados pelos fabricantes de produtos lácteos não mostram benefícios. A Fundação de Pesquisa de Laticínios Danish ajudou a apoiar um teste com 97 mil pessoas para descobrir se o consumo de leite reduz os riscos de obesidade e diabetes tipo 2. O resultado foi negativo. Algumas pesquisas financiadas de forma independente também apresentam efeitos desfavoráveis, como a associação do consumo de laticínios com as dificuldades reprodutivas em diferentes mulheres saudáveis na pré-menopausa.[159]

A indústria de laticínios trabalha sobretudo para demonstrar as propriedades de produtos específicos — por exemplo, queijo — que são boas para a saúde. O queijo é rico em ácidos graxos saturados, mas não tanto quanto a manteiga — portanto, em comparação, pode parecer mais saudável, o que não quer dizer que o seja. Isso ajuda a explicar por que uma revisão sistemática com meta-análise dos testes feitos por autores que têm laços financeiros com a indústria concluiu que, se comparada ao consumo de manteiga, a ingestão de queijos duros reduz os níveis de colesterol no sangue.[160]

Outro consórcio empresarial financiou um estudo que obteve a seguinte conclusão: dietas que contêm queijo com alto teor de gordura são menos arriscadas do que dietas com baixo teor de gordura e alto teor de carboidratos.[161] Cartas enviadas ao editor do *American Journal of Clinical Nutrition* reclamaram disso, afirmando que as dietas experimentais pareciam ter sido projetadas para alcançar a conclusão desejada. As dietas com alto teor de ácido graxo saturado tinham uma quantidade incomum de fibras dietéticas e foram enriquecidas com gorduras poli-insaturadas — ambas reduzem os níveis de colesterol no sangue. A dieta com baixo teor de gordura recebeu acréscimos de ácidos graxos saturados capazes de elevar os níveis de colesterol. Os autores responderam, defendendo os métodos utilizados e insistindo que "os patrocinadores não exerceram influência na execução do estudo, da análise, da interpretação dos dados e da última versão do original".[162]

As empresas de iogurte, em particular, querem que acreditemos que as bactérias vivas ("probióticos") do produto beneficiam a saúde. Essa ideia data do início do século xx, quando o cientista russo Élie Metchnikoff atribuiu a vida supostamente longa dos búlgaros ao iogurte. Eu disse "supostamente" porque as alegações da tal longevidade — e do consumo de iogurte — não resistiram ao escrutínio. Apesar disso, a ideia permaneceu. Estudos financiados pelas fabricantes mostram que o produto está associado a uma ampla gama de vantagens: redução do risco de síndrome metabólica, de diabetes tipo 2, de ganho de peso; maior densidade óssea em adultos mais velhos e melhor digestibilidade por grupos minoritários intolerantes ao açúcar da lactose no leite.[163] "Associado a" não indica causa. Isso é importante, porque alguns estudos financiados pelo iogurte não mostram benefícios. A empresa farmacêutica Sanofi-Aventis, que fabrica e vende probióticos, ajudou a bancar um trabalho para descobrir se o consumo habitual de iogurte faz com que as pessoas se sintam melhor com relação à saúde. A hipótese não foi comprovada.

Durante o ano em que colecionei pesquisas financiadas pela indústria em meu blog, recebi um comentário anônimo referente a um estudo sobre laticínios e diabetes tipo 2. Era de um funcionário da Fundação para a Pesquisa em Laticínios da Califórnia, patrocinadora do trabalho em questão. "Criticamos o fato de você ter julgado nosso trabalho simplesmente por sua fonte de financiamento e não por seu conteúdo. [...] Usamos a mais alta qualidade de pesquisa acadêmica disponível para tirar essas conclusões. [...] É o mesmo método que um acadêmico não industrial teria usado para produzir esse tipo de estudo." O autor não deve ter lido o post inteiro, que terminou com minha declaração de que o financiamento da indústria não enviesa necessariamente um estudo, embora sugira que um nível mais alto de atenção é necessário.[164]

Como mencionado anteriormente, a qualidade científica dos estudos financiados pela indústria não costuma estar em questão. A maioria das distorções aparece nas perguntas norteadoras (comparação entre queijo e manteiga, por exemplo) ou na interpretação de resultados (resultado neutro interpretado como positivo). Às vezes, porém, esse tipo de pesquisa é tão notoriamente egoísta que confere má reputação a todos os outros estudos. Pense em uma conclusão do tipo: leite com chocolate alivia os sintomas de concussões em jogadores de futebol americano do ensino médio. Não, não estou inventando.

Escândalo do leite com chocolate

Em dezembro de 2015, a Universidade de Maryland divulgou o seguinte comunicado à imprensa: "O Fifth Quarter Fresh, novo leite com chocolate com alto teor de proteína, ajudou os jogadores de futebol americano do ensino médio a, mesmo depois de sofrer concussões, melhorarem suas funções cognitivas e motoras ao longo de uma temporada". O estudo foi conduzido pelo professor de cinesiologia Jae Kun Shim, que acompanhou 474 atletas da modalidade de várias escolas do oeste de Maryland durante a temporada do outono de 2014. O comunicado citou as palavras do professor Shim: "no geral, independentemente de concussões, os jogadores de futebol americano do ensino médio que beberam Fifth Quarter Fresh durante a temporada apresentaram resultados positivos. [...] Especificamente, nas áreas de memória verbal e visual".[165]

Essa era uma notícia impressionante. Atualmente, nos esportes, as concussões são motivo de grande preocupação. Cada vez mais têm sido reconhecidas como a causa de déficits cognitivos de curto prazo e de danos cerebrais permanentes. Com base nessas evidências, pediatras chegaram a pedir aos conselhos escolares para interromper a prática de futebol americano.[166] O comunicado à imprensa mencionou as palavras do superintendente das escolas públicas locais, Clayton Wilcox: "não há nada mais importante do que proteger nossos alunos atletas. Agora que entendemos as descobertas desse estudo, estamos determinados a fornecer o Fifth Quarter Fresh a todos eles". Wilcox disse a um repórter do *Stat News* que planejava comprar 25 mil dólares do leite, pois "muitas crianças simplesmente não bebem mais leite", e o Fifth Quarter Fresh "realmente encontrou a receita secreta".[167]

O comunicado recebeu muita atenção da mídia, embora não tenha sido o tipo de atenção que a universidade queria. A *Health News Review*, organização que avalia a clareza e a precisão desses comunicados, classificou a informação como "altamente insatisfatória". A avaliação mencionou que "quase não há fatos nesse comunicado pretensioso. Os poucos fatos existentes divulgam vagos benefícios neurológicos de um determinado leite com chocolate". Também observou que o informe não havia dito nada sobre o que havia melhorado, o nível de melhoria, o estudo em si ou a composição da bebida. Conclusão: o material "pode aumentar ainda mais o consumo de uma bebida que, gota a gota, tem mais calorias e quase tanto açúcar quanto a Coca-Cola".[168]

É verdade. O Fifth Quarter Fresh contém apenas quatro ingredientes: leite desnatado, açúcar, cacau em pó e vitaminas. A garrafa de quatrocentos mililitros fornece cerca de quarenta gramas de açúcar — mais de dez colheres de chá —, o que faz com que a bebida não seja nada além de leite desnatado adoçado com chocolate e suplemento vitamínico. Você pode fazer isso em casa facilmente. Em 2017, porém, o site da empresa (não mais disponível) se gabou de que a bebida continha leite de vacas "supernaturais", era livre de produtos químicos e conservantes e "combinava o melhor das bebidas com proteína (20g) e uma excelente fórmula para reidratação, incluindo níveis insuperáveis de cálcio e vitaminas A e D".

Um integrante da *Health News Review* cobrou explicações da universidade. "O que ouvi me surpreendeu", relatou. "Não encontrei nenhum artigo de jornal porque não havia nenhum. Não havia sequer um relatório não publicado que eles pudessem me enviar".[169] A imprensa de Baltimore também ficou chocada e confusa com a decisão da Universidade de Maryland de fazer um comunicado sobre um estudo que ainda não havia sido revisado ou publicado em um periódico.[170] O *Baltimore Business Journal* obteve um resumo do estudo e uma apresentação em PowerPoint, mas não pôde divulgá-los. A *New York Magazine* forneceu um link para a apresentação de PowerPoint — única fonte de informação sobre o tema real dessa pesquisa.[171]

Repórteres observaram que a execução havia sido mal planejada — não havia comparado os efeitos do Fifth Quarter Fresh com os de outras marcas de leite com chocolate ou com qualquer outra bebida adoçada. Em vez de pesquisadores experientes, dependera de departamentos atléticos para administrar o teste e fornecer o leite aos jogadores, e tomara como base experimentos cognitivos de validade questionável. Além disso, Shim não tinha exigido a anuência dos jogadores nem a permissão dos pais e não revelou a fonte de financiamento.

Em resposta ao tumulto midiático, a universidade nomeou uma comissão. Um relatório foi publicado em março de 2016.[172] Tratou principalmente do fracasso da universidade e de Shim em observar protocolos de ética de pesquisa. E revelou alguns detalhes interessantes. A empresa controladora do Fifth Quarter Fresh tinha fornecido apoio para salários e materiais de pesquisa, e um grupo de laticínios da Pensilvânia destinou duzentos mil dólares para Shim. O comitê ficou consternado com a ignorância generalizada sobre princípios éticos básicos. Shim, por exemplo, não considerou o financiamento como conflito de interesses porque o dinheiro foi para o estudo e não para ele, pessoalmente.

O comitê aconselhou a universidade a se certificar de que os futuros comunicados tratem apenas de trabalhos publicados e com fontes de financiamento divulgadas. Disse que todos pesquisadores, funcionários e estudantes de pós-graduação devem passar por treinamento obrigatório acerca dos princípios de conflito de interesses. Aconselhou a instituição a devolver os recursos e doações recebidos de empresas de laticínios e a remover do site todas as menções a esse episódio. A universidade cumpriu as determinações e estornou quase 230 mil dólares.[173]

Mesmo assim, Julia Belluz, do site *Vox*, julgou a universidade "incrivelmente irresponsável" por "comportar-se como uma máquina de marketing para uma empresa de laticínios".[174] A *Health News Review* criticou o comitê por não ter enfrentado adequadamente a falta de transparência da universidade. A repórter Candice Choi se aprofundou no assunto e obteve e-mails trocados entre o Fifth Quarter Fresh e o pesquisador. A pressa na publicação do comunicado foi finalmente explicada: a empresa queria que os resultados do estudo coincidissem com o lançamento do filme *Um homem entre gigantes* (2015), de Peter Landesman, que expõe décadas de falta de iniciativa da Liga Nacional de Futebol Americano em lidar com o traumatismo craniano.[175] Só posso imaginar o que esse "estudo" poderia ter feito pelas vendas do Fifth Quarter Fresh.

Se não freiam pesquisas patrocinadas pela indústria e contam com pesquisadores aferrados a altos padrões de conduta ética, as universidades colocam sua reputação em sérios riscos. Às vezes, como nesse caso, sai tudo errado, e a ciência acaba sendo transformada em piada.[176] Quando mantêm altos padrões éticos para todos — estudantes, professores, administradores e até pessoal de relações públicas —, as universidades ganham prestígio.

5.
Marketing não é ciência

Independentemente de quem as publica, as diretrizes para uma alimentação saudável costumam recomendar dietas amplamente à base de plantas, ou seja, frutas, legumes, grãos, feijões e nozes. O Guia Alimentar dos Estados Unidos recomenda "proteínas", genericamente. Grãos, feijões e nozes são boas fontes de proteína, mas, para o documento, também o são laticínios com pouca gordura, carnes magras e peixes. Os padrões alimentares indicados abarcam, sem exceção, alimentos frescos ou minimamente processados e com baixa adição de sal e açúcares. Isso assegura nutrientes e energia em proporções que atendem às necessidades fisiológicas e atenuam o risco de obesidade, diabetes tipo 2 e outras doenças crônicas. Importante: padrões alimentares se referem a dietas como um todo e não a alimentos isolados. Nenhum alimento sozinho implica uma dieta saudável.

Por definição, majoritariamente nas formas não processadas, os alimentos provenientes da terra, das árvores e dos animais são saudáveis. Diante disso, você pode perguntar: "por que, então, os produtores de alimentos como cranberry [oxicoco], pera, abacate e determinadas nozes financiam pesquisas destinadas a provar que, em particular, eles — em vez de frutas, legumes e nozes, em geral — oferecem benefícios especiais para a saúde"? Marketing, é claro. Os produtores de alimentos querem expandir as vendas. Alegações em favor da saúde fazem vender. A FDA exige pesquisas para sustentá-las e dá um peso maior a experimentos com seres humanos, em vez de animais.

Tudo isso explica por que, em 2015, a Royal Hawaiian Macadamia Nut pediu à FDA para permitir que, em anúncios, veiculasse que o consumo diário da macadâmia — em uma dieta saudável — pode reduzir o risco de doenças cardíacas. A petição de 81 páginas citou diversos testes feitos em seres humanos. Um deles foi financiado pela Hershey, que vende macadâmia coberta com chocolate.[177] A FDA decidiu que permitiria uma alegação para a noz com a seguinte formulação: "pesquisa favorável, mas não conclusiva, mostra que, como parte de uma dieta pobre em gordura saturada e colesterol e não resultante em aumento da ingestão de gordura saturada ou de calorias, comer cerca de quarenta gramas de macadâmia por dia pode reduzir o risco de doença coronariana".[178] Uma declaração tão confusa assim pode impulsionar as vendas de macadâmia? Sim, com certeza, com uma pequena ajuda da mídia: "Vá em frente! A FDA declara que o coração de quem come macadâmia é saudável".[179]

Perguntas científicas legítimas — sobre conteúdo nutricional ou digestibilidade, por exemplo — podem ser feitas sobre alimentos específicos, mas a maioria já foi abordada há muito tempo. Os alimentos não são medicamentos. Questionar se um único alimento oferece benefícios especiais para a saúde desafia o senso comum. Não comemos apenas um alimento. Comemos muitos alimentos diferentes em combinações que variam no dia a dia — a diversidade da nossa ingestão supre nossas necessidades nutricionais. Quando, porém, os imperativos do marketing estão em ação, os vendedores querem que as pesquisas afirmem que seus produtos são "superalimentos", termo sem sentido nutricional: é um conceito da publicidade.

O que há de errado, porém, em promover os benefícios dos alimentos saudáveis? Não nos sentiríamos melhor se comêssemos mais alimentos saudáveis? Sim, mas muitos estudos financiados pela indústria são enganosos. É por isso que a FDA exige uma série de informações antes de aprovar uma alegação. Esse tipo de pesquisa é projetado para obter resultados provando que, ao comer determinado alimento, as pessoas serão mais saudáveis e poderão se esquecer dos outros componentes da dieta. Estudos nutricionais voltados ao marketing levantam questões sobre distorções de planejamento e interpretação, e podem colocar em risco a reputação dos pesquisadores e abalar a integridade da ciência nutricional. Também despertam dúvidas sobre o papel das agências governamentais na promoção da análise de um único alimento. Para ilustrar por que tais preocupações são importantes, considere algumas das questões de marketing relacionadas a três alimentos saudáveis: blueberry (também conhecido como mirtilo), noz-pecã e romã.

"A superfruta rica em nutrientes"

A associação comercial Blueberries Silvestres da América do Norte quer que você entenda que as Blueberries Silvestres (sempre escritas com inicial maiúscula) frescas e congeladas são melhores do que as blueberries gigantes frescas do supermercado: "repletas de uma variedade de fitoquímicos naturais, como a antocianina, as Blueberries Silvestres têm o dobro da capacidade antioxidante por porção das blueberries regulares. Um corpo crescente de pesquisa tem estabelecido que a Blueberry Silvestre é um potencial aliado da proteção contra câncer, doenças cardíacas, diabetes e Alzheimer".[180] Uma impressionante gama de benefícios oferecida por uma fruta pequena que geralmente é consumida em pouca quantidade até mesmo por pessoas que podem encontrá-la na natureza. Vender essa fruta como potencial antioxidante tem feito maravilhas para a indústria da blueberry silvestre do Maine, no extremo Nordeste dos Estados Unidos.

Durante anos, tive um pé de blueberry gigante plantado em um vaso no meu terraço, no décimo segundo andar de um prédio em Manhattan. Nos anos em que consegui defendê-la dos muitos pássaros vorazes, a planta foi satisfatoriamente produtiva. Ao contrário das variedades gigantes, de fácil acesso, as silvestres crescem perto do solo arenoso que surge quando as geleiras recuam, e são mais difíceis de colher. No Maine, a blueberry silvestre representa uma importante *commodity* agrícola. Desde 1945, os produtores de blueberry do Maine têm apoiado a pesquisa — então e agora, focada nas práticas de produção — na universidade do estado. Como as técnicas melhoraram, os produtores da fruta passaram a produzir mais — e a precisar encontrar mercado para esse excedente.

A Comissão Blueberry Silvestre do Maine consultou especialistas em marketing. Em 1992, como meio de diferenciar a blueberry silvestre da cultivada, um consultor recomendou inicialmente que os anúncios se concentrassem no sabor da fruta. Esse consultor leu um artigo de uma revista do Departamento de Agricultura que exaltava as virtudes dos pigmentos antioxidantes das plantas para "estimular o sistema imunológico, reduzir a inflamação e as alergias [e] desintoxicar de contaminantes e poluentes".[181] O texto dizia que os pesquisadores do órgão público haviam inventado um teste para os antioxidantes, demonstrando que a blueberry tem níveis mais altos que os de qualquer fruta testada (entre os vegetais em geral, a couve tem o nível mais alto). O consultor, então, fez o esperado: recomendou que a comissão se concentrasse nos antioxidantes. De 1997 a 2000, metade dos recursos de marketing da comissão foi usada para reposicionar a blueberry como um ícone de saúde. A estratégia funcionou. A indústria dessa fruta no Maine floresceu — pelo menos, por um tempo. A recente superprodução e a concorrência com as frutas canadenses puxaram os preços para baixo.

Eu amo blueberry — silvestre e cultivada —, mas ela é apenas uma fruta como qualquer outra; seus antioxidantes podem neutralizar as ações prejudiciais dos agentes oxidantes (radicais livres) no corpo, mas os estudos sobre quão bem esses antioxidantes protegem contra doenças têm produzido resultados irritantemente inconsistentes. Quando testados, os suplementos antioxidantes não dão sinais de reduzir o risco de doenças e, por vezes, demonstram causar danos.[182] O Departamento de Agricultura não publica mais dados sobre os níveis antioxidantes dos alimentos "devido à evidência crescente de que os valores que indicam a capacidade antioxidante não têm relevância para os efeitos dos compostos bioativos específicos, incluindo polifenóis, na saúde humana".[183] O Centro Nacional de Saúde Complementar e Integrativa dos Estados Unidos considera que os antioxidantes não possuem benefícios especiais.[184] As pessoas que consomem mais frutas e legumes têm menos risco de doenças crônicas, mas ninguém sabe se isso realmente ocorre em função dos antioxidantes, de outros componentes alimentares ou de diferentes escolhas de estilo de vida.

Como todas as outras frutas e os legumes, a blueberry tem uma combinação única de antioxidantes. E daí? É melhor não esperar milagres — como o sugerido na seguinte manchete especialmente esperançosa: "Blueberry associada à redução de risco de disfunção erétil". Dois dos autores desse estudo relataram ter recebido financiamento do Conselho de Blueberry Cultivada dos Estados Unidos "por outro projeto não relacionado a essa publicação".[185]

Noz-pecã, tão boa quanto outras nozes

Em abril de 2016, recebi um e-mail de Jeff Worn, vice-presidente da Companhia de Pecã da Geórgia do Sul, perguntando se poderíamos conversar sobre as afirmações de que a noz-pecã faz bem à saúde. Eu amo noz-pecã, particularmente em bombons, mas não sou fã de alegações de saúde, pois estas pertencem ao marketing, e não à ciência. Respondi a Worn que, se ele quisesse promovê-la como um "superalimento", eu não poderia ajudá-lo. Ele argumentou que o pedido era sobre educação e não sobre marketing, e disse que a maioria dos norte-americanos pensa na noz-pecã em bombons, sorvetes ou tortas, mas que ela é, "na verdade, muito mais do que isso. Há uma tonelada de valor nutricional nos antioxidantes que ela contém. Além disso, as gorduras da noz-pecã são boas, mas, em geral, o público pensa que a gordura de um produto implica pneuzinhos ao redor da cintura. Isso não é verdade com a noz-pecã".

Novamente, antioxidantes. Entendi, porém, o ponto de vista sobre as gorduras saudáveis da noz-pecã. Começamos, então, a trocar e-mails. Ele explicou que a indústria estava em um processo para obter uma ordem especial de marketing federal do Departamento de Agricultura. Por meio dessa ordem, o órgão público ajuda os produtores das chamadas "safras especiais" (tradução: frutas, legumes e nozes para consumo humano em oposição ao milho industrial e à soja oferecidos aos animais). No caso da noz-pecã, essa ordem se aplica aos produtores em quinze estados norte-americanos e autoriza a indústria a coletar dados, recomendar padrões de qualidade, regular pacotes e contêineres, e realizar atividades de pesquisa e promoção. O documento cria ainda o Conselho Americano da Noz-Pecã para decidir como os fundos devem ser usados e supervisionar as atividades.

Eu não sabia muito sobre aquelas ordens. Pedi então ao professor Parke Wilde, da Universidade de Tufts, a quem consulto também sobre os programas de *checkoff*, para me ajudar a entender a diferença entre as duas iniciativas do USDA. Ele explicou que ambas são realizadas pelo Serviço de Marketing Agrícola do Departamento de Agricultura e ambas cobram taxas de todos os produtores por marketing, promoção e pesquisa. A diferença mais óbvia entre eles é geográfica — os *checkoffs* são nacionais e as ordens são regionais.

Jeff Worn disse que trabalhava com pesquisadores da Universidade da Geórgia, fazendo estudos clínicos sobre os benefícios da noz-pecã para a saúde, e queria saber o que o grupo deveria ou não divulgar para fins promocionais. Pensei que o comentário dele, dizendo se tratar de educação e não de marketing, na verdade, soava como marketing. Os produtores de noz-pecã querem vender mais. E eu quero que as pessoas saibam que todos os alimentos integrais têm valor nutricional — frutas, legumes, grãos, feijões, carnes, laticínios e, sim, nozes. Entendi, porém, a resposta dele, enviada por e-mail: "quero que as pessoas comprem mais noz-pecã. É isso que paga as contas, mas, para mim, é mais do que isso. Costumo basear-me em fatos. Pretendo ir mais fundo, dizendo ao consumidor que nem tudo é questão de dinheiro".

Estou falando sobre tudo isso, com a permissão dele, porque me parece alguém especialmente preocupado com o papel da pesquisa no marketing de alimentos. Eu disse que não preciso de mais informações sobre os benefícios nutricionais da noz-pecã. Sei que as pessoas que costumam comer nozes tendem a ser mais saudáveis do que as que não o fazem. Isso é verdade em relação a noz-pecã, macadâmia, amêndoa ou qualquer outra noz. Que tipo de pesquisa seria necessária para demonstrar que comer noz-pecã — em comparação com qualquer outra noz — produz melhorias mensuráveis na saúde? Tal estudo seria muito difícil e dispendioso. As diferenças nutricionais entre uma noz e outra valem o financiamento de um teste clínico? Creio que não, mas entendo que os produtores de nozes possam discordar.

Worn me enviou o protocolo de um estudo sobre os efeitos de uma dieta rica em noz-pecã e os biomarcadores de risco de doenças cardiovasculares e diabetes em pessoas com sobrepeso. Os pesquisadores apresentaram os resultados preliminares da pesquisa na reunião anual de 2016 da Sociedade Americana de Nutrição. O pôster da comunicação associou o consumo de noz-pecã a "reduções de insulina em jejum, glicose, lipídios do sangue, pressão sanguínea sistólica, inflamação e aumento do tempo para oxidação de LDL [lipoproteína de baixa densidade]. Embora nenhuma dessas mudanças tenha sido estatisticamente significativa".[186] Como é típico na pesquisa financiada pela indústria, a conclusão mostrou como positivos resultados que, em verdade, são neutros. O pôster não revelou o financiador do estudo, mas o protocolo o fez — Associação Nacional de Processadores de Noz-Pecã.

Um suco de romã maravilhoso

No início de 2008, recebi uma carta educada de Matt Tupper, presidente da POM Wonderful, empresa que produz suco de romã e suplementos. O empreendimento pertence ao casal bilionário Lynda e Stewart Resnick, os maiores fazendeiros dos Estados Unidos. Essa companhia de capital fechado de 4,5 bilhões de dólares também possui a Água Fiji e 180 mil acres (21 quilômetros quadrados) de pomares de amêndoa, pistache e cítricos somente na Califórnia. Desse conjunto, 18 mil acres (2,1 quilômetros quadrados) são pomares de romã. Tupper escreveu que admirava meu trabalho, mas tinha ficado desapontado por ler uma citação minha em um artigo, dizendo que "a romã não é melhor do que qualquer outra fruta. É apenas brilhantemente comercializada. Gaste vinte milhões de dólares em pesquisa somente sobre uma determinada fruta. E você descobrirá que ela certamente proporciona benefícios únicos e milagrosos".[187] A carta de Tupper explicou que "a pesquisa médica financiada pela POM Wonderful não é simplesmente uma ferramenta para comercializar mais romã [...] Em vez disso, o objetivo fundamental do programa de pesquisa da empresa é desenvolver uma compreensão cientificamente sólida sobre como e por que a romã impacta a saúde humana". Tupper disse que a companhia acredita que a romã é superior a outras frutas e legumes porque só ela possui "uma infinidade de compostos antioxidantes potentes, e, portanto, está no topo da pirâmide nutricional". Ah, sim, antioxidantes.

Desde pelo menos 2001, a POM tem investido em estudos projetados para mostrar que a ingestão diária de cerca de 25 mililitros de suco de romã ou de suplemento do polifenol de romã produz níveis mais altos de antioxidantes no corpo e reduz os riscos de doenças cardiovasculares, diabetes tipo 2, câncer de próstata e disfunção erétil (aparentemente, o Santo Graal). A empresa alegou esses benefícios para a saúde em anúncios.[188]

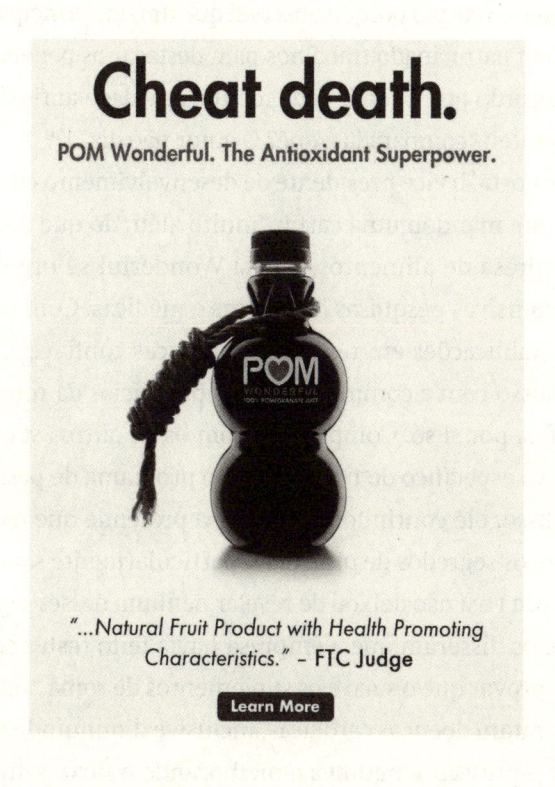

Cheat death.
POM Wonderful. The Antioxidant Superpower.

"...Natural Fruit Product with Health Promoting Characteristics." – FTC Judge

Learn More

Figura 5.1 — "Engane a morte. POM Wonderful. O superpoderoso antioxidante. 'Produto natural de fruta com características que promovem saúde'." Este anúncio da POM Wonderful surgiu no dia seguinte a uma decisão judicial que não considerou as alegações em favor da saúde da empresa cientificamente fundamentadas. O trecho da sentença em destaque na imagem foi retirado de contexto. Eis o que realmente dizia: "o suco de romã é um produto natural de fruta com características que promovem saúde. A segurança do suco de romã não está em dúvida."

Em 2011, escrevi uma coluna para o jornal *San Francisco Chronicle* explicando por que a pesquisa nutricional, particularmente aquela financiada pela indústria, requer uma interpretação cuidadosa. Disse que, sempre que vejo estudos que defendem os benefícios de um único alimento para a saúde, quero saber se os resultados são biologicamente plausíveis, se a análise controlou outros fatores dietéticos — comportamentais ou de estilo de vida — que podem influenciar o resultado e quem patrocinou a pesquisa. Usei romãs como exemplo porque observei que um dos principais produtores tem patrocinado trabalhos para destacar os benefícios da fruta. Concordo que a romã pode ter alta atividade antioxidante, mas perguntei: "comparada a quê? O autor não diz".[189]

Em resposta, o vice-presidente de desenvolvimento clínico da empresa me mandou uma carta: "muito além do que qualquer outra empresa de alimentos, a POM Wonderful se orgulha de apoiar extensivas pesquisas científicas e médicas. Com mais de sessenta publicações em revistas acadêmicas confiáveis, nosso compromisso com a compreensão dos benefícios da romã para a saúde fala por si só. Compará-los com os de outros sucos não é o objetivo específico do nosso extenso programa de pesquisa". Em vez disso, ele continuou, a empresa pretende que o estudo "desvende os segredos de uma fruta particularmente saudável".

De fato, a POM não deixou de revelar nenhum desses segredos. Os anúncios disseram que a empresa havia feito testes clínicos para comprovar que o suco e os suplementos de romã "reduzem o risco e tratam doenças cardíacas, inclusive diminuindo a placa arterial e a pressão sanguínea e melhorando o fluxo sanguíneo para o coração". A companhia anunciou que os produtos minimizam o risco de câncer de próstata, "prolongando o tempo de duplicação do antígeno específico da próstata". E, ainda melhor, que o suco "previne, reduz o risco e trata a disfunção erétil". Tome o suco da POM Wonderful — você pode até mesmo "enganar a morte" (ver a figura 5.1).[190]

Segundo as regras enigmáticas da FDA sobre as alegações em favor da saúde, a empresa anunciava o suco e os suplementos como remédios e não como alimentos. O entendimento dessa distinção requer um pouco de história. Até o início dos anos 1990, a agência reguladora não permitia que alimentos ou suplementos fossem comercializados com afirmações de que poderiam prevenir, mitigar ou tratar uma doença — apenas medicamentos fazem isso. Se os profissionais de marketing quisessem fazer alegações sobre remédios, precisariam comprovar a segurança e a eficácia dos mesmos. As empresas alimentícias sabiam que os testes clínicos seriam dispendiosos e dificilmente chegariam a uma conclusão. Em vez disso, fizeram *lobby* pelo direito de "informar o público" sobre os benefícios desses produtos para a saúde.

Quando o Congresso norte-americano aprovou a Lei de Rotulagem e Educação Nutricional, em 1990, instruiu a FDA a permitir que os fabricantes divulgassem as vantagens de seus alimentos para saúde que eram apoiadas por "acordo científico substancial" entre especialistas. A regulamentação da lei autorizou que os rótulos dos alimentos declarassem, por exemplo, que frutas e legumes — como grupo alimentar — reduzem o risco de câncer e doenças cardíacas. Também autorizou algumas outras alegações quanto a doenças.[191] Afirmações específicas de que um alimento previne ou trata doenças precisavam da aprovação da agência, mas a POM não havia feito tais solicitações.

Eu chamo de "enigmáticas" as regras da FDA porque os profissionais de marketing da empresa têm autorização legal para dizer que o suco de romã "ajuda a ter" um coração e uma próstata saudáveis ou "ajuda a melhorar" a função sexual. Porém não o fizeram. Os advogados da corporação certamente conhecem a diferença entre "previne doenças" e "ajuda a melhorar a saúde", mas a empresa insistiu que a pesquisa dela era suficiente para promover alegações específicas de que os produtos são capazes de prevenir doenças e sintomas.

A FDA não concordou com isso. No início de 2010, a agência alertou que as propagandas posicionavam o suco e os suplementos como medicamentos e, portanto, eram ilegais. Em setembro, a Comissão Federal de Comércio, que regulamenta a publicidade e geralmente segue a orientação da FDA em tais assuntos, disse à POM para parar de fazer afirmações não comprovadas em anúncios. A comissão não viu a pesquisa patrocinada pela empresa como evidência suficiente para essas declarações.

Qual foi a resposta? Processo. A empresa argumentou que as ações da comissão "impactaram negativamente a liberdade de expressão da POM Wonderful e o valor de seu programa de pesquisa, além de violar os direitos da Primeira e da Quinta Emendas [da Constituição]".[192] Sério? Difícil acreditar que os fundadores dos Estados Unidos tenham formulado a Primeira e a Quinta Emendas para proteger os direitos da POM de fazer alegações sem fundamento. Aparentemente, o Judiciário teve o mesmo entendimento. Confirmou o argumento da Comissão Federal de Comércio de que as alegações eram falsas e infundadas. Concordou que a pesquisa da empresa era insuficientemente convincente, em especial porque muitos dos testes não eram controlados ou não eram cegos (os participantes do experimento sabiam o que estavam bebendo ou ingerindo). Além disso, "as alegações sobre disfunção erétil eram falsas e infundadas, porque o estudo que a empresa tomou por base não mostrou que o suco era mais eficaz do que um placebo".[193]

A pesquisa patrocinada pela POM fornece exemplos adicionais sobre como é fácil manipular projetos para obter os resultados desejados. Segundo informações que constam da decisão judicial, a empresa investiu mais de 35 milhões de dólares em quase cem estudos em 44 instituições diferentes. Pelo menos setenta deles foram publicados em periódicos e passaram por revisão, ou seja, foram submetidos ao escrutínio de outros profissionais. Entre muitos benefícios, usando métodos científicos apropriados, demonstraram que o suco de romã tem ação antioxidante e atua como antioxidante no corpo. Até aqui, nenhuma surpresa. As frutas e os legumes têm antioxidantes. A pesquisa da empresa não comparou os efeitos dos antioxidantes da romã com os de qualquer outra fruta. O fato de uma determinada fruta ter mais antioxidantes depende de quais antioxidantes específicos você procura. Que diferença isso faz? Como um todo, os alimentos provenientes de plantas são saudáveis. Continua a ser difícil, portanto, definir o papel dos antioxidantes na saúde.

Apesar disso, a empresa merece crédito pela ousadia. No dia seguinte à decisão do juiz, a companhia colocou o seguinte anúncio de página inteira no *The New York Times*: "Comissão Federal de Comércio *versus* POM Wonderful — você é o juiz". O anúncio incluiu citações pinçadas da decisão judicial. Esta é uma delas: "evidências científicas confiáveis e comprovadas mostram que o suco de romã auxilia na saúde erétil e na função erétil (página 198)". De fato, essa afirmação está na página 198, mas o anúncio omitiu a seguinte sentença: "não há evidências científicas confiáveis e comprovadas suficientes que mostrem que o suco de romã previne ou reduz o risco de disfunção erétil ou de que foi clinicamente provado que o faz".[194] A empresa descontextualizou outros trechos da sentença em vários anúncios, como mostra a figura 5.1.

Como eu disse, a POM é uma empresa de capital fechado e, portanto, não precisa divulgar os resultados da venda de suco e suplementos, mas se estima que alcance cem milhões de dólares por ano. Certa vez, Lynda Resnick, uma das proprietárias, explicou: "as pessoas precisavam de suco de romã (mesmo que ainda não o soubessem) e eu sabia que elas pagariam o que valesse a pena".[195] O preço do produto *premium* é impressionante. Em 2018, a garrafa de setecentos mililitros do suco custava 8,99 dólares na mercearia que eu frequento em Manhattan. Já a garrafa de 950 mililitros do suco de laranja Tropicana era vendida por 3,99 dólares. A revista semanal *Time* publicou o seguinte anúncio de página inteira: "atualize sua memória — leia sobre a pesquisa preliminar a respeito de antioxidantes polifenóis do romã, memória e cognição". O anúncio admitiu que essas "são descobertas científicas precoces sobre saúde cognitiva e o impacto do suco de romã no cérebro humano ainda não foi adequadamente estudado. É necessário que um teste clínico ajude a estabelecer a causa". Essa pesquisa vale a pena? Para o marketing, aparentemente, sim. Para a ciência? Depende.

Termino essa saga citando a conclusão do estudo financiado pela POM: "embora a suplementação com extrato de romã possa reduzir a pressão arterial e aumentar a atividade antioxidante em pacientes em hemodiálise, não melhora outros indicadores de risco cardiovascular, capacidade física ou força muscular".[196] Os benefícios não são comprovados, apenas sugerem que esse estudo deve ter sido projetado com controles apropriados, o que realmente aconteceu. Apesar de a afirmação "pode reduzir a pressão arterial" ter uma conotação positiva, os pesquisadores não observaram redução quando ajustaram os resultados.

Uso da ciência para comercialização de alimentos saudáveis

Alegações em favor da saúde que se baseiam em evidências científicas ajudam a vender alimentos e produtos alimentícios — não importa quão bem conduzidas são as pesquisas. Quando a FDA tentou barrar as declarações mais abusadas, as empresas alimentícias moveram ações com base na Primeira Emenda da Constituição. Posteriormente, a agência passou a aceitar uma gama muito mais ampla de benefícios, não insistiu mais no "acordo científico substancial" e apenas discordou daquelas afirmações que entravam em conflito de forma mais flagrante com a lei. Essa decisão encorajou os profissionais de marketing de alimentos integrais, como os mostrados na tabela 5.1, a patrocinar pesquisas. Os estudos resumidos na tabela diferem em tipo, incluem análises, experimentos em animais e testes em humanos. Simplifiquei as conclusões para sugerir como os profissionais de marketing podem usar os resultados em alegações em favor da saúde. Para ser justa, alguns desses estudos qualificam as conclusões com mais cuidado.

Tabela 5.1 — Estudos financiados pela indústria de plantas alimentícias com resultados úteis para alegações em favor da saúde (exemplos selecionados) de 2015 a 2018

Alimento	Benefício relatado para a saúde	Patrocinador ou copatrocinador
Amêndoa	Redução da gordura corporal e da pressão sanguínea[a]	Conselho de Amêndoas da Califórnia
Abacate	Melhora da saúde cognitiva[b]	Conselho do Abacate Hass
Banana	Melhora da recuperação metabólica depois do exercício físico[c]	Alimentos Dole
Castanha de caju	Diminuição do colesterol no sangue[d]	Kraft Heinz
Cranberries	Redução das infecções do trato urinário[e]	Cranberries Ocean Spray
Alho	Melhora do sistema imunológico e redução considerável de resfriados e gripes[f]	Wakunaga of America

Alimento	Benefício relatado para a saúde	Patrocinador ou copatrocinador
Uva Concórdia	Melhora da função cognitiva e da habilidade para dirigir[g]	Welch Foods
Manga	Melhora do microbioma e da tolerância de dietas ricas em gordura[h]	Conselho Nacional da Manga
Amendoim	Melhora do funcionamento do metabolismo e dos vasos sanguíneos[i]	Instituto do Amendoim
Batata	Perda dos efeitos nocivos sobre o metabolismo[j]	Aliança pela Batata — Pesquisa e Educação
Passas	Melhora do açúcar no sangue e da pressão sanguínea[k]	Conselho de Marketing de Passas da Califórnia
Framboesa	Redução do risco de doenças crônicas[l]	Conselho Nacional de Framboesas Processadas
Petiscos de soja	Melhora da saciedade, da qualidade da dieta, do humor e da cognição[m]	Nutrição Du Pont
Legumes e frutas enlatados	Melhora da ingestão dos nutrientes e da qualidade da dieta[n]	Aliança dos Alimentos Enlatados
Nozes	Melhora da qualidade da dieta e do colesterol no sangue e nos vasos sanguíneos[o]	Comissão de Nozes da Califórnia
Grãos integrais	Melhora da ingestão de nutrientes e do peso corporal[p]	General Mills

Fontes da tabela

a. DHILLON, J.; TAN, S-Y.; MATTES; R. D. "Almond consumption during energy restriction lowers truncal fat and blood pressure in compliant overweight or obese adults". *Journal of Nutrition*, 2016, v. 146, n. 12, pp. 2513-9.

b. SCOTT, T. M.; RASMUSSEN, H. M.; CHEN, O.; JOHNSON, E. J. "Avocado consumption increases macular pigment density in older adults: A randomized, controlled trial". *Nutrients*, 2017, v. 9, n. 9, p. 919.

c. NIEMAN, D. C; GILLITT, N. D.; SHA, W. et al. "Metabolic recovery from heavy exertion following banana compared to sugar beverage or water only ingestion: A randomized, crossover trial", *PLOS One*, 2018, v. 13, n. 3, e0194843.

d. MAH, E; SCHULZ, J. A.; KADEN, V. N. et al. "Cashew consumption reduces total and LDL cholesterol: A randomized, crossover, controlled-feeding trial". *American Journal of Clinical Nutrition*, 2017, n. 105, pp. 1070-8.

e. FU, Z; LISKA, D; TALAN, D; CHUNG, M. "Cranberry reduces the risk of urinary tract infection recurrence in otherwise healthy women: A systematic review and meta-analysis". *Journal of Nutrition*, 2017, n. 147, pp. 2282-8.

f. PERCIVAL, S. S. "Aged garlic extract modifies human immunity". *Journal of Nutrition*, 2016, 146, pp. 433-6.

g. LAMPORT, D. J.; LAWTON, C. L.; MERAT, C. L. et al. "Concord grape juice, cognitive function, and driving performance: A 12-wk, placebo-controlled, randomized crossover trial in mothers of preteen children". *American Journal of Clinical Nutrition*, 2016, v. 103, n. 3, pp. 775-83.

h. OJO, B.; EL-RASSI, D. G.; PAYTON, M. E. et al. "Mango supplementation modulates gut microbial dysbiosis and short-chain fatty acid production independent of body weight reduction in C57BL/6 mice fed a high-fat diet". *Journal of Nutrition*, 2016, n. 146, pp. 1483-91.

i. LIU, X.; HILL, A. M.; WEST, S .G. et al. "Acute peanut consumption alters postprandial lipids and vascular responses in healthy overweight or obese men". *Nutrition*, 2017, n. 147, pp. 835-40.

j. AKILEN, R.; DELJOOMANESH, N.; HUNSCHEDE, S. et al. "The effects of potatoes and other carbohydrate side dishes consumed with meat on food intake, glycemia and satiety response in children". *Nutrition and Dietetics*, 2016, n. 6, e195.

k. BAYS, H.; WEITER, K.; ANDERSON, J. "A randomized study of raisins versus alternative snacks on glycemic control and other cardiovascular risk factors in patients with type 2 diabetes mellitus". *Phys Sportsmed*. 2015, v. 43, n. 1, pp. 37-43.

l. BURTON-FREEMAN, B. M.; SANDHU, A .K.; EDIRISINGHE, I. "Red raspberries and their bioactive polyphenols: Cardiometabolic and neuronal health links". *Advances in Nutrition*, 2016, n. 7, pp. 44-65.

m. LEIDY, H. J.; TODD, C. B.; ZINO, A. Z. et al. "Consuming high-protein soy snacks affects appetite control, satiety, and diet quality in young people and influences select aspects of mood and cognition". *Journal of Nutrition,* 2015, n. 145, pp. 1614-22.

n. FREEDMAN, M. R.; FULGONI, V. L. "Canned vegetable and fruit consumption is associated with changes in nutrient intake and higher diet quality in children and adults: National Health and Nutrition Examination Survey 2001-2010". *Journal of the Academy of Nutrition and Dietetics*, 2016, v. 116, n. 6, pp. 940-8.

o. NJIKE, V. Y.; AYETTEY, R.; PETRARO, P. et al. "Walnut ingestion in adults at risk for diabetes: Effects on body composition, diet quality, and cardiac risk measures". *bmj Open Diabetes Res Care*, 2015, n. 3, e000115.

p. ALBERTSON, A. M.; REICKS, M.; JOSHI, N.; GUGGER, C. K. "Whole grain consumption trends and associations with body weight measures in the United States: Results from the cross sectional National Health and Nutrition Examination Survey 2001-2012". *Nutrition Journal*, 2016, n. 15, p. 8.

O estudo do abacate Hass, por exemplo, diz que "o abacate *pode ser* uma estratégia dietética eficaz para a saúde cognitiva da população idosa" (a ênfase no "pode ser" é por minha conta). Mesmo sem evidências convincentes, conforme previsto pela legislação, a FDA aceita as alegações em favor da saúde que usam a palavra "ajuda". Com base nesse estudo, o abacate pode ser — e é — comercializado pela capacidade de promover a saúde cognitiva de idosos. Não seria ótimo se proteger a saúde cognitiva fosse tão fácil e delicioso assim?

Uma questão está relacionada ao motivo pelo qual os pesquisadores fazem esse tipo de pesquisa. John Sievenpiper, cientista que às vezes faz parcerias com empresas alimentícias, explicou isso a um repórter: "é muito difícil financiar testes aleatórios adequadamente. [...] É preciso envolver a indústria alimentícia. Vemos que nosso papel é tentar influenciar [as empresas] a produzir e promover alimentos mais saudáveis".[197]

Outra questão — mais crítica — é o que fazer com tudo isso. Se eu puder generalizar, a qualidade dos estudos de marketing sobre um único alimento nem sempre resiste ao escrutínio. Por exemplo, um bioquímico criticou um estudo sobre passas por uso indevido de estatísticas e pela comparação com salgadinhos processados: "com o projeto adotado, você não pode realmente dizer que as passas foram boas para os participantes; pode apenas dizer que não foram tão ruins quanto os salgadinhos".[198] Mesmo quando bem-feitos, portanto, estudos tão claramente direcionados ao marketing distorcem a ciência. Se as empresas alimentícias não estivessem financiando os estudos, os pesquisadores poderiam trabalhar em problemas biológicos mais relevantes. Todos esses alimentos são altamente nutritivos e vale a pena comê-los pelo sabor, pela textura e pelos benefícios para a saúde. Para você, uma determinada fruta, um determinado legume ou uma determinada noz é melhor do que outro? Como sempre digo, a resposta depende de tudo o que você come e faz. Pessoas com dietas baseadas principalmente em plantas são mais saudáveis. A variedade na ingestão de alimentos e o equilíbrio calórico são princípios fundamentais.

Mais uma vez, para ser justa, nem todos os estudos financiados por associações comerciais de alimentos *in natura* saíram do jeito esperado. A Comissão de Morango da Califórnia, por exemplo, patrocinou um teste para verificar se comer quarenta gramas de morango em pó por dia — equivalente a meio quilo de morangos frescos — neutralizaria os efeitos de uma dieta rica em gordura sobre os lipídios do sangue. Não neutralizou.[199] Não quero nem pensar em morango em pó. Esse resultado, porém, significa que não devemos comer morango? É claro que não. Todas as frutas, todos os legumes e todas as nozes têm vitaminas, minerais, fibras, antioxidantes e outros componentes que, coletivamente, promovem a saúde. Se temos a chance de escolher, podemos comer os vegetais dos quais gostamos.

6.
Coca-Cola, um estudo de caso

Pode parecer injusto dedicar um capítulo inteiro à Coca-Cola Company, mas as tentativas da empresa de influenciar as pesquisas têm sido tão deliberadas e abrangentes — e expostas tanto por repórteres, que tiverem acesso a e-mails, como pela própria empresa, em seu site — que exigem nossa atenção. Canalizando fundos por meio do ILSI e da Associação Americana de Bebidas, a Coca-Cola tem apoiado estudos de universidades há muito tempo, mas o financiamento direto é algo relativamente recente. No início dos anos 2000, a corporação publicou uma análise das pesquisas sobre hidratação. Porém, não se envolveu seriamente com essa área até 2004, quando estabeleceu o Instituto de Bebidas para Saúde e Bem-Estar, nascido expressamente para aumentar a conscientização da importância de "estilos de vida saudáveis" e das bebidas como meios eficazes para hidratação. Em 2008, trabalhos científicos de governos e universidades divulgavam o patrocínio da multinacional.[200]

Em 2012, a vice-presidente e diretora de Ciência e Saúde da Coca-Cola, Rhona Applebaum, que também se tornaria presidente do ILSI três anos mais tarde, anunciou um grande esforço para combater as evidências que ligam os refrigerantes a dietas pobres e a problemas de saúde. Applebaum não mediu as palavras. A pesquisa financiada, disse ela, foi essencial para rebater a ciência promovida pelos defensores de impostos sobre refrigerantes. A Coca-Cola pretendia treinar jornalistas e atrair cientistas parceiros para conduzir "pesquisas defensivas e ofensivas". Caso contrário, a indústria ficaria à mercê de "ativistas e jornalistas fanáticos".[201]

Esse esforço foi de fato significativo. Foram identificados 389 artigos publicados em 169 periódicos de 2008 a 2016, ou diretamente financiados pela empresa, ou realizados por pesquisadores com laços financeiros com a companhia. De maneira geral, a conclusão foi de que, no controle do peso, a atividade física é mais efetiva que a dieta; os açúcares e os refrigerantes são inofensivos; as evidências contrárias estão erradas; e as pesquisas bancadas pela indústria são superiores às financiadas por outras fontes.[202]

O foco na atividade física é perfeitamente ilustrado pelo apoio da Coca-Cola à Rede Global de Balanço Energético (GEBN, na sigla em inglês). A rede apareceu pela primeira vez em 2014, quando Yoni Freedhoff, médico canadense especializado em obesidade, verificava notícias no Twitter e esbarrou com um tuíte de Applebaum. Ela mencionava que Steven Blair, fisiologista do exercício da Universidade da Carolina do Sul, estava usando a rede para conectar especialistas em balanço energético. Freedhoff havia visto uma tuitada anterior de Blair a respeito, mas, conforme disse num e-mail que me enviou, "quando Rhona mencionou o assunto, soube que algo estava acontecendo". Esse "algo" era o patrocínio da Coca-Cola, não mencionado nos anúncios.

Os outros membros fundadores da rede eram James Hill, da Universidade do Colorado, e Gregory Hand, da Universidade da Virgínia Ocidental. A mensagem principal era: a falta de atividade física — não a dieta e, certamente, não os refrigerantes — é responsável pela obesidade. Em um vídeo postado no site da aliança, Blair explicou que "a maioria das pessoas na mídia leiga e na imprensa científica está comendo demais, comendo demais, comendo demais e culpando o *fast-food*, as bebidas açucaradas e assim por diante. E praticamente não há nenhuma evidência convincente de que essa seja, de fato, a causa".[203] Blair disse que a GEBN havia acabado de obter um financiamento, mas não revelou de quem.

Esse lapso não foi mera distração. Os e-mails dos repórteres mostram que a Coca-Cola não somente financiou a ofensiva, como também se envolveu ativamente em seu desenvolvimento — de uma maneira tal que houve certa disputa sobre a origem da iniciativa. Em maio de 2014, em uma conversa bastante áspera com um executivo da Coca-Cola, James Hill cobrou o reconhecimento de seu trabalho: "faz três anos que tenho aberto caminho para o conceito da Rede Global de Balanço Energético. Investi tempo, esforços e recursos nessa ideia. Sinto-me grandemente responsável por ela e fiquei surpreso por descobrir que você a levou adiante sem mim".

Os e-mails revelam que, alguns meses depois, Applebaum distribuiu uma proposta preliminar para a rede, "adaptada de um documento anterior, usado para vender o conceito para a empresa". A proposta posicionou a GEBN como uma arma na "crescente guerra entre a comunidade de saúde pública e a indústria privada sobre como reduzir a obesidade". Ela disse: "lados estão sendo escolhidos e linhas de batalha estão sendo traçadas. [...] A Rede Global de Balanço Energético precisa se estabelecer rapidamente como ponto para o qual a imprensa pode recorrer a fim de obter um comentário acerca de qualquer questão sobre obesidade". Ela também disse que esse grupo precisava "conceber, criar e programar uma 'campanha' de defesa" por vários anos para servir "como força contrária à proposta unilateral de regulamentação. De maneira semelhante a uma campanha política, desenvolveremos, implantaremos e envolveremos uma estratégia poderosa e multifacetada para combater as organizações radicais e seus proponentes". Ela ainda disse que a Coca-Cola iniciaria a rede com uma doação de vinte milhões de dólares, garantindo um orçamento anual de um milhão.

Depois de ver o tuíte de Applebaum, Freedhoff escreveu para a rede, perguntando quem pagava por ela. A resposta foi que "a Rede Global de Balanço Energético recebeu apoio da filantropia privada, da Universidade do Colorado, da Universidade da Carolina do Sul e da Universidade de Copenhague" — e, quase como uma reflexão tardia —, "incluindo uma doação educacional irrestrita da Coca-Cola Company". Freedhoff repassou essas informações para Anahad O'Connor, repórter do *The New York Times*, que observou que o site da rede não era o único a ocultar suas fontes de financiamento. Os comunicados de imprensa da Universidade da Carolina do Sul e da Universidade do Colorado e um anúncio feito pelos organizadores da rede no *British Journal of Sports Medicine* tampouco fizeram qualquer menção a isso.[204]

Foi suficiente para manter O'Connor ocupado pelos próximos meses, solicitando acesso à informação e realizando entrevistas para saber mais sobre o relacionamento da rede com a Coca-Cola. O repórter do *The New York Times* publicou as descobertas em agosto de 2015, num artigo que começou na primeira página e ganhou outra página inteira do jornal, relatando que, desde 2008, a empresa havia concedido mais de 3,5 milhões de dólares a Steven Blair e cerca de 1,5 milhão de dólares a Gregory Hand para pesquisa. A Coca-Cola também havia contribuído com um milhão para a fundação de pesquisa da Universidade do Colorado. Fui citada no artigo e logo entrevistada por outros repórteres, que não acreditavam que os pesquisadores pagos pela Coca-Cola pudessem argumentar que dieta não tem nada a ver com obesidade — uma ideia tão providencialmente egoísta e tão longe da verdade científica que provocou ridicularização imediata.[205]

Os membros do Congresso norte-americano tampouco puderam acreditar. A representante de Connecticut, Rosa DeLauro, emitiu o seguinte comunicado: "esse estudo é herdeiro da pesquisa realizada pelas empresas de tabaco para enganar o público acerca dos riscos do tabagismo para a saúde. Esse grupo novo e a pesquisa são uma farsa. As pessoas querem ser saudáveis e querem que seus filhos sejam saudáveis e percebam que as bebidas cheias de calorias vazias não são boas".[206]

A resposta inicial da Coca-Cola a tudo isso veio do diretor técnico, Ed Hays: "sim, financiamos estudos científicos por meio da Rede Global de Balanço Energético e nos orgulhamos de apoiar o trabalho de pesquisadores como o Dr. Jim Hill e o Dr. Steven Blair, porque esse tipo de pesquisa é fundamental para encontrar soluções para a crise global de obesidade. Na Coca-Cola, acreditamos que uma dieta equilibrada e exercícios regulares são dois ingredientes fundamentais para um estilo de vida saudável".[207]

Uma resposta mais ponderada, porém, deve ter parecido necessária, porque, uma semana depois, o CEO da empresa, Muhtar Kent, em reportagem publicada no *Wall Street Journal*, afirmou: "nossa empresa foi acusada de manipular o debate, sugerindo que a atividade física é a única solução para a crise de obesidade. Relatos nos acusaram de enganar o público quanto ao nosso apoio à pesquisa científica. Sei que nossa empresa pode trabalhar mais para envolver a comunidade científica e a saúde pública — e o faremos. No futuro, à medida que reorientarmos nossos investimentos e nossos esforços para o bem-estar, agiremos com ainda mais transparência".[208]

Com a ênfase em "ainda mais transparência", Kent quis dizer algo extraordinário: o site da Coca-Cola publicaria a lista de parcerias de pesquisa e investimentos sociais dos últimos cinco anos e, a partir disso, a atualização seria frequente. Em 22 de setembro de 2015, a empresa revelou o nome das centenas de profissionais de saúde, cientistas e organizações que havia apoiado nos Estados Unidos desde 2010, com os respectivos valores. O total desse financiamento foi de 21,8 milhões de dólares para pesquisas e de 96,8 milhões para ações comunitárias nesse período. Posteriormente, a corporação empreendeu iniciativas de transparência semelhantes na Grã-Bretanha, na Alemanha, na Austrália e em pelo menos outros dez países.[209]

Transparência, porém, incentiva análise. Kyle Pfister, da organização da sociedade civil Ninjas for Health [Ninjas pela Saúde], rastreou os 115 indivíduos listados. Destes, 57% são nutricionistas, 20% são acadêmicos, 7% são médicos, 6% são especialistas em condicionamento físico e os demais são autores, chefs de cozinha ou representantes de empresas de alimentos.[210] O site revelou que, de 2010 a 2015, a Coca-Cola contribuiu com setecentos mil dólares para a Academia de Nutrição e Dietética, 2,9 milhões para a Academia Americana de Pediatria e 3,5 milhões para a Academia Americana de Médicos de Família — grupos dos quais, em todo caso, seria esperada a recomendação de evitar as bebidas açucaradas.

A transparência traz consequências. Em uma semana, a Coca-Cola encerrou as parcerias constrangedoras com essas organizações. No início de novembro, a Universidade do Colorado devolveu o subsídio de um milhão que fora dado aos trabalhos de Hill, explicando a decisão da seguinte forma: "embora a Rede Global de Balanço Energético continue a defender a boa saúde por meio de equilíbrio entre hábitos alimentares saudáveis e exercícios, a fonte de financiamento desviou a atenção do objetivo fundamental [da iniciativa]."[211]

Em 24 de novembro, a *Associated Press* publicou e-mails trocados entre Applebaum e Hill. Mais tarde, naquele mesmo dia, a empresa anunciou a aposentadoria de sua vice-presidente. A GEBN foi extinta uma semana depois. No final de 2015, Applebaum se demitiu do conselho administrativo do ILSI, terminando seu mandato como presidente. Na sequência, o *Denver Post* informou que, de 2011 a 2015, a Coca-Cola pagara 550 mil dólares a Hill por honorários, viagens, atividades educacionais e pesquisas. Em março de 2016, ele pediu demissão do cargo de diretor-executivo de um centro de saúde da Universidade do Colorado.[212]

Os líderes da rede não esperavam reações tão fortes. Logo depois da reportagem do *The New York Times*, eles emitiram uma declaração: "é lamentável que a Rede Global de Balanço Energético tenha sido caracterizada como um grupo que promove atividade física em detrimento de dieta. Nada poderia estar mais longe da verdade. [...] A Coca-Cola não participa das atividades da Rede Global de Balanço Energético. A Rede Global de Balanço Energético não trata da minimização do papel das dietas ou das bebidas açucaradas no desenvolvimento de obesidade. Dito isso, a Rede Global de Balanço Energético acredita que tanto a indústria alimentícia quanto a inatividade física [sic] podem desempenhar papéis para ajudar a reduzir a obesidade".

A declaração veio acompanhada de respostas às "perguntas levantadas pela recente atenção da imprensa". Essas respostas repudiaram o vídeo de Steven Blair desmerecendo a importância da dieta, defenderam o foco do grupo no balanço energético e deram a entender que havia certa incompreensão acerca dos interesses conflitantes entre a rede e o patrocinador. À pergunta: "a Rede Global de Balanço Energético acredita que, para combater a obesidade, a atividade física é mais importante do que a dieta?", a resposta foi: "absolutamente não. As opiniões pessoais do dr. Blair, como expressadas no vídeo, não refletem com precisão a posição da Rede Global de Balanço Energético e, por essa razão, ele nos pediu para remover o vídeo do nosso site. Acreditamos que a redução do consumo de bebidas açucaradas é uma estratégia que pode ajudar a combater a obesidade".

À pergunta: "o site da Rede Global de Balanço Energético foi registrado pela Coca-Cola?", a resposta foi: "Sim. Isso foi um erro da nossa parte". À pergunta: "vocês ainda se sentem confortáveis com o financiamento da Coca-Cola?", a resposta foi: "sim, somos imensamente gratos à Coca-Cola. Esse financiamento foi concedido irrestritamente. [...] Isso significa que a empresa não tem informações sobre como o dinheiro é gasto — não há necessidade de relatarmos nada à empresa". De maneira geral, os integrantes da rede ficaram "claramente consternados em ver nossa organização ser acusada de subestimar a importância da dieta para beneficiar a Coca-Cola, mas aceitamos a responsabilidade por alguns erros que cometemos, em especial com nosso site".

No dia seguinte, Lisa Young, minha colega da Universidade de Nova York e membro da Academia de Nutrição e Dietética, recebeu uma carta assinada pelos diretores da rede: "o artigo do *The New York Times* alegou que a Coca-Cola Company conduziu nossa estratégia. Isso não é verdade. A Coca-Cola não tem nenhuma participação na nossa organização. Eles forneceram fundos irrestritos para instalarmos a Rede Global de Balanço Energético, o que significa que eles não têm voz na forma como esses fundos são gastos. Continuamos a acreditar que o mundo precisa da Rede Global de Balanço Energético. Precisamos de uma organização para discutir a ciência do equilíbrio energético e as formas de usar o conhecimento que temos para reduzir a obesidade (e, sim, discordar)".

Incluo essas declarações porque revelam a insistência dos líderes da rede no sentido de que a Coca-Cola não teve participação nas atividades do grupo. Os e-mails contam uma história diferente, sugerindo que a empresa esteve ativamente envolvida em todos os aspectos da organização — desde a concepção até o recrutamento de membros para disseminação dos resultados. Como os líderes da coalizão trabalham para universidades públicas em estados com leis de acesso à informação, repórteres e pesquisadores pediram os e-mails que eles trocaram com a corporação. Por exemplo, Gary Ruskin, da organização US Right to Know, obteve mensagens com documentos internos da empresa. Ficou provado que os executivos da Coca trabalharam com os cientistas da rede para influenciar a direção da pesquisa, ocultar a fonte de financiamento e promover a estratégia de balanço energético para os profissionais e a imprensa.[213]

Candice Choi, da *Associated Press*, também solicitou e-mails. Ela os usou para mostrar que a então vice-presidente da Coca-Cola, Rhona Applebaum, havia ajudado a selecionar os membros da rede, desenvolvido a missão e as atividades do grupo, sugerido materiais para o site, projetado o logotipo, desenvolvido o plano de comunicação, oferecido treinamento de imprensa para os líderes e até encontrado emprego para o filho de um investigador. A repórter citou um e-mail de Hill para Applebaum: "não é justo que a Coca-Cola seja sinalizada como vilã número 1 do mundo da obesidade, mas essa é a situação, e esse é o seu problema — goste você ou não. Quero ajudar sua empresa a evitar a imagem de problema na vida das pessoas e a voltar a ser uma companhia que proporciona coisas importantes e divertidas a elas".[214] A revista *New York* classificou essa declaração como "desprezível" e destacou: "e-mails desesperados para agradar superiores corporativos são enviados pelos 'pesquisadores' de obesidade financiados pela Coca-Cola."[215]

O *British Medical Journal* obteve e-mails relacionados às tentativas da companhia de influenciar os jornalistas. De 2011 a 2013, a empresa trabalhou com pesquisadores da rede para patrocinar conferências destinadas a escritores especializados em ciência e saúde. A National Press Foundation, que muitas vezes realiza programas educacionais financiados pela indústria para jornalistas, ajudou. Os palestrantes eram do setor privado e da academia, e promoveram abordagens sobre balanço energético e obesidade. Em um e-mail, Hill descreveu a conferência de 2011 para financiadores da Coca-Cola como "um golaço", e acrescentou: "os jornalistas disseram que esse foi um evento incrível e escreveram muitas matérias". Com relação ao encontro de 2013, Hill escreveu: "a conferência foi um grande sucesso — ainda melhor que a do ano anterior. Os jornalistas tiveram uma compreensão muito mais realista acerca da obesidade. Novamente, agradecemos pelo apoio". Embora a Coca-Cola tenha contribuído com até 45 mil dólares para a Fundação da Universidade do Colorado custear cada uma das conferências, alguns dos jornalistas participantes não tinham conhecimento do patrocínio: acreditavam que a conferência havia sido financiada pela National Press Foundation e pela Universidade do Colorado.[216]

O'Connor, do *The New York Times*, obteve a própria coleção de e-mails da rede. Com conversas sobre envolvimento de palestrantes e reembolsos de despesas, grande parte da correspondência é dedicada a jantares e times locais de basquete, sugerindo o entrelaçamento de questões pessoais e profissionais. Os e-mails fornecem informações sobre as tentativas da rede de recrutar membros e as investidas da empresa para influenciar pesquisas.

Esforços de recrutamento

E-mails de julho de 2014 se referem a uma pesquisa enviada a um número não declarado de candidatos a membros da rede — a lista chegou a incluir mais de 140 indivíduos. Houve resposta de 24 possíveis membros. A entrevista questionou se havia alguma ressalva para o candidato participar do grupo. De fato, havia. As respostas incluíram os seguintes exemplos: "o termo 'balanço energético' será um mote para os críticos, que verão isso como um esforço da indústria"; "a rede terá de limpar esse complexo problema social que a indústria alimentícia ajudou a criar"; "o patrocínio único" e a rede parecem "uma estratégia de marketing e uma manobra para um potencial patrocinador (por exemplo, a Coca-Cola) ganhar 'credibilidade' e desviar a atenção sobre produtos que podem contribuir para a obesidade". Embora outras respostas tivessem sido mais favoráveis, as mencionadas acima deveriam ter alertado a todos os interessados sobre o conflito de interesses entre o patrocínio e os objetivos da rede. A empresa, porém, interpretou-as como um sinal verde: "informações importantes sobre recursos e benefícios vistas pelos olhos dos membros em potencial. [...] Ótimo resultado da pesquisa, equipe!".

Se os organizadores reconheciam ou não o risco, o fato é que disseram o mínimo possível a esses membros em potencial. Os e-mails revelados iluminam o esforço de recrutamento — centrado em Stephen Simpson, diretor do Centro Charles Perkins da Universidade de Sydney. Em outubro de 2014, Hill escreveu que planejava encontrar-se com Simpson durante uma viagem à Austrália: "espero que ele seja alguém para convidarmos". Naquele mesmo mês, o gerente de relações públicas da Coca-Cola do Pacífico Sul enviou a Hill o resumo de eventos na Austrália, segundo o qual Simpson estava "destinado a ser um importante influenciador de políticas no debate sobre obesidade com o Centro Charles Perkins da Universidade de Sydney, concentrando-se em uma série de questões, que incluíam pesquisa biológica fundamental, política alimentar, fornecimento de alimentos, saúde da população e áreas comportamentais".

Em 2016, quando eu era pesquisadora visitante do centro, mostrei a Simpson esses e-mails. Ele se lembrou de que Hill tinha feito uma excelente e bem recebida apresentação e o convidou a se somar ao grupo. Mesmo que quisesse, Simpson não poderia aceitar. O centro tem uma política de relacionamento com a indústria que impede firmemente parcerias com empresas individuais.

Financiamento à pesquisa da Coca-Cola

Os e-mails indicam que, embora não controlassem diretamente o estudo que financiaram, os executivos da companhia revisaram os artigos antes da publicação, divulgaram comunicados à mídia e pagaram despesas de viagens e jantares, além de cobrirem custos gerais da pesquisa. De fato, o relacionamento dos executivos com os pesquisadores era tão próximo que estes eram tidos como membros da "equipe" da Coca-Cola.

Em março de 2016, Sandy Douglas, então presidente da Coca-Cola na América do Norte, atualizou as estimativas do financiamento de pesquisa e das parcerias da empresa desde 2010 para 132,8 milhões de dólares. Em outubro de 2016, seriam 135,4 milhões e, em março de 2017, 138,3 milhões. Em dezembro de 2017, chegou-se a 140 milhões.[217] Os números mais recentes reúnem pesquisa e ações comunitárias, mas é possível notar que a corporação tem sido generosa com pesquisadores.

A correspondência por e-mail entre os executivos da Coca-Cola e Peter Katzmarzyk, da Universidade Estadual da Louisiana, obtida pelo *The New York Times*, reforça esse ponto. O professor coordenou um estudo de cinco anos para identificar os fatores comportamentais que mais predispõem crianças em idade escolar à obesidade. Desde o início, o chamado Estudo Internacional da Obesidade Infantil, Estilo de Vida e Meio Ambiente (conhecido no meio acadêmico pela sigla ISCOLE) foi financiado pela Coca-Cola. O trabalho começou em 2010 e envolveu seis mil crianças de nove a onze anos em doze países. Os investigadores mediram a atividade física com contadores de passos, estimaram quantas horas dormiam, e pediram para que relatassem quanto tempo passavam assistindo à televisão. As crianças também registraram a ingestão habitual de 23 categorias de alimentos ao longo de uma semana. Os pesquisadores dividiram as respostas alimentares em dois grupos amplos: "saudável" e "não saudável". As dietas saudáveis continham legumes, frutas, cereais integrais e leite com baixo teor de gordura. As dietas não saudáveis eram compostas por *fast-food*, hambúrgueres, refrigerantes, doces e frituras. Os responsáveis não procuraram a correlação entre a obesidade e a ingestão de refrigerantes ou açúcares — e, portanto, não a encontraram. Os resultados mostraram que nenhum padrão alimentar específico está associado ao excesso de peso.

Com isso, concluíram que os principais fatores responsáveis pela obesidade em crianças são pouca atividade física, curta duração de sono e longa exposição à televisão.[218]

A Coca-Cola não poderia ter pedido um resultado melhor. O assunto do e-mail de Rhona Applebaum à equipe foi: "grande estudo publicado!", e a mensagem: "este é um dia muito feliz!". Ela anexou o comunicado de imprensa da Universidade de Louisiana, que iniciava assim: "o estudo do Centro de Pesquisa Biomédica Pennington mostra que a falta de atividade física é um importante indicador da obesidade infantil". A então vice-presidente da multinacional continuou no e-mail: "de fato, hoje é um dia glorioso! Brindo aos pesquisadores e à equipe do ISCOLE!".

Essa foi a declaração dos pesquisadores sobre o patrocínio da empresa de bebidas: "o Estudo Internacional da Obesidade Infantil, Estilo de Vida e Meio Ambiente foi financiado pela Coca-Cola Company. O patrocinador não tem nenhum papel no projeto, na coleta dos dados, na análise, nas conclusões ou publicações. A única exigência do patrocinador foi que a pesquisa tivesse natureza global". Como a análise dos e-mails deixa claro, essa afirmação não descreve o envolvimento real da corporação.[219] A correspondência ilustra outros pontos: dificuldade de conseguir publicar um estudo financiado pela indústria, a dimensão do investimento da Coca-Cola, e preocupações sobre como o patrocínio pode afetar a percepção pública e profissional quanto à credibilidade dessa pesquisa.

Em abril de 2012, por exemplo, o pesquisador Katzmarzyk escreveu que não conseguiu convencer o Instituto Nacional de Saúde Pública do México a participar do estudo. "Apenas uma nota de rodapé sobre o México. Abordamos o Instituto Nacional de Saúde Pública no sentido de que fosse um site parceiro, mas, em função de quem patrocinava o estudo, eles não quiseram participar. Parece que ainda teremos um trabalho árduo para mudar o cenário." Applebaum respondeu: "eles estão se afogando, jogamos uma corda e eles se recusam a aceitá-la. [...] Qual é o problema se bons cientistas recebem $$$ da Coca-Cola? Eles são corruptos? Apesar do fato de promoverem o bem público? Como você pode ver, não tenho essas pessoas em alta conta. [...] Você tocou em um ponto sensível".

Os e-mails incluíram os contratos do estudo, que mostram que a Coca-Cola investiu mais de seis milhões de dólares (era particularmente dispendioso gerenciar os sites internacionais). A correspondência não fornece provas de envolvimento da empresa na condução do estudo, mas demonstra que os funcionários acompanharam de perto seus desdobramentos. O pagamento da corporação aos investigadores dependia da bem-sucedida conclusão de "marcos decisivos", como recrutamento, protocolos, quadros de amostragem, apresentações e publicações.

A equipe estava preocupada com a recepção pública do patrocínio da Coca-Cola. Applebaum escreveu a Katzmarzyk, dizendo que queria "apenas esclarecer o entendimento e o acordo em relação às reuniões científicas realizadas na Coca-Cola Company. Devido ao potencial desse estudo tão importante ser intencionalmente distorcido pelos que se preocupam com nosso apoio, foi acordado que os associados da Coca-Cola não estarão presentes. [...] A última coisa de que precisamos é que a pesquisa e/ou qualquer um dos cientistas envolvidos seja desafiado e tenha a integridade/credibilidade comprometida".

Katzmarzyk respondeu: "precisamos manter a separação entre o patrocinador e os pesquisadores pela qual temos lutado desde o início do estudo. Creio que, até agora, fizemos um bom trabalho e temos um relacionamento inquestionável. No futuro, esse deve ser o modelo para as parcerias entre cientistas e indústria". Quer tenha se dado de forma consciente ou inconsciente, esse estudo, como tantos outros financiados por empresas alimentícias, produziu exatamente o resultado desejado pelo patrocinador.

A mensagem de Applebaum para Katzmarzyk também se referiu aos "Princípios de Conflito de Interesses" da companhia, que a executiva havia ajudado a desenvolver como integrante de um projeto do ILSI. As diretrizes estabelecem que os financiadores devem fazer pagamentos independentemente do resultado e que os pesquisadores devem aderir aos padrões científicos aceitos, controlar como projetam e conduzem os estudos e divulgar as fontes de financiamento.[220] Applebaum disse que a pesquisa financiada "só é valiosa se for conduzida sem conflito de interesses e com absoluta integridade". Os e-mails, contudo, sugerem que nem a empresa nem os investigadores financiados mantiveram limites suficientemente firmes.

Em editorial no *Wall Street Journal*, o CEO Muhtar Kent prometeu que a Coca-Cola poderia fazer — e faria — melhor. Não seria fácil. Uma análise posterior da iniciativa de transparência identificou mais de novecentos pesquisadores que divulgaram o financiamento da corporação em artigos, mas o site da empresa nomeou apenas 42. Um editorial ressaltou o fato de que "a incompletude das listas de transparência nos dá uma visão limitada de até que ponto a [Coca-Cola] influencia a literatura publicada e revisada".[221] Mesmo assim, não acredito que os funcionários da companhia tenham tentado deliberadamente esconder essa informação. Minha impressão é de que eles não tinham registros acessíveis de todos os financiados.

Embora Kent tenha sido substituído como CEO um ano depois, a empresa continua a cumprir as promessas de transparência. As atualizações mostram que a Coca-Cola tem financiado menos indivíduos e grupos. Em fevereiro de 2016, a empresa reavaliou o programa de apoio e estabeleceu novas diretrizes para patrocinar "pesquisas científicas de bem-estar". A partir de então, a corporação, sozinha, não bancaria mais nenhum estudo do tipo — nem diretamente, nem por meio de terceiros. A empresa disse que só financiaria pesquisas sobre saúde se uma outra entidade arcasse com pelo menos metade dos custos. Além disso, não pagaria quaisquer compensações, incentivos ou custos de viagem, não seria mais a única financiadora de programas que envolvessem a comunidade de saúde, e fechou o Instituto de Bebidas para Saúde e Bem-Estar e os programas globais de Vida Saudável Ativa.[222]

Essas ações sugerem que os executivos da Coca-Cola aprenderam lições úteis com a experiência da Rede Global de Balanço Energético. Ao que tudo indica, a empresa não pagará mais aos nutricionistas para fazer relações públicas nem financiará abertamente pesquisas destinadas a produzir os resultados desejados. Não se sabe se 50% de financiamento exercerá menos influência sobre os pesquisadores, mas a empresa merece crédito por reconhecer que as práticas anteriores prejudicaram a própria reputação e a reputação dos cientistas que financiou, e por ao menos tentar reduzir os conflitos de interesses.

Os editores do periódico científico *Lancet* resumiram sua opinião sobre o significado central da Rede Global de Balanço Energético na capa da edição estadunidense do jornal em 3 de outubro de 2015: "em última análise, os objetivos da Coca-Cola e das organizações médicas e dos pesquisadores de saúde que desejam melhorar a saúde pública são muito diferentes. Além disso, quando trabalham para atingir o objetivo geral de melhorar a saúde pública e prevenir doenças crônicas não transmissíveis, como obesidade e diabetes tipo 2, os profissionais de saúde médica devem se proteger contra qualquer possível conflito ou percepção de conflito".[223]

Os conflitos possíveis e percebidos também representam um dilema para os profissionais de nutrição, não apenas enquanto pesquisadores, mas também como membros de comitês consultivos — assunto para o qual nos voltaremos agora.

7.
Comitês conflitantes: antes e agora

Pesquisadores deveriam poder participar de comitês consultivos sobre alimentação quando têm laços financeiros com empresas que lucrariam com essas recomendações? É claro que não, mas costumam fazê-lo. O Fórum de Saúde do Reino Unido forneceu provas disso em uma coletânea de exemplos de influência inadequada da indústria alimentícia sobre as deliberações governamentais e profissionais de países como México, Chile, Guatemala e Fiji.[224]

Essa preocupação pode ser tudo, menos novidade. Na década de 1970, os conflitos de interesses entre os membros de comitês governamentais chamaram a atenção de um senador dos Estados Unidos: William Proxmire, eleito pelo Partido Democrata no estado de Wisconsin. Em 1974, Proxmire reclamou que o Conselho de Alimentação e Nutrição da Academia Nacional de Ciências, grupo responsável por estabelecer a ingestão diária recomendada de nutrientes, subordinava-se à indústria alimentícia. O parlamentar ficou famoso por criar o Golden Fleece Award [Prêmio Lã Dourada], um prêmio anual no qual ridicularizava pesquisas que ele considerava frívolas (muitas delas não eram) financiadas com verbas públicas. Proxmire também tinha crenças cientificamente questionáveis a respeito de vitaminas: se tomar algumas vitaminas era bom, tomar mais vitaminas seria melhor. Segundo pensava, as recomendações dietéticas eram muito baixas, "arbitrárias, não científicas e contaminadas", e correspondiam a "um dos mais escandalosos conflitos de interesses do governo federal". O conselho era "a criatura da indústria alimentícia fortemente financiada pela mesma". Além disso, Proxmire disse que o colegiado representava o "limitado interesse econômico da indústria para estabelecer baixas recomendações de ingestão diária, porque, quanto mais baixas fossem, mais nutritivos os produtos alimentícios pareceriam".[225]

Na realidade, o conselho tentava impedir a indústria de suplementos de promover uma grande quantidade de nutrientes como benéfica, pois a ciência havia mostrado que a ingestão excessiva dos mesmos era inútil ou prejudicial. Proxmire, porém, não estava especialmente interessado nas evidências. A FDA queria estabelecer uma regra para a venda de suplementos sem receita: eles deveriam ficar abaixo de um teto de 150% das recomendações diárias de ingestão. O senador reagiu, levando o Congresso a aprovar a Emenda Proxmire, que impedia a agência reguladora de classificar "qualquer vitamina ou mineral natural ou sintético (ou combinação) como medicamento apenas porque excede o nível de potência que a secretaria determina que é nutricionalmente racional ou útil".

Proxmire pode ter julgado mal a ciência, mas conhecia a política. "Vamos encarar isso", escreveu na época. "A comunidade nutricional ortodoxa está longe de apoiar a tentativa da FDA de regular as vitaminas como medicamentos. Essa é uma política tola, errada e ruim. É típico da FDA ir atrás do que é pequeno, de vitaminas inofensivas, enquanto se omite sobre o aspartame, o DES [dietilestilbestrol] e a talidomida." Nisso, ele estava errado. A agência havia emitido uma recomendação sobre o DES e, até hoje, a recusa em aprovar a talidomida é considerada seu maior marco.

O parlamentar, porém, estava certo sobre os laços do Conselho de Alimentação e Nutrição da Academia Nacional de Ciências com a indústria. Esses foram revelados em 1980, durante uma disputa sobre a primeira edição do Guia Alimentar dos Estados Unidos, que recomendava a redução do consumo de gordura, gordura saturada e colesterol (o que, de fato, significa uma redução no consumo de carne, laticínios e ovos) para diminuir o risco de doenças cardíacas. O colegiado se opôs tão veementemente às diretrizes que emitiu um relatório paralelo, chamado *Em direção a dietas saudáveis*, argumentando que, para pessoas saudáveis, as restrições de gordura eram desnecessárias.

Isso enfureceu os defensores da saúde, que acusaram pelo menos seis membros do conselho de ter vínculos financeiros com as indústrias mais afetadas pelo Guia Alimentar dos Estados Unidos. Sheldon Margen, professor de Saúde Pública da Universidade da Califórnia, em Berkeley, por exemplo, objetou: "a gama de especialidades do conselho é muito restrita, os laços com a indústria são próximos demais para evitar suspeitas de viés, sua jurisdição é mal definida e seu modo de funcionamento é muito obscuro". Outros criticaram a influência sobre o conselho de um grupo ligado à indústria cujos integrantes aglutinavam oitenta empresas. O furor com o relatório causou tanto embaraço na academia que acabou por resultar no afastamento dos membros do conselho com fortes laços com o setor privado e na nomeação de novos integrantes menos comprometidos.[226]

Esse não foi o único caso a despertar preocupação. Perguntei a Ken Fisher, que dirigira a Agência de Pesquisas em Ciências da Vida na década de 1970, sobre sua experiência em nomeação de comitês para revisar a segurança dos aditivos alimentares. Em 1958, o Congresso norte-americano definiu duas categorias de aditivos alimentares: os novos produtos químicos que, antes de serem liberados para uso, precisavam ser comprovados como seguros; e as substâncias com histórico de uso comum — açúcar, sal, aromatizantes e afins —, geralmente reconhecidas como seguras.

No início dos anos 1970, questões sobre a segurança dos aditivos levaram o presidente dos Estados Unidos Richard Nixon a pedir à FDA para avaliá-los. A FDA encarregou da tarefa a Agência de Pesquisas em Ciências da Vida, que designou comitês para fazer o trabalho. Houve contestação imediata quanto aos candidatos que tinham ligações com empresas que fabricavam ou usavam os aditivos.

Os comitês de análise emitiram 151 avaliações para mais de quatrocentos aditivos. Em um relatório sobre esse trabalho, Fisher disse que a agência era mais rigorosa quanto a conflitos de interesses do que o governo. Era exigido que os candidatos relatassem subsídios, contratos, consultorias, investimentos e participações. Os membros com tais laços não eram autorizados a participar de discussões ou a votar nas decisões finais. Fisher me disse que os membros "tinham sido informados sobre aquelas condições e que, depois de algumas idas e vindas, todos haviam concordado". Também afirmou que, "por sua própria vontade, um membro em conflito havia se ausentado da votação conclusiva". Ainda reiterou que os comitês "rejeitaram várias monografias porque eram incompletas e claramente enviesadas na cobertura de estudos publicados sobre substâncias — positivos ou negativos".[227]

Os comentários de Fisher dão a entender que os conflitos de interesses raramente causavam problemas. Porém, no livro *Açúcar: culpado ou inocente?*, o jornalista Gary Taubes apresentou o trabalho de revisão de evidências científicas sobre o açúcar como "altamente conflitante". Sua obra observa que a coordenação geral do processo de revisão foi de George W. Irving Jr., ex-chefe do conselho científico da Fundação Internacional de Pesquisa do Açúcar, e que o comitê responsável se baseou fortemente nos materiais fornecidos pela Associação do Açúcar.

A revisão publicada em 1976 concluiu que, "além da contribuição para cárie dentária, não há evidência clara de que a sacarose, quando usada nos níveis agora correntes e da maneira agora praticada, seja um risco para o público". De acordo com Taubes, a Associação do Açúcar fez parecer que "não há evidência científica substancial de que o açúcar causa diabetes, doenças cardíacas ou qualquer outra doença".

As revisões dos produtos geralmente reconhecidos como seguros pela FDA provocam preocupação quanto a interesses conflitantes. Uma análise recente desse processo concluiu que os laços dos membros do comitê com a indústria não apenas ameaçam a integridade dessas publicações: comprometem também a integridade do órgão público. Em um comentário sobre essa análise, ressaltei que, sem uma análise independente dos aditivos geralmente reconhecidos como seguros, é difícil ter certeza de que os que estão em uso são seguros.[228]

Minhas perguntas para Fisher sobre os comitês de revisão o levaram a pesquisar em anotações guardadas por décadas. Nesse conjunto, ele encontrou memorandos indicando que Michael Jacobson havia pedido que fossem nomeados representantes dos consumidores para os colegiados. Jacobson era diretor do Center for Science in the Public Interest [Centro para a Ciência no Interesse Público] e estava preocupado com conflitos de interesses. Ele argumentava que um número equivalente de representantes dos consumidores equilibraria a situação, caso as agências públicas insistissem em permitir a nomeação de integrantes ligados à indústria. Fisher, porém, vetou a ideia: "optamos por não fazê-lo, pois essa decisão implicaria que os outros membros [dos comitês] não eram consumidores".

Jacobson tem doutorado em microbiologia. Começou a carreira trabalhando para Ralph Nader, cofundador do Centro para a Ciência no Interesse Público, em 1971, e se aposentou como diretor em 2017. O objetivo do Centro é melhorar a dieta norte-americana. Continua a ser a maior entidade sem fins lucrativos engajada na defesa de uma ampla gama de questões nutricionais — entre elas, os conflitos de interesses. No início dos anos 1990, trabalhei no conselho por cerca de cinco anos, permaneci como membro e sou assinante de sua publicação mensal.

Em 1976, Jacobson pediu a um integrante do Congresso norte-americano com vasto histórico de defesa do consumidor — o deputado democrata de Nova York Benjamin Rosenthal — para ajudá-lo a pesquisar sobre as relações dos chefes dos departamentos de nutrição das universidades com as corporações alimentícias. Ele me contou por que havia feito aquilo: "para mim, era muito óbvio que os professores estavam divulgando suas afiliações acadêmicas e fazendo descrições favoráveis para fabricantes de alimentos e associações comerciais porque estavam sendo pagos para isso. Acreditei que seria interessante e possivelmente útil coletar informações sobre o assunto". Rosenthal apresentou um relatório ao *Congressional Record*, o diário oficial do Congresso dos Estados Unidos:

> Os professores de nutrição e ciência alimentar de Harvard, das universidades de Wisconsin, Iowa e Massachusetts e de muitas outras universidades proeminentes trabalham em estreita colaboração e, muitas vezes, secretamente com empresas de alimentos e de produtos químicos. Participam dos conselhos de administração, atuam como consultores, testemunham em nome da indústria em audiências no Congresso norte-americano e recebem bolsas de pesquisa do setor. Muitos professores com vínculos corporativos também atuam como representantes "universitários" nos comitês consultivos federais. Só se pode chegar à conclusão de que os subsídios da indústria, as taxas de consultoria e as diretorias estão amordaçando, se não prostituindo, os professores de nutrição e ciência alimentar.

O relatório classificou Fred Stare, chefe do Departamento de Nutrição de Harvard, como "apologista da indústria alimentícia". Também listou os laços industriais de dezesseis outros eminentes cientistas, quase todos membros de prestigiosos comitês nacionais responsáveis por recomendações sobre nutrição e saúde. Por fim, propôs três estratégias para combater os interesses conflitantes: equilíbrio, transparência e novos mecanismos de financiamento. Olhando para a realidade atual, todos os comentários são dignos de mérito.

Para alcançar um *equilíbrio*, eles queriam que representantes dos consumidores fossem indicados para os comitês consultivos de nutrição. Isso parece inteiramente racional, mas, segundo minha experiência, as agências federais veem os especialistas que evitam os laços industriais como muito tendenciosos para ser nomeados, especialmente se declararem seus princípios publicamente. Fui membro do Comitê Consultivo do Guia Alimentar em 1995, mas apenas porque, anteriormente, tinha trabalhado com o secretário-adjunto de Saúde dos Estados Unidos, Philip R. Lee, que insistiu em minha nomeação. Na década de 1990, fui representante do consumidor em dois comitês consultivos da FDA — Recomendação Alimentar e Recomendação Científica. Após a publicação de *Food Politics*, em 2002, não fui mais convidada para participar de colegiados federais. A prática atual da FDA é nomear um representante do consumidor para os comitês com pouca chance de influenciar nas decisões.

Quanto à *transparência*, o relatório assinala falhas dos professores indicados em declarar toda a extensão de seus laços industriais. "Enquanto a colaboração com a indústria continuar sendo vista pela comunidade acadêmica como ética e respeitável, é importante que o público conheça as possíveis fontes de viés da pesquisa. [...] Nesse assunto, o respeito pela privacidade individual deve submeter-se ao direito à informação da sociedade."

Para ajudar a realizar a terceira estratégia — *financiamento* —, o relatório sugeriu que um grupo de interesse público sem fins lucrativos "lavasse" as contribuições da indústria antes de enviá-las às universidades. Duvido, entretanto, que, se dependesse de doações contínuas, tal grupo pudesse manter a objetividade. Também duvido que as empresas estariam dispostas a fornecer apoio contínuo a pesquisas que pudessem produzir resultados desfavoráveis.

O Centro para a Ciência no Interesse Público ainda considera os laços dos pesquisadores com a indústria uma ameaça. Em 2003, iniciou o projeto Integridade na Ciência para demonstrar como as relações com as indústrias química, farmacêutica e de cigarros afetam os resultados e a interpretação das evidências científicas. A organização defende equilíbrio nos comitês consultivos, divulgação total e atenção dos jornalistas aos conflitos de interesses. Foi construído um banco de dados listando cerca de quatro mil pesquisadores identificados por meio de declarações divulgadas em periódicos e outras fontes públicas. Os críticos reclamaram que a iniciativa levava injustamente a crer que o financiamento de corporações é necessariamente causa de corrupção e que se tratava, "na verdade, de uma plataforma para atacar a ciência da qual não se gosta".[229]

Para discutir tais questões, o centro promoveu quatro conferências. No evento de 2003, falei sobre a influência da indústria alimentícia. No entanto, as questões alimentares nunca foram o foco daquele projeto e pareciam periféricas, talvez porque os efeitos do patrocínio eram — e continuam a ser — menos documentados em relação a outras áreas. Muitos pesquisadores que constavam no banco de dados estavam engajados em pesquisa nutricional, mas não era fácil localizá-los sem saber como procurar. Quando pesquisei o tema "vitamina", por exemplo, encontrei o nome de 171 cientistas, muitos dos quais foram financiados por empresas de suplementos, e não de alimentos.

Ironicamente, em 2009, o centro interrompeu aquele projeto por falta de dinheiro, mas continua advogar por comitês livres de influência corporativa. Nesse grupo, há uma preocupação especial com o fato de os colegiados fazerem recomendações para tratamento de colesterol alto no sangue — fator de risco para doença coronariana. Tais comitês geralmente indicam o uso generalizado de estatinas, ou seja, remédios. Abordagens dietéticas, como redução da ingestão de alimentos com teor elevado de gordura saturada, gordura trans, sódio e açúcares adicionados, também funcionam, custam menos e têm menos efeitos colaterais.[230]

As perguntas sobre quem precisa tomar estatinas continuam a ser feitas, inclusive porque os comitês consultivos que têm membros com ligações financeiras com empresas da área são mais propensos a recomendá-las a cada vez mais faixas da população, em detrimento de promover abordagens dietéticas.

Em 2004, o centro congregou várias dezenas de médicos e cientistas (entre os quais estava eu) para um abaixo-assinado que pedia a nomeação de painéis independentes para reavaliar as evidências das estatinas e as abordagens dietéticas. Essa preocupação ainda é muito relevante. Em 2017, ao observar que os testes clínicos patrocinados por fabricantes de estatinas relatavam mais benefícios e menos efeitos adversos do que os experimentos sem financiamento da indústria, os editores do jornal JAMA *Internal Medicine* incentivaram os médicos a "reorientar esforços para promover uma dieta saudável para o coração, atividade física regular e vida sem tabagismo".[231]

Os conflitos de interesses são uma preocupação constante dos comitês consultivos de medicamentos. O que ocorre, porém, com os comitês que emitem as diretrizes alimentares? Isso também tem uma história. O Guia Alimentar tem sido publicado a cada cinco anos, desde 1980, pelo Departamento de Agricultura e pelo Departamento de Saúde e Serviços Humanos. É a declaração oficial da política federal sobre nutrição. Por influenciar as regras que regem a educação nutricional, a merenda escolar, a assistência alimentar e os rótulos dos alimentos, cada palavra do documento é alvo de intenso *lobby* por parte da indústria alimentícia.

Para entender como conflitos de interesses podem afetar diretrizes oficiais, é preciso entender como elas são criadas. O processo começa com a nomeação do Comitê Consultivo do Guia Alimentar. Quando participei desse colegiado, em 1995, as agências nos instruíram a fazer um balanço dos artigos publicados na área desde a edição anterior e a fornecer a melhor recomendação que pudéssemos. Escrevemos um relatório que resumiu a pesquisa e, em seguida, escrevemos as diretrizes alimentares com base na nossa interpretação do relatório. Em 2005, a administração do ex-presidente republicano George W. Bush, favorável à indústria, mudou o processo. Os comitês continuaram a revisar e a resumir a produção científica, mas as agências passaram a escrever o documento.

Os interesses conflitantes entre os membros do comitê podem sujeitar o processo à influência da indústria. Como funcionários especiais do governo, os membros das agências devem divulgar os conflitos de interesses. As agências, no entanto, não estão obrigadas a publicar as declarações — e geralmente não o fazem. Os candidatos com ligações com a indústria não são necessariamente eliminados, como já comentamos.

Hoje em dia, a própria Casa Branca concede isenções para candidatos com conflitos de interesses integrarem a equipe do Guia Alimentar. Em 2017, o conselheiro da Casa Branca Donald McGahn emitiu uma autorização para Kailee Tkacz, ex-lobista da Associação de Snack Food e da Associação de Refinadores de Milho, da qual ela também foi diretora de política alimentar. A Associação de Refinadores de Milho representa os produtores de xarope de milho rico em frutose. McGahn explicou que a isenção permitiria que Tkacz assessorasse o Departamento de Agricultura. E também que "havia determinado que, em função da expertise da sra. Tkacz, era do interesse público a concessão daquela isenção".[232]

Repórteres que desejem saber sobre os vínculos dos membros do comitê com as empresas alimentícias devem apresentar pedidos via Lei de Liberdade de Informação ou procurar por artigos nos quais haja declaração de conflito de interesses. Em 1995, quando eu fazia parte do comitê, apenas três dos onze membros tinham ligações com empresas alimentícias, mas o saldo logo mudou para sete dos onze membros, em 2000, onze de treze, em 2005, e nove de treze, em 2010. Os membros do comitê de 2000, por exemplo, relataram laços financeiros "com duas associações de carne, quatro associações e cinco empresas de laticínios, uma associação de ovos, uma associação de açúcar, uma associação de grãos, cinco outras empresas alimentícias, seis outras associações patrocinadas pela indústria, duas associações farmacêuticas e 28 empresas farmacêuticas".[233] Zara Abrams, estudante de jornalismo da Universidade do Sul da Califórnia, pesquisou declarações em artigos publicados por membros do comitê de 2015. Pelas suas contas, dez dos catorze tinham acordos de consultoria ou bolsas de estudo de empresas produtoras de carne, laticínios ou alimentos processados.[234] Esses conflitos afetaram a interpretação da ciência por parte do comitê? Vários críticos argumentam definitivamente que sim.

A ciência não rigorosa do Comitê Consultivo

Em 2015, o BMJ publicou o que chamou de "investigação" realizada pela jornalista Nina Teicholz, que teceu fortes críticas ao comitê por lacunas na revisão científica. Teicholz é autora de *The Big Fat Surprise* [A grande e gorda surpresa], de 2014, livro que promove os benefícios para a saúde de gorduras e alimentos derivados de animais. O artigo dela se opõe à recomendação do Guia Alimentar de reduzir a ingestão de gorduras saturadas e, portanto, de carne, argumentando que foram tomadas como base revisões feitas por associações de cardiologia que recebem recursos substanciais de empresas alimentícias. "A dependência de grupos apoiados pela indústria", escreveu Teicholz, "claramente mina a credibilidade do relatório governamental. É surpreendente que, ao contrário dos autores da maioria das principais revistas médicas, os membros do comitê não sejam obrigados a listar potenciais conflitos de interesses.

Uma investigação superficial mostra vários desses conflitos: um membro recebeu fundos de pesquisa da Comissão de Nozes da Califórnia, do Conselho de Nozes e dos grandes produtores de óleo vegetal Bunge e Unilever."[235]

Como observei anteriormente, na verdade, as agências coletam informações sobre os interesses conflitantes — mas simplesmente não as divulgam. O Centro pela Ciência no Interesse Público identificou onze erros factuais ou de interpretação no artigo de Teicholz e organizou uma carta assinada por 180 cientistas que exigiam sua retratação (embora tivesse considerado a análise cientificamente falha, não a assinei, pois avaliei que a jornalista tinha direito a opinar).[236] Para lidar com a questão, o BMJ encomendou revisões independentes a dois acadêmicos: Mark Helfand, da Universidade de Saúde e Ciências do Oregon, e Lisa Bero, com quem tinha trabalhado na Universidade de Sydney no início daquele ano. Ambos concluíram que o artigo de Teicholz tinha numerosos erros factuais, mas concordaram com a afirmação de que o processo do comitê do Guia Alimentar não era suficientemente rigoroso.

Na visão de Bero, "as críticas de Teicholz aos métodos usados pelo comitê estão no âmbito do debate científico". Helfand observou que a Fundação Arnold, que promove políticas baseadas em evidências, havia pago a Teicholz e ao BMJ para publicar aquele artigo. A jornalista tinha divulgado o patrocínio. E o site da fundação lista um pagamento de quatro mil dólares ao BMJ por "um relatório que analisa a pesquisa científica usada para informar sobre as recomendações do Comitê Consultivo para o Guia Alimentar". Helfand observou que, "em comparação com outras investigações do BMJ e a maioria do jornalismo investigativo, esse artigo é pouco embasado e mal documentado". Disse que a decisão de publicar foi "lamentável" e que o texto "está mais para artigo de opinião, editorial ou até mesmo exemplo de literatura de *lobby* do que para pesquisa independente". Apesar disso, desaconselhou a retratação, em parte porque considerou que estava claro qual seria o resultado de uma investigação mais aprofundada sobre as políticas de conflito de interesses em torno do comitê do Guia Alimentar. O BMJ optou por não se desculpar. Em vez disso, publicou uma declaração dos interesses conflitantes de Teicholz, das extensas correções e dos esclarecimentos que apoiavam amplamente os pontos detalhados na queixa do comitê.[237]

Além do artigo do BMJ, a Fundação Arnold também financiou um grupo organizado por Teicholz, a Coalizão Nutricional, que fez *lobby* no Congresso norte-americano e o levou a concordar que, "antes que diretrizes futuras sejam emitidas, todo o processo usado para formular e estabelecer as diretrizes precisa ser revisado. No mínimo, esse processo deve incluir: total transparência, ausência de viés e inclusão e consideração de todas as pesquisas mais recentes e evidências científicas disponíveis, mesmo as que desafiem as recomendações dietéticas atuais".[238] Com base nisso, o poder público concedeu um milhão de dólares à Academia Nacional de Medicina para avaliar o processo de formulação do Guia Alimentar.

A academia lidou com esse desafio nomeando uma comissão de revisão, que divulgou um relatório sobre o processo de seleção do comitê no início de 2017. Os membros do comitê deveriam ser nomeados por terceiros, as nomeações deveriam ser submetidas a comentários públicos e deveria haver divulgação dos interesses conflitantes. No final daquele ano, um segundo relatório recomendou formas para fortalecer a credibilidade científica e tornar as decisões do comitê mais transparentes.[239] Até o lançamento deste livro, não se tornou público se ou como as agências poderão usar as recomendações para desenvolver o Guia Alimentar de 2020.

Recomendações quanto ao colesterol

Rompendo com os precedentes, o grupo de 2015 omitiu a recomendação de limitar a ingestão de colesterol a trezentos miligramas por dia como forma de reduzir o risco de doença cardíaca. "O Comitê Consultivo do Guia Alimentar de 2015 não apresentará essa recomendação porque não há nenhuma evidência disponível de relação substancial entre o consumo de colesterol dietético e o de colesterol sérico. [...] O consumo excessivo de colesterol não é preocupante." Os ovos são a maior fonte de colesterol dietético (um ovo contém cerca de duzentos miligramas de colesterol). Essa mudança implica que os americanos não precisam mais se preocupar com o colesterol dos ovos.

Como referência, o relatório do comitê citou dois artigos de revisão, ambos financiados por fontes independentes. O primeiro não encontrou provas suficientes para decidir se a dieta com baixos níveis de colesterol reduzia o colesterol no sangue. No segundo, a meta-análise não apontou nenhuma associação entre ovos e o risco de doença cardíaca ou mortalidade, mas observou uma ligação entre ovos e o aumento do risco de diabetes tipo 2 e de doença cardíaca em pacientes com diabetes.[240] Nesse caso, a falta de evidências suficientes é esperada: é particularmente difícil interpretar os estudos sobre ovos e colesterol porque a gordura saturada eleva os níveis de colesterol no sangue mais do que o colesterol dietético. Na população em geral, os níveis de colesterol no sangue já são tão altos que a adição de um ou dois ovos faz pouca diferença. Além disso, muitas pessoas tomam estatinas, de modo que os efeitos do colesterol dietético são diminuídos. Mesmo assim, a decisão de retirar do Guia Alimentar a diretriz sobre colesterol pareceu tão gratuita que Neal Barnard, presidente do Comitê de Médicos pela Medicina Responsável, questionou se os laços dos responsáveis pelo guia com a indústria de ovos poderiam ter influenciado.

O Comitê de Médicos defende dietas baseadas em vegetais e o bem-estar animal. Somado a outros grupos, abriu um processo argumentando que a eliminação da diretriz do colesterol violava a Lei do Comitê Consultivo Federal, que proibia que interesses conflitantes influenciassem a conduta dos pesquisadores responsáveis pelo Guia Alimentar. Eles acusaram a indústria de ovos de ter deliberadamente organizado pesquisas para lançar dúvidas sobre a ligação entre o alimento e os níveis elevados de colesterol no sangue. A estratégia estava a cargo do Centro de Nutrição do Ovo, braço de pesquisa e educação do Conselho Americano do Ovo, financiado pelo Departamento de Agricultura: "o financiamento do Centro de Nutrição do Ovo estabelece vínculos financeiros com os pesquisadores-chave das principais universidades e apoia os estudos assinados para retratar os ovos de maneira favorável. Esses centros são usados para financiar projetos em consonância com a missão do Conselho Americano de Ovo de 'aumentar a demanda por ovos e produtos derivados de ovos'".[241]

O processo aberto pelas organizações assinalou que os estudos financiados pela indústria de ovos dominam a pesquisa sobre o colesterol dietético. Uma revisão de 2013 concluiu que o efeito do colesterol dietético sobre o colesterol no sangue "é modesto e parece estar limitado a subgrupos populacionais".[242] Das pesquisas revisadas, 92% foram apoiadas pela indústria de ovos. Uma das autoras da revisão, Alice Lichtenstein, foi vice-presidente do comitê consultivo do Guia Alimentar de 2015. Sugeriu-se, então, que ela estava em uma posição de influência indevida. Lichtenstein negou: "o comitê revisa as evidências, avalia as ingestões dietéticas atuais e tira as conclusões. Não se trata de uma mágica".[243]

Outros quatro membros do comitê foram acusados de ter ligações diretas com o Centro de Nutrição do Ovo, de haver sido nomeados por essa entidade ou de ter ocupado cargos em um núcleo de pesquisa da Universidade Tufts que buscou ativamente o financiamento desse segmento industrial para apoiar a nova recomendação a respeito do colesterol.

A ação legal pode ter tido como motivação a defesa de dietas veganas e dos direitos dos animais, mas, pela explicação lúcida, vale a pena ler sobre como as pesquisas sobre ovos podem ser facilmente manipuladas. Por exemplo, se o estudo comparar os efeitos da ingestão de ovos com a ingestão de alimentos ricos em gordura saturada ou colesterol, não veremos a diferença. Se nossa intervenção alimentar acrescentar ovos, mas cortar calorias ou gorduras saturadas, os efeitos se cancelarão mutuamente.

Figura 7.1 — "Colesterol mata | averdadesobreovos.org | Pago pelo Comitê de Médicos pela Medicina Responsável". Em outubro de 2015, o Comitê de Médicos pela Medicina Responsável colocou cartazes no Texas, estado natal do representante republicano K. Michael Conaway, para instá-lo a trabalhar pelo restabelecimento da diretriz sobre colesterol no próximo Guia Alimentar. Usado com permissão, cortesia de Neal Barnard e do Comitê de Médicos pela Medicina Responsável.

Se dividirmos os participantes do estudo em grupos de acordo com a reação ao colesterol dietético, apenas os muito sensíveis parecerão estar em risco. Se usarmos uma pequena amostra do experimento para que os resultados não sejam estatisticamente significativos, poderemos interpretar que eles não apresentam nenhum efeito. Se, em nossa meta-análise, incluirmos principalmente os estudos financiados pela indústria, teremos mais chance de mostrar que ovos não exercem efeito sobre os níveis de colesterol no sangue.

Outra estratégia: faça o óbvio. Um estudo financiado pelo Centro de Nutrição do Ovo demonstra que comer ovos com vegetais crus aumenta a absorção da vitamina E. É claro que sim. A vitamina E é solúvel em gordura e requer gordura para ser absorvida. Esse estudo é especialmente relevante porque o coordenador foi membro do comitê do Guia Alimentar de 2015.[244]

Fui revisora de um rascunho inicial do documento de 2015, mas não estava preparada para o que vi na versão final: "a recomendação-chave do Guia Alimentar de 2010 para limitação da ingestão de colesterol a 300 miligramas por dia não está incluída na edição de 2015, mas os indivíduos devem ingerir o mínimo possível de colesterol dietético para ter um padrão alimentar saudável. Padrões alimentares que incluem menor ingestão de colesterol estão associados à redução do risco de doença cardiovascular". Esse é um conselho maravilhoso! Se entendi direito, as diretrizes dizem que você não precisa limitar o colesterol, mas deve consumir o mínimo possível de colesterol. Não surpreende que as recomendações nutricionais confundam as pessoas.

Retornando ao processo do Comitê de Médicos pela Medicina Responsável, em outubro de 2016, o Judiciário o descartou. Baseado em quê? Ao que parece, não há uma tipificação legal para "influência indevida". O tribunal decidiu que não havia encontrado "nenhum padrão significativo para decidir se determinados cientistas tinham exercido uma influência inadequada sobre o Comitê Consultivo do Guia Alimentar ou se o USDA e a FDA estavam suficientemente protegidos contra a influência inadequada do comitê". Ao escrever sobre essa decisão, o site *Business Insider* citou Nina Teicholz, Neal Barnard e eu — nós três em um raro consenso sobre o absurdo da decisão.[245]

Crítica da indústria: orientações sobre o açúcar não são baseadas na ciência

Em 2015, a OMS limitou a ingestão de açúcares adicionados a 10% das calorias diárias. O mesmo ocorreu com o Guia Alimentar dos Estados Unidos. De fato, as diretrizes sempre recomendaram a ingestão de menos açúcar, desde o simples "evite comer muito açúcar", em 1980 e 1985, até o mais complicado e obscuro "escolha bebidas e alimentos para moderar sua ingestão de açúcares", em 2000, e "reduza o consumo de calorias provenientes de gorduras sólidas e açúcares adicionados", em 2010. Dez por cento das calorias diárias se traduzem em cerca de cinquenta gramas ou doze colheres de chá de açúcares adicionados. Um refrigerante de quinhentos mililitros alcança esse limite. A Associação do Açúcar imediatamente invocou o manual de ação para lançar dúvidas sobre a ciência. Acusou a OMS de embasar as recomendações em evidências de baixa qualidade e disse que a diretriz norte-americana é fundada mais em uma agenda distorcida do que em ciência.[246]

O ILSI patrocinou um estudo que concluiu que "as diretrizes sobre o açúcar na dieta não atendem os critérios de recomendações confiáveis e são baseadas em evidências de baixa qualidade".[247] Dos cinco autores, dois receberam doações do instituto e um dos dois estava no conselho científico da Tate & Lyle, fornecedora britânica de açúcar e adoçantes. Os motivos que fizeram o jornal *Annals of Internal Medicine* publicar essa revisão financiada pelo instituto estão além da minha compreensão, mas o periódico buscou se blindar encomendando um editorial de Dean Schillinger e Cristin Kearns, da Universidade da Califórnia, dois proeminentes defensores da redução de açúcar. O editorial demoliu os argumentos da revisão ponto a ponto. E não poupou o jornal. "Quando se trata de adição de açúcares, há conflitos claros entre os interesses da saúde pública e os interesses da indústria de alimentos e bebidas. As publicações de alta qualidade poderiam abster-se de publicar estudos sobre os efeitos na saúde de açúcares adicionados [que tenham sido] financiados por entidades com interesses comerciais nos resultados".[248]

Essa disputa foi coberta pelo *The New York Times* (que me citou) e por outras publicações. Candice Choi, da *Associated Press*, entrevistou o diretor-executivo do ILSI, que admitiu que seu grupo havia iniciado o estudo. A repórter obteve e-mails atestando que o instituto tinha pedido para revisar o trabalho. Além disso, um autor não havia divulgado o patrocínio da Coca-Cola e de outras empresas que lucram com o açúcar. O *Annals of Internal Medicine* teve de corrigir as declarações informadas pelos autores e publicar o esclarecimento de que, de fato, o ILSI havia revisado e aprovado o artigo. Tudo isso convenceu a corporação Mars (fabricante de chocolates), membro do ILSI, a dizer para Choi que o estudo "enfraquece o trabalho das autoridades de saúde pública e faz com que toda a pesquisa financiada pela indústria pareça ruim".[249] Pouco depois, como observado no capítulo 3, a Mars se retirou do instituto.

A declaração divulgada pelos autores alertou os leitores: "em função da nossa fonte de financiamento, nossa equipe de estudo tem um conflito de interesses financeiro. Os leitores devem considerar nossos resultados cuidadosamente". Sim, os leitores deveriam fazê-lo. A menos que o ILSI e os autores comissionados acreditem que o Guia Alimentar deve incentivar a ingestão de mais açúcar, essa revisão não faz sentido. Os critérios do instituto para seleção de membros do comitê consultivo dão conta de que o viés financeiro é intangível, salvo quando os pesquisadores obtêm um benefício direto desse trabalho. Na visão do instituto, manter os membros com interesses conflitantes fora dos comitês consultivos impede que "os cientistas de alimentos e os nutricionistas mais experientes e reconhecidos contribuam com sua expertise nos painéis que informam as políticas públicas".[250]

Creio que essa é uma hipótese que ainda precisa ser testada. Os esforços do ILSI, e de outros analisados neste livro, devem deixar claro que os debates sobre as diretrizes alimentares têm muito mais a ver com política do que com ciência.

8.
Cooptado?

Profissionais de nutrição do mundo todo integram organizações centradas em pesquisa, educação e prática. Muitas dessas associações aceitam o patrocínio de empresas de alimentos, bebidas e suplementos. Nos Estados Unidos, cientistas e pesquisadores de nutrição médica pertencem à Sociedade Americana de Nutrição; os educadores de nutrição filiam-se à Sociedade de Educação e Comportamento Nutricional; e os profissionais de dietética integram a Academia de Nutrição e Dietética.

Outras organizações nacionais do setor tendem a representar interesses mais especializados. A Sociedade sobre a Obesidade, por exemplo, abarca médicos e profissionais de saúde que lidam com essa condição. O site divulga uma "longa história de parcerias mutuamente benéficas com a indústria". Duas sociedades de nutrição menores merecem menção especial por se recusarem a aceitar o financiamento da indústria: o Colégio Americano de Nutrição, com 1.400 membros, que se concentra na pesquisa aplicada à prática clínica; e a Associação Mundial de Saúde Pública, com quinhentos membros.

As empresas alimentícias apoiam as sociedades de nutrição, ajudando a custear conferências, publicações, prêmios e bolsas de estudo. Em troca, recebem boa vontade e o que Centro para a Ciência no Interesse Público chama de "inocência por associação". Em sua captura de organizações de nutrição, as empresas de alimentos, bebidas e suplementos participam da crescente influência das corporações sobre a sociedade.

Os efeitos ficam evidentes em dois estudos publicados em 2016. O primeiro aponta para o fato de que, enquanto as empresas de refrigerantes patrocinam 95 organizações voltadas à promoção da saúde, também fazem *lobby* contra medidas de saúde pública, como impostos sobre bebidas adoçadas. O segundo encontrou evidências da substancial influência de patrocinadores corporativos sobre o programa científico de uma conferência de nutrição no Brasil. Os palestrantes que discutiram a promoção de dietas saudáveis, por exemplo, não recomendaram evitar alimentos não saudáveis. Em vez disso, motivaram as pessoas a fazer escolhas alimentares melhores. Por essas razões, alguns especialistas veem o financiamento da indústria alimentícia a organizações profissionais como "absurdo", um causador de riscos "incomensuráveis". Insistem, portanto, que as sociedades de nutrição devem ser transparentes e responsáveis na obtenção e no uso dos fundos, e na maneira pela qual as indústrias podem afetar o trabalho.[251]

A Sociedade Americana de Nutrição é um bom exemplo de como o patrocínio da indústria alimentícia produz efeitos preocupantes. É a principal associação dos Estados Unidos para acadêmicos com doutorado e profissionais que se empenham no estudo de nutrição. Tem cerca de seis mil membros (eu sou um deles). Sua missão é reunir "os principais pesquisadores e nutricionistas clínicos do mundo e a indústria para avançar no conhecimento e na aplicação da nutrição para o bem de seres humanos e animais". Para tanto, realiza conferências, promove prêmios e publica quatro periódicos, o que a leva a procurar ativamente doações empresariais.

A sociedade tem uma história complicada. (Tente não se perder no meio de tantos nomes.) Em 2005, foi formada por meio da fusão de três associações antigas: Instituto Americano de Nutrição, Sociedade Americana de Nutrição Clínica e Sociedade para Nutrição Internacional. Vamos começar pelo instituto, fundado em 1928 para representar alguns dos primeiros estudiosos envolvidos na identificação e na caracterização das vitaminas e dos minerais. Os experimentos, que muitas vezes envolveram dietas de composição definida para ratos, cães e galinhas, constituíram um campo de interesse inteiramente novo, que exigiu uma associação profissional e um jornal: o *Journal of Nutrition*. Uma história da organização, publicada em 1979, menciona o patrocínio da indústria em apenas um contexto — premiações anuais iniciadas em 1939 pela Mead Johnson e, em 1944, pela Laticínios Borden.[252] Veremos que não foi bem assim.

No início da década de 1950, para compensar a falta de educação nutricional nas faculdades de medicina, os médicos com interesses em nutrição humana — em oposição à animal — começaram a publicar o próprio periódico, que tinha um enfoque clínico: o *American Journal of Clinical Nutrition*,[253] como é conhecido agora. Em 1961, em uma cisão do instituto, formou-se a Sociedade Americana de Nutrição Clínica. Cinco anos depois, essa sociedade estabeleceu o próprio prêmio, também financiado pela indústria — um presente do Conselho Nacional de Laticínios para homenagear Elmer McCollum, que, em 1912, descobriu a vitamina A no leite. Uma curiosidade em nada descartável: em 1915, o cientista apoiou a formação do Conselho Nacional de Laticínios, principal associação comercial do setor. Foi essa organização que pagou pela publicação que narra a história do Instituto Americano de Nutrição, em 1979.

O *Journal of Nutrition* passou a listar em 1968 os patrocinadores corporativos do Instituto Americano de Nutrição. Eram 26 companhias, entre elas: Coca-Cola, Gerber, Hoffman-La Roche, Monsanto, Nestlé, Procter & Gamble e Ralston Purina. A Sociedade Americana de Nutrição Clínica começou a listar os patrocinadores em 1979, quando havia treze deles — a maioria era do mesmo grupo que bancava o instituto. Desde a fusão de 2005, a Sociedade Americana de Nutrição tem representado pesquisadores de todos os tipos. A tabela 8.1 lista os patrocinadores corporativos da sociedade em 2018. Os jornais científicos trazem a seguinte introdução: "as organizações da indústria com o mais alto nível de comprometimento com a profissão de nutrição são reconhecidas como apoiadoras da Sociedade Americana de Nutrição, que tem orgulho dessa parceria para promover a excelência na análise e na prática de nutrição".

Tabela 8.1 — Parceiros da Sociedade Americana de Nutrição, 2018.

Nutrição Abbott	Kyowa Hakko
Conselho de Amêndoa da Califórnia	Mars
Bayer Biofortis	Instituto de Ciência McCormick
Comissão de Nozes da Califórnia	Centro Técnico Internacional Mondelez
Cargill	Monsanto
Associação de Refinadores de Milho	Associação Nacional dos Criadores de Bovinos
Conselho de Laticínios para Nutrição Responsável	Nestlé Nutrição
Danone	PepsiCo
Produtos Nutricionais DSM	Pfizer
Dupont Nutrição & Saúde	Pharmavite
Centro de Nutrição do Ovo	Tate & Lyle
General Mills	Fundação Internacional de Água Engarrafada
Instituto de Saúde e Nutrição Bell	Coca-Cola
Instituto de Nutrição Herbalife	Unilever

Em abril de 2016, falei em um comitê recém-formado pela Sociedade Americana de Nutrição para discutir a confiabilidade na ciência da nutrição. Abordei o risco de viés associado ao financiamento da indústria. A necessidade desse colegiado havia se tornado evidente. No ano anterior, Michele Simon, que escreveu o relatório sobre o patrocínio do USDA aos laticínios (discutido no capítulo 4), publicou os resultados de uma pesquisa sobre a colaboração da sociedade com a indústria alimentícia. O título era claro quanto ao risco para a reputação: "cientistas nutricionais nas mãos das corporações de alimentos:[254] 'a Sociedade Americana de Nutrição perdeu toda a credibilidade?'". O patrocinador foi a Aliança pela Saúde Natural, grupo em favor de alimentos funcionais, suplementos alimentares e mudanças no estilo de vida.

O relatório de Michele Simon listou os doadores, descreveu a influência deles nas reuniões anuais e nas declarações sobre políticas públicas, e expôs o conflito de interesses. Em resposta a essa e a outras preocupações, a sociedade solicitou ao comitê consultivo "estabelecer as melhores práticas reconhecidas que permitam a colaboração entre organizações não governamentais, governamentais, acadêmicas e sem fins lucrativos, levando às melhores ciência e política possíveis, atingidas com o mais alto nível de rigor, transparência e confiança".[255]

Diante da história de laços industriais da sociedade, fazer aquilo era um desafio, mas achei que a nomeação de um comitê foi um passo impressionante, sobretudo porque os membros eram especialistas em nutrição, percepção pública e conflito de interesses. De fato, se algum grupo poderia criar uma política que permitisse o financiamento do setor, protegendo a integridade, era aquele.

Minha expectativa era de que o comitê refletisse se o patrocínio da indústria é ou não imprescindível. Como membro da Sociedade Americana de Nutrição, paguei uma taxa anual de 190 dólares e uma taxa de inscrição de 420 dólares para a reunião de

2017 (esses valores não cobriam viagens, hospedagens e refeições). Perguntei ao diretor-executivo da sociedade, John Courtney, o que era feito com os recursos das corporações. Ele disse que os parceiros cobriam menos de 4% do orçamento anual da sociedade e que o dinheiro era destinado a desenvolvimento profissional, prêmios para estudantes e outras coisas desse tipo. Em um e-mail, ele comentou que, "quando se trata de receber financiamento da indústria, a Sociedade Americana de Nutrição é apenas um pequeno participante". Então, por que assumir tal risco para a reputação?

Courtney explicou que a sociedade "é uma 'grande tenda' de boas-vindas da qual todos os envolvidos no empreendimento da pesquisa nutricional podem participar, compartilhar as informações mais recentes, dialogar, debater e desenvolver relacionamentos para avançar no campo e em suas carreiras. Muitos dos nossos membros acadêmicos valorizam a oportunidade de reunir-se com parceiros do setor, que emprega cada vez mais graduados e provê uma parcela crescente do financiamento total para o conhecimento sobre nutrição". Existe a ideia de que a organização deve "acolher e reunir todas as partes e vozes interessadas em nutrição para atender, discutir, compartilhar perspectivas e aprender na busca pelo avanço da saúde pública global por meio da melhor ciência e prática nutricional".

Acolher é bom, mas a abordagem de "grande tenda" soa mais como braço da indústria alimentícia do que como voz independente em debates sobre questões nutricionais. A sociedade tem um longo histórico de concessão para empresas alimentícias patrocinarem conferências e simpósios, além de uma trajetória de promoção dos interesses das mesmas em detrimento da saúde pública. No meu livro *Food Politics*, escrevi sobre uma reunião da sociedade realizada em 1999, na qual houve um memorável café da manhã patrocinado pela Kellogg's para chefes de departamentos universitários de nutrição. A empresa apresentou as amostras da linha de alimentos com a fibra *psyllium* — que, posteriormente, não sobreviveu aos testes de marketing. O Conselho de Laticínios e a Associação Nacional de Carne Bovina também patrocinaram a conferência. Desde então, as coisas não mudaram muito. A Kellogg's ainda banca cafés da manhã. Entre outros tópicos, na reunião de 2017, da qual não participei, houve uma discussão sobre confiança na ciência da nutrição. As sessões patrocinadas pela indústria foram intercaladas com o programa científico. Corporações que ofereceram refeições tiveram uma audiência considerável.

Foi interessante ver que, em 2017, os dois prêmios mais prestigiados da sociedade foram dados aos líderes da extinta Rede Global de Balanço Energético. O outro foi entregue a um executivo da Coca-Cola envolvido com a rede.[256] Os comitês da sociedade escolhem os premiados. Os membros desses colegiados podem nunca ter ouvido falar sobre os eventos da rede ou, talvez, não os tenham levado em conta para definir os merecedores das honrarias. Os prêmios, porém, levam a crer que a sociedade passou por cima dos conflitos nascidos das relações com as empresas.

Não que a sociedade ignore o problema. Como palestrante de uma reunião sobre o Guia Alimentar dos Estados Unidos, recebi um slide-padrão para declarar conflito de interesses. Porém, logo percebi que o cumprimento dessa disposição era aleatório ou superficial, pois outros palestrantes omitiram o slide ou o exibiram tão rapidamente que era impossível lê-lo. A julgar pelas perguntas e pelos comentários depois da minha e das outras comunicações, percebi que, para os membros da sociedade, os conflitos de interesses são um assunto delicado. Palestrantes e plateia comentaram que os laços financeiros com empresas alimentícias são irrelevantes ou necessários e desejáveis.

O patrocínio influencia o conteúdo da conferência? Em primeiro lugar, as sessões financiadas excluem os palestrantes que têm opiniões contrárias aos interesses do doador. A sociedade permite que os patrocinadores corporativos organizem e realizem simpósios paralelos mediante o pagamento de taxas que, em 2018, variavam de quinze mil a cinquenta mil dólares cada. A programação de 2017 identificou essas sessões, embora nem sempre de forma muito clara, e elas estavam totalmente integradas à programação científica geral. Isso faz parecer que a sociedade as endossa, mesmo com a negativa de que elas passem por aprovação e sugestões.

Naquele ano, foram dez simpósios-satélite. Entre os patrocinadores estavam o Conselho de Amêndoas da Califórnia, o Conselho de Pecuaristas de Carne Bovina, o Conselho Nacional de Laticínios, o Instituto de Nutrição Herbalife, a Pfizer, a Tate & Lyle e o Centro de Nutrição do Ovo. O Instituto Global Stevia, por exemplo, patrocinou uma sessão sobre a ciência, os benefícios e o futuro do adoçante de baixa caloria. Durante um almoço gratuito, os participantes alcançaram os objetivos declarados: explorar as mais recentes evidências científicas das vantagens da estévia e entender a ciência por trás da "naturalidade" do produto. Embora as sessões patrocinadas pareçam educativas, servem a fins de marketing. A revisão das evidências científicas associadas à estévia, por exemplo, deixou de lado dados negativos associados à substância.[257]

Em 2018, no que considero uma melhora significativa, a sociedade transferiu todos os simpósios-satélite para o fim de semana antes do início do evento principal, fazendo uma clara distinção entre as sessões patrocinadas e as científicas. Dentre os financiadores, todavia, ainda houve grupos como o Conselho do Abacate Hass, o Centro de Nutrição do Ovo, o ILSI e a Herbalife.[258]

As posições consistentemente favoráveis da sociedade em relação à indústria, no que diz respeito a questões de saúde pública, são ainda mais preocupantes. O objetivo da organização é promover a pesquisa e a comunicação entre os membros, e não falar em nome deles sobre políticas acerca das quais têm opiniões diversas. Como vários casos demonstram, a abordagem da "grande tenda" geralmente favorece a indústria em detrimento da saúde pública. Vamos observá-los em ordem cronológica.

Escolhas inteligentes

Em maio de 2009, recebi um e-mail do coordenador da Sociedade Americana de Nutrição informando que eu havia sido indicada para integrar a diretoria do programa Smart Choices [Escolhas Inteligentes], iniciativa da indústria alimentícia em colaboração com nutricionistas para colocar um selo de aprovação no rótulo dos produtos que atendiam aos critérios nutricionais definidos. A sociedade administrava o programa. Minha reação imediata foi: "não faça isso". Aquele programa faria parecer que a organização científica endossava os produtos com o logotipo Choices. Escrevi uma carta aberta no informativo da sociedade, dizendo o que pensava, e recusei o convite.[259]

Embora o selo aparente ter como meta ajudar o público a identificar as opções de alimentos mais saudáveis, é claro que o objetivo subjacente é induzir os nutricionistas a endossar alimentos ultraprocessados como saudáveis. O programa também parece ser uma investida da indústria para impedir um plano, então sob consideração da FDA, para regulamentar a parte frontal dos rótulos dos alimentos. Em resposta, John Courtney, diretor da sociedade, explicou que a organização ficaria responsável pela integridade científica do Choices.[260] Essa promessa não me tranquilizou.

Poucos meses depois, William Neuman, repórter do *The New York Times*, pediu para se encontrar comigo. Quando mencionei o Choices, ele sugeriu que nos dirigíssemos para a mercearia mais próxima. Fomos direto ao corredor dos cereais. Na prateleira, encontramos o primeiro produto rotulado com o Choices: Froot Loops — cereal infantil que fornece 44% das calorias a partir de açúcares adicionados.

Em setembro, a reportagem de William Neuman apareceu na primeira página do jornal com o título: "Para sua saúde, Froot Loops". Relatou que, com desgosto, Michael Jacobson, diretor-

-executivo do Centro para a Ciência no Interesse Público, havia renunciado ao painel do Choices: "foi pago pela indústria e, quando a indústria bate o pé e diz que é isso que estamos fazendo, é o fim. Você pode começar com serragem, adicionar cálcio ou vitamina A e atender aos critérios". O repórter citou Eileen Kennedy, presidente do conselho do Choices e reitora da Escola de Nutrição da Universidade Tufts: "você não precisa escolher entre um *donut* e um cereal. Froot Loops é a melhor escolha".²⁶¹ Rapidamente, isso se traduziu por Froot Loops "é melhor do que um *donut*" ou, como escreveu a revista *The Economist*, "é praticamente espinafre".²⁶²

Em conjunto, a FDA e o Departamento de Agricultura escreveram para o Choices, questionando se o logotipo poderia encorajar o público a selecionar alimentos ultraprocessados e grãos refinados em vez de frutas, verduras e grãos integrais. Preocupado com a possibilidade de que os especialistas em nutrição ficassem "felizes por enganar o público em relação ao que constitui uma escolha saudável ou inteligente", o site Change.org publicou uma petição para encerrar o programa. A parlamentar Rosa DeLauro pediu à FDA uma investigação sobre o caso, e o então procurador-geral do estado, Richard Blumenthal, disse que investigaria aquele programa "excessivamente simplista, impreciso e, enfim, mal conduzido".²⁶³

Em outubro, o Choices anunciou a suspensão de suas atividades até que a FDA se decidisse sobre a rotulagem frontal. A *Forbes* explicou que o "tumulto sobre o programa transmitiu uma mensagem definitiva à indústria: 'não tente disfarçar um pecado nutricional com um selo de aprovação'".²⁶⁴ A diretoria da sociedade enviou uma carta aos membros, explicando que apoiava a decisão. A mensagem cita o presidente da sociedade na época, James Hill — que, não custa lembrar, foi um dos fundadores da Rede Global de Balanço Energético —, afirmando que a organização "continuaria a fornecer os conhecimentos de nutrição no diálogo sobre a rotulagem frontal de embalagens a fim de melhor servir aos interesses da saúde dos americanos".²⁶⁵ A sociedade nunca deveria ter se envolvido com aquele programa. De certo modo, teve sorte de conseguir sair dele tão facilmente. Os diretores deveriam ter percebido que o envolvimento com uma iniciativa de marketing de alimentos colocaria em risco sua reputação.

Promoção de alimentos processados

Em esforço colaborativo com a Academia de Nutrição e Dietética, o Instituto de Engenheiros de Alimentos e o International Food Information Council [Conselho Internacional de Informação sobre Alimentos] (IFIC) — ligado ao ILSI —, a sociedade escreveu um relatório para promover a importância dos alimentos processados para a saúde nutricional.[266] Os cientistas de alimentos e as associações de comércio de alimentos têm interesse em promover esses produtos. As organizações de nutrição, não, mas a colaboração delas dá credibilidade às conclusões do documento.

Esse relatório foi divulgado em um caderno especial do *Journal of Nutrition*, que declarou que o autor principal e o próprio encarte haviam sido apoiados pela indústria. "O custo de publicação deste caderno foi parcialmente contemplado pelo pagamento de anúncios. Essa publicação deve ser marcada como 'anúncio' para assinalar o fato." Em função da participação no relatório, parece que a sociedade apoia os objetivos de marketing da indústria em vez de encampar os objetivos da saúde pública.

Oposição a "açúcares adicionados" nos rótulos de alimentos

Em 2014, a FDA propôs a inclusão de dados sobre a "adição de açúcares" na tabela de informação nutricional. Como é habitual, a agência abriu consulta pública. Grupos de consumidores e da saúde apoiaram a medida, mas a indústria alimentícia se opôs. A Sociedade Americana de Nutrição também. Ao se somar à resistência dos fabricantes, a organização científica explicou que tinha "preocupações com a justificativa da FDA para inclusão dos 'açúcares adicionados' no rótulo de alimentos. Nos resultados de saúde, as conclusões sobre os açúcares adicionados ainda estão baseadas em evidências insuficientes (para além do excesso de calorias). A Sociedade Americana de Nutrição recomenda uma análise cuidadosa da totalidade das evidências científicas".[268]

A insistência da sociedade no sentido de que a política do açúcar seja estritamente "baseada na ciência" posicionou o grupo como opositor de uma iniciativa de saúde pública amplamente apoiada. Ao final, a FDA não apenas decidiu colocar os açúcares adicionados na tabela, como também estabeleceu o valor diário de 10% de calorias como teto.[269] A posição da sociedade pode ter sido tecnicamente correta em termos científicos, porém ignorou as implicações para a saúde pública. Em contraste com os açúcares que naturalmente há nos alimentos, os açúcares adicionados são desnecessários. Ninguém acredita que as pessoas devem comer mais açúcar. Incentivar a comer menos açúcar é um objetivo fundamentado da saúde pública, e a sociedade deveria ter apoiado essa medida.

Defesa do "natural"

Em resposta às petições dos grupos de consumidores, a FDA abriu consulta pública sobre o significado de "natural" nos rótulos dos alimentos. Os comerciantes de alimentos processados amam a palavra "natural" e a usam muitas vezes de maneira errada, interpretada como sinônimo de orgânico e saudável.[270] A regra atual deixa espaço para a ambiguidade: "do ponto de vista da ciência dos alimentos, é difícil definir um produto alimentício como 'natural' porque, provavelmente, foi processado e não é mais o produto da terra. Se o alimento não contiver cor adicionada, sabores artificiais ou substâncias sintéticas, a agência não se opõe ao uso do termo".

Grupos de consumidores quiseram que a FDA excluísse dessa classificação substâncias aparentemente não naturais, como xarope de milho rico em frutose, alimentos geneticamente modificados e, talvez, a "naturalidade" da estévia. A Sociedade Americana de Nutrição, contudo, adotou a via contrária de uma definição mais genérica, que permitia a adição de vitaminas sintéticas. A sociedade reconheceu que muitos norte-americanos interpretam como "natural" o alimento processado sem uso de pesticidas, produtos químicos artificiais e organismos geneticamente modificados — e, ainda mais, acreditam que "natural" *deve* implicar esses itens. Para defender a adição de vitaminas sintéticas, porém, a sociedade argumentou que as dietas de muitas pessoas não têm "nutrientes preocupantes para saúde pública". É uma afirmação discutível, dada a falta de comprovação científica sobre a deficiência de nutrientes na população em geral. O comércio de alimentos fortificados com vitaminas "naturais" abre a porta para outros aditivos sintéticos "saudáveis". Mais uma vez, a sociedade apoiou os interesses de marketing da indústria.

Promoção do patrocínio da indústria alimentícia

Em 2016, a Sociedade Americana de Nutrição me convidou para atuar como consultora em reuniões anuais de um grupo de trabalho que fornece orientação para bolsistas de pós-doutorado e docentes em início de carreira. O grupo também patrocina um prêmio. A organização exige que todos esses colegiados providenciem o próprio financiamento para hospedagem, alimentação e custos gerais. No passado, os eventos desse grupo haviam sido patrocinados por PepsiCo, Abbott e DuPont, que arcaram com o custo total de menos de cinco mil dólares. A organização poderia tranquilamente cobrir esses gastos — foi o que eu disse, mas não fui ouvida.

Um último exemplo diz respeito ao uso de mídias sociais por parte da sociedade. Em setembro de 2016, um artigo da revista de notícias on-line *Slate* argumentou que as fontes de financiamento são irrelevantes para a conduta ou o resultado das análises, e perguntou: "o que há de errado em a indústria de açúcar financiar pesquisas? Ciência é ciência".[271] As redes sociais da sociedade apoiaram essa ideia: "a avaliação da ciência com fatores além de dados e métodos prejudica os esforços para entender e avançar na nutrição". O financiamento da indústria é, de fato, um fator "além de dados e métodos", e distorce a ciência. Embora muitos membros concordem com a posição da sociedade, outros, talvez, não concordem, e a organização não os leva em conta.

A sociedade é relativamente pequena, mas representa a capacidade de pesquisa em universidades e centros médicos de todo o mundo. A organização enfatiza que a relação indevida com as empresas alimentícias não é comprovada, ignorando as implicações éticas ou de reputação. O aparente apoio aos objetivos do setor privado favorece os interesses comerciais em detrimento dos interesses da ciência ou da saúde pública. Para resolver esse problema, a sociedade nomeou um comitê de confiança em 2016. Em abril de 2018, quando a edição norte-americana deste livro foi para a gráfica, o colegiado ainda estava deliberando, e não havia sinal de quando o relatório seria concluído, aceito pela diretoria e liberado.[272]

Implicações internacionais

As questões que cercam a Sociedade Americana de Nutrição se repetem em todo o mundo. Há muito tempo, críticos se opõem à onipresença de fabricantes de ultraprocessados nos congressos da União Internacional de Ciências da Nutrição, mas esses eventos só são realizados a cada quatro anos.[273] Os dois últimos ocorreram em Granada (2013) e Buenos Aires (2017) e não receberam muita cobertura da imprensa norte-americana.

Em 2017, porém, o *The New York Times* começou a publicar uma série de reportagens investigativas intituladas "Planeta gordo". Esses artigos descrevem de forma convincente os métodos de marketing usados pelas empresas alimentícias internacionais para promover a venda de ultraprocessados em países "em desenvolvimento" — Brasil, Gana, Senegal, Colômbia, México, Malásia, Índia e Chile — e, inadvertidamente, promover o rápido aumento da obesidade e suas consequências para a saúde.

O artigo sobre a Malásia é especialmente relevante para nossa discussão porque lida com a influência das empresas alimentícias na pesquisa e nas opiniões do principal nutricionista do país. Tee E. Siong encabeça a Sociedade de Nutrição da Malásia, grupo financiado pela Nestlé e por outras empresas alimentícias. Também é diretor científico do ILSI na região.[274] A manchete do *The New York Times* foi direto ao ponto: "no país mais obeso da Ásia, nutricionistas recebem dinheiro dos gigantes dos alimentos".[275] Tee foi o coordenador de uma pesquisa patrocinada pela Nestlé e pela Cereal Partners Worldwide, um empreendimento conjunto da Nestlé e da General Mills para promover os cereais matinais. A iniciativa examinou como o Milo, uma bebida de leite maltado com açúcar e sabor de chocolate, da Nestlé, influenciou o comportamento de crianças que o consumiam no café da manhã. De maneira previsível, o achado é de que os pequenos obtiveram benefícios dos nutrientes que o produto contém, ficaram mais ativos e alcançaram um peso mais saudável do que os que não o beberam — exatamente o tipo de resultado que a Nestlé e a General Mills devem ter esperado.[276]

Dos doze autores, quatro eram funcionários dos patrocinadores. Eles declararam que os financiadores "não tiveram influência sobre o projeto ou a análise" e que aqueles que trabalham para essas empresas "revisaram criticamente o original quanto ao conteúdo intelectual". Se isso realmente ocorreu, como não houve influência? O porta-voz da Nestlé disse ao *The New York Times* que a empresa costumava revisar os manuscritos apenas para "garantir que a metodologia fosse cientificamente correta".

Em resposta, um cientista anônimo da Malásia se opôs à sugestão de que o financiamento da indústria poderia influenciar a qualidade da pesquisa de Tee. Escreveu que a investigação sobre o Milo "é um estudo científico válido que acrescentou uma contribuição importante à pesquisa em andamento sobre ingestão de alimentos e obesidade". Tal comentário levou David Ludwig, especialista em obesidade infantil de Harvard, a publicar uma crítica detalhada do projeto e dos métodos — baixa taxa de participação, grupos de comparação sem correspondência, métodos não validados e problemas estatísticos. O especialista concluiu que os resultados eram fracos e suscetíveis a distorção.[277]

"Algumas pessoas dizem que não devemos aceitar dinheiro para projetos. Tenho duas escolhas — ou não faço nada ou trabalho com empresas", disse Tee ao *The New York Times*. Há, porém, outras escolhas, e vale a pena considerá-las. Os repórteres devem ter pensado nisso, pois, segundo eles, a iniciativa "exemplificou uma prática que começou no Ocidente e, com as taxas crescentes de obesidade, moveu-se para países em desenvolvimento: parcerias financeiras profundas entre as maiores empresas alimentícias do mundo e cientistas nutricionais, formuladores de políticas e sociedades acadêmicas". Se têm vínculos com empresas alimentícias, as sociedades profissionais de nutrição são, ou podem parecer, grupos de fachada para a indústria, e não fontes independentes de recomendações científicas sobre dieta e saúde.

9.
Soluções frágeis

Os nutricionistas que fazem recomendações sobre dieta e saúde e os grupos aos quais eles pertencem são altamente diversificados em treinamento e visão. Profissionais que se identificam como nutricionistas vão desde autodidatas e pessoas que concluíram cursos informais on-line até pesquisadores com doutorado e pós-doutorado. Alguns nutricionistas são certificados ou licenciados, mas muitos não o são. Tenho a licença número 000007 em nutrição e dietética pelo estado de Nova York (fui fundadora do comitê que a desenvolveu) e tenho mestrado em nutrição para saúde pública, que obtive dezoito anos depois do doutorado em biologia molecular, ambos pela Universidade da Califórnia.

A licença melhor regulamentada é a de Nutricionista Dietista Registrado, autorizada pela maior das sociedades de nutrição: a Academia de Nutrição e Dietética, com cem mil associados. Não sou membro porque, embora tenha completado muitos requisitos enquanto trabalhava no mestrado, faltou cumprir algumas exigências. Pertenço à Sociedade de Educação Nutricional e Comportamento, que tem apenas 1.100 integrantes. Na medida em que representam os profissionais com formação acadêmica convencional em nutrição, ambos os grupos são tradicionais. Ambos têm uma longa história com o patrocínio da indústria alimentícia, mas, na sociedade a que pertenço, as lutas internas ocorreram muito antes.

Primeiras lutas

No início dos anos 1960, os professores universitários e os nutricionistas envolvidos com educação nutricional não acreditavam que as sociedades de nutrição estivessem fazendo o necessário para enfrentar a confusão pública sobre dieta e saúde. Em 1968, portanto, eles fundaram a Sociedade de Educação Nutricional e, em 1969, lançaram o *Journal of Nutrition Education*. A nova sociedade precisava de financiamento, mas os fundadores sabiam que o patrocínio da indústria alimentícia poderia implicar risco para a reputação. Alguns acreditavam que o risco valeria a pena. Outros, não.

George Briggs, por exemplo, professor do então recém-criado Departamento de Ciências Nutricionais da Universidade da Califórnia, fez parte do conselho da Fundação de Nutrição, financiada pela indústria. Temia que, se o novo jornal fosse "patrocinado direta e exclusivamente pela Fundação de Nutrição, o forte grupo californiano ligado a dietas continuaria a reclamar em alto e bom som que a 'poderosa indústria alimentícia' está por trás do empreendimento e tem pouca ou nenhuma preocupação com o consumidor final".[278] A fundação, portanto, fez apenas uma pequena contribuição para o periódico. Na verdade, estava mais interessada em pesquisa do que em educação. Como recordou Joan Gussow, ex-presidente da Sociedade de Educação Nutricional, os cientistas de nutrição tendiam a ver os membros da organização como "marginais radicais" cujas recomendações dietéticas eram insuficientemente baseadas em evidências.

O conselho da sociedade buscou doações da indústria, mas havia pouco interesse em investir em um grupo que recomendaria ao público evitar alimentos processados, salgadinhos e bebidas açucaradas. Em 1979, Joan Gussow manifestou isso publicamente. As corporações gostariam que esses profissionais fornecessem informações sobre os nutrientes dos produtos para que os consumidores fizessem a conta e descobrissem por si mesmos como atender às próprias necessidades: "é claro que não há a mais remota possibilidade de que o consumidor médio — categoria que inclui crianças, analfabetos, incapazes de fazer equações e assim por diante — faça isso".[279]

De acordo com a ex-presidente, os objetivos das empresas alimentícias e dos educadores de nutrição são inerentemente incompatíveis: "o objetivo final de qualquer empresa é vender produtos. Nos países ricos, muito do que o educador provavelmente ensina é restrição, e não consumo de produtos alimentícios altamente processados, dos quais os fabricantes obtêm o maior lucro".[280] A figura 9.1 ilustra esse problema.

No final dos anos 1970, a sociedade tinha cerca de cinco mil membros. Muitos deles trabalhavam para empresas alimentícias. Nos comitês e nas reuniões anuais, as opiniões divergentes sobre patrocínio levaram a discussões calorosas e ameaçaram cindir o grupo. Quando o McDonald's produziu um vídeo e quis que a sociedade o copatrocinasse, alguns membros do conselho votaram sim, mas outros ficaram horrorizados. Em 1978, o conselho aceitou uma doação supostamente sem compromisso da indústria de batatas para uma campanha de promoção e inclusão de batatas fritas em máquinas de venda no ambiente escolar. Incidentes como esse levaram ao que Joan Gussow chama de guerra aberta nas reuniões — nutricionistas que favoreciam os laços com as empresas alimentícias encaravam quaisquer críticas à iniciativa como anticapitalistas e inaceitáveis. Quando participei das reuniões pela primeira vez, nos anos 1980, esses embates eram comuns.

A atual Sociedade de Educação e Comportamento Nutricional (o termo "comportamento" foi acrescentado em 2012) tem um quinto do tamanho que chegou a apresentar e lista apenas quatro patrocinadores da indústria alimentícia: Instituto Americano de Alimentos Congelados, Aliança de Alimentos Enlatados, Conselho de Laticínios da Califórnia e Centro de Nutrição do

Ovo / Conselho Americano do Ovo. Em 2014, ainda para tentar acomodar argumentos em prol de doações, a sociedade desenvolveu uma política de aceitação do financiamento externo. O documento exige que o dinheiro provenha de fontes diversas, esteja alinhado à missão da sociedade e sirva aos interesses do doador e do favorecido. Além disso, o doador deve concordar que a aceitação dos fundos não implica endosso dele mesmo, da sua missão, dos seus produtos e dos seus serviços.[281]

Essa política divide as empresas alimentícias em duas categorias: as que produzem "alimentos bons" e aceitáveis *versus* as que não o fazem. Não há definição dos critérios de aceitabilidade. Fiquei sabendo, entretanto, que a sociedade tem uma longa lista de empresas das quais tem buscado doações ativamente. Os alimentos enlatados e os laticínios estão na categoria dos "alimentos bons", mas o padrão geral de classificação é obscuro. As empresas que patrocinaram a reunião anual de 2017 foram Wegmans (rede de supermercados), Sorghum (programa de *checkoff* do sorgo), Chobani (fabricante de iogurtes), Nestlé, que organizou um almoço de refeições congeladas, e Nescafé. O guia da programação assinalou as sessões patrocinadas com os respectivos logotipos corporativos.

O compromisso atual da sociedade — aceitar o financiamento de algumas empresas, mas não de todas — não deixa de significar apoio a todo o portfólio dos patrocinadores. Na Nestlé, temos barras de chocolate, sorvetes e bebidas lácteas para crianças. Quanto a laticínios e alimentos enlatados, alguns membros — veganos ou preocupados com gordura saturada e bem-estar animal — preferem que os alimentos lácteos não sejam consumidos, e outros se sentem desconfortáveis com sal adicionado ou com o possível vazamento de contaminantes químicos em alimentos enlatados. A divisão dos alimentos entre "bons" e "ruins", portanto, é um caminho escorregadio. Oferecer endosso a certos produtos, mesmo que "saudáveis", não tem um significado de fato para a saúde: a proposta central é marketing puro e simples.

Lutas atuais

Até 2012, a Academia de Nutrição e Dietética se chamava Associação Dietética Americana. Foi fundada em 1917 e lançou um jornal em 1925 — ambos permanecem fortes. Muitos membros da academia trabalham para empresas alimentícias ou apoiam os objetivos apresentados por elas, mas, nos últimos anos, a organização e esses membros têm sido criticados pela aparente disposição para promover produtos com benefícios questionáveis.

Na esteira do colapso da Rede Global de Balanço Energético, por exemplo, dentre os especialistas pagos pela Coca-Cola, a maioria era de nutricionistas. Alguns deles promoveram as latas pequenas do refrigerante como um lanche saudável. Em 2015, a corporação encerrou a parceria com a Academia de Nutrição e Dietética.[282] Apesar de terem participado por muitos anos da conferência anual da academia, a Coca-Cola e o McDonald's desapareceram em 2016. E depois que as reportagens de Candice Choi para a *Associated Press* expuseram o recrutamento de membros da academia para se oporem nas redes sociais à cobrança de impostos sobre refrigerantes, a Associação Americana de Bebidas também encerrou o patrocínio.[283]

Um mês depois, contudo, Choi informou que a Kellogg's pagava a profissionais uma média de treze mil dólares por ano para que usassem as redes sociais na promoção dos cereais da marca. Explicou que o Conselho do Café da Manhã "habilmente apagou a linha entre a promoção de cereais e a orientação nutricional isenta. A empresa usou o Conselho de Café da Manhã para ministrar aulas de educação continuada para nutricionistas, publicar um trabalho acadêmico sobre os benefícios do consumo de cereais matinais e tentar influenciar o Guia Alimentar [dos Estados Unidos]".[284]

A missão declarada da academia é melhorar a saúde da nação e promover a profissão dietética por meio de pesquisa, educação e defesa de direitos. Explicitamente, se engaja na política: "como líder em questões de alimentação e nutrição, a Academia de Nutrição e Dietética fornece depoimentos de especialistas para audiências e *lobbies* [285] do Congresso norte-americano e de outros órgãos governamentais, comenta as propostas dos regulamentos federais e estaduais e se posiciona sobre questões críticas de alimentação e nutrição." Em 2002, no livro *Food Politics*, escrevi que a posição do grupo sobre questões de alimentação costuma ser mais favorável aos interesses dos patrocinadores do que à saúde. Às vezes, ao que parece, ainda é assim.

No início dos anos 1980, a academia começou a buscar o patrocínio corporativo.[286] Em meados da década de 1990, repórteres observaram que a dependência em relação a esse financiamento implicava que "eles nunca criticariam a indústria alimentícia".[287] Com um número tão grande de membros que são profissionais de nutrição e, portanto, fazem recomendações sobre dieta e saúde para o público, é compreensível que as empresas alimentícias queiram capturar a academia. A lista de patrocinadores corporativos de 2018, no entanto, é surpreendentemente pequena (tabela 10.1) e, como resultado da crítica pública e das pressões dos membros para acabar com as políticas de patrocínio, tem ficado cada vez menor.

A organização reconhece os riscos para a reputação: "nas relações com organizações empresariais, a Academia de Nutrição e Dietética está consciente da necessidade de evitar a percepção de conflito de interesses e sempre agir de forma a aumentar a credibilidade e o reconhecimento profissional. Não autoriza, portanto, o uso comercial de nome e logotipo que diminua esse valor ou prejudique essa reputação". Como, porém, nem sempre adere às políticas declaradas, a organização teve problemas com a imprensa e com alguns dos associados.

Tabela 9.1 — Patrocinadores corporativos da Academia de Nutrição e Dietética (2018)

Patrocinador nacional
  Conselho Nacional de Laticínios

Apoiadores da conferência de 2017
  Produtores Americanos de Pistache
  Empresa de sopa Campbell
  Ingredion
  Lentils.org
  Proteína Premier
  Adoçantes Splenda
  Produtores Sunsweet
  A2 Milk Company

Nota: Os níveis de contribuição por categoria não foram divulgados.

O apoio a um produto da Kraft é um bom exemplo. Embora o fiasco do Smart Choices devesse ter ensinado às sociedades de nutrição que um selo de aprovação simboliza endosso, a academia se envolveu em outro projeto desse tipo. Em 2015, desenvolveu o programa de rotulagem Crianças Comem Direito. Qual foi o primeiro produto qualificado a receber o selo? Kraft Singles, marca de "queijo" em fatias — sim, "queijo" entre aspas, porque são fatias, mas não são feitas de queijo. É um "produto de queijo preparado e pasteurizado" com uma lista de ingredientes tão longa que levou um repórter a dizer: "parece um romance".[288] A Academia de Nutrição e Dietética defendeu o Kraft Singles como fonte de vitamina D e cálcio. A exposição dessa parceria no *The New York Times* deu a última palavra ao dietista Andy Bellatti: "não surpreende que uma organização que esteve sob ataque por tantos anos devido a relações com empresas de alimentos escolha outra coisa que não um produto de queijo ultraprocessado para seu primeiro endosso".[289]

Endosso? O relato do *The New York Times* observou que, embora "a Academia de Nutrição e Dietética tenha enfaticamente negado que o selo é um endosso, a própria Kraft Singles disse ao jornal que era a primeira vez que a mesma endossava um produto". A academia, entretanto, insistiu que, "ao contrário dos recentes relatórios publicados, a Fundação da Academia de Nutrição e Dietética não endossa produtos, marcas e serviços. O logotipo na embalagem da Kraft Singles identifica a marca como apoiadora orgulhosa do programa Crianças Comem Direito".[290] Para qualquer pessoa de fora da academia, no entanto, o logotipo Crianças Comem Direito foi um endosso. O comediante Jon Stewart certamente pensou isso e apontou que a Kraft não estava legalmente autorizada a chamar o produto de queijo: "a Academia de Nutrição e Dietética é uma academia da mesma forma que [Kraft Singles] é um queijo".[291]

Constrangidos, os membros da academia protestaram. Duas semanas depois, a empresa abandonou o logotipo e pôs fim ao "clássico caso corporativo de relações públicas que deu terrivelmente errado".[292] A academia aprendeu com esse incidente? Aparentemente, não o suficiente, a julgar pelos laços financeiros com empresas alimentícias, especialmente as que expõem na Conferência Anual de Alimentação e Nutrição.

Faz muitos anos que não vou a esse encontro, mas não me esqueço dos inúmeros estandes de empresas alimentícias cercados por participantes que coletavam ansiosamente amostras grátis. Peguei minha cota e fui embora com duas sacolas de compras cheias do que gosto de chamar de "ultraprocessados dietéticos", ou seja, ultraprocessados comercializados como nutritivos ou saudáveis. Isso não mudou. Em 2016, minha colega da Universidade de Nova York, Lisa Sasson, enviou um e-mail sobre o evento para anunciar o "prêmio anual para os produtos mais ultrajantes". O vencedor foi... SweetARTS Mini Gummy Bites, doce com 24 gramas de açúcar dividido em vinte pedaços minúsculos — mas sem cores ou sabores artificiais. É feito pela Nestlé e exibe um selo que indica que "desfrutar docinhos com moderação pode fazer parte de uma dieta balanceada e de um estilo de vida ativo". Na verdade, pode, mas, sejam as cores e os sabores naturais ou não, doce é doce.

Os repórteres gostaram das palestras de 2016. Quem não gostaria? Sheila Kaplan, do site *Stat News*, iniciou sua coluna com uma declaração da Associação do Açúcar: "fazemos comida com muitas vitaminas e minerais de bom gosto!" e "porque é totalmente natural, você pode consumir [açúcar] com confiança".[293] Candice Choi tuitou uma foto de um panfleto: "sugestão da Associação do Açúcar para agradar os comedores exigentes: antes de cozinhar vegetais, pulverize um pouco de açúcar sobre eles". Na coluna intitulada "Os fabricantes de doces e refrigerantes podem participar de uma conferência de nutrição?", a repórter citou Lucille Beseler, presidente da academia e defensora da participação da Associação do Açúcar: "os membros da academia sabem a diferença entre marketing e ciência, e usam o julgamento profissional para avaliar os produtos e o programa dos expositores".[294]

Sobre os itens gratuitos distribuídos no evento, Lucille Beseler disse: "não tenho a mente tão fraca a ponto de tomar uma decisão baseada no recebimento de uma caneta". Andy Bellatti, então, comentou: "realmente, desejamos que o tópico da influência corporativa seja abordado pela academia com a maior consciência, curiosidade e compreensão sobre como nós, enquanto classe profissional, podemos reconhecê-la e melhorar nossas ações para elevar a credencial de nutricionista registrado. Não se trata de 'mente fraca', mas de forças sistêmicas maiores. Fingir que elas não existem não as fará desaparecer".[295]

Em 2017, a lista alfabética de expositores era tão longa que desisti de contá-los quando cheguei a cem, apesar de ainda estar na letra C. Chequei se a Coca-Cola e o McDonald's estavam presentes, mas não estavam. A Associação do Açúcar e a PepsiCo, porém, haviam voltado a expor. Apesar disso, em função da turbulência dos patrocínios, a exposição foi um pouco menos ostensiva do que as anteriores.

Essa turbulência data de 2013, quando Michele Simon publicou a investigação sobre as relações da academia com as empresas alimentícias com o subtítulo-pergunta: "Os profissionais de nutrição da América estão sujeitos à *Big Food*?".[296] O relatório detalhou os laços financeiros da organização com fabricantes de alimentos cujos benefícios para a saúde são questionáveis. Michele Simon listou as taxas pagas pelas corporações para expor nas reuniões anuais (de quinze mil a cinquenta mil dólares), o patrocínio das atividades educacionais pelas quais os nutricionistas recebem créditos de educação continuada ("a melhor educação nutricional que o dinheiro pode comprar"), a frequente falta de divulgação dos laços com a indústria por parte dos oradores das conferências e a crescente preocupação dos membros.

O relatório suscitou ampla atenção da imprensa e um comentário desdenhoso do presidente da academia à época, Ethan Bergman: "como membros de uma organização baseada na ciência, encorajo vocês a não levar em conta todas as informações que ouvem, a sempre considerar a fonte (nesse caso, uma defensora que demonstrou predisposição para encontrar falhas na academia) e apegar-se aos fatos".[297] Assim como eu, Michele Simon não é membro da Academia de Nutrição e Dietética. Outros dissidentes, porém, como Andy Bellatti, são membros credenciados.

Andy Bellatti e seus colegas estabeleceram uma organização própria — Dietistas pela Integridade Profissional — para pressionar a academia a acabar com os patrocínios corporativos inapropriados. Bellatti é nutricionista e obteve mestrado em nutrição clínica na Universidade de Nova York. Em um e-mail, explicou que, em 2013, articularam-se como resposta ao relatório de Michele Simon e à embaraçosa cobertura da imprensa sobre os laços da academia com a indústria: "como crítico desses laços, vi uma importante oportunidade para mobilizar os nutricionistas que pensam da mesma maneira e criar um movimento pela mudança na política de patrocínio".

Os Dietistas pela Integridade Profissional têm feito um grande progresso. O site explica que todos os movimentos sociais de sucesso "começaram com um grupo de pessoas que expressaram insatisfação com o *statu quo* na esperança de mobilizar os outros. Acreditamos que a *Big Food* tem uma missão diferente da missão de uma organização de saúde". A página fornece elementos para mobilização e guias para prevenção de conflito de interesses. Em 2013, produziu um relatório sobre os conflitos de interesses da Academia de Nutrição e Dietética, começando com as sacolas impressas com o nome dos patrocinadores e continuando com as doações da indústria, os materiais "educativos", as declarações e a proibição recente de fotografar — presumivelmente, para eliminar a possibilidade de imagens que expusessem os organizadores do evento.[298] O grupo de Bellatti confrontou a alegação de que rejeitar patrocínios provocaria uma perda de receita. Como a academia é muito grande, eles calcularam que a eliminação desse financiamento custaria aos membros um adicional de oito dólares por ano — as estimativas oficiais são maiores.

Perguntei a Bellatti se consegue dimensionar o impacto de suas atividades. Para ele, o fundamental é aumentar a conscientização, pois "muitos membros da Academia de Nutrição e Dietética não estão familiarizados com várias repercussões e consequências do patrocínio corporativo". A partir do início dos anos 1990, a organização consistentemente refutou a necessidade de debater o problema do patrocínio. A pressão, todavia, finalmente tornou inexorável abrir a discussão.

Os Dietistas pela Integridade Profissional têm mantido a questão em pauta, o que torna difícil ignorar o problema. Andy

Bellatti gostou de saber que nutricionistas que não são da organização foram responsáveis por uma petição para a revogação do selo do Kraft Singles: "ficamos emocionados. [A Academia de Nutrição e Dietética] não pode mais dizer que as preocupações com patrocínio são 'periféricas'". Em 2017, pela primeira vez, a academia perguntou aos participantes do encontro quais produtos julgavam apropriado exibir.

A organização de Bellatti forçou a academia a, pelo menos, lidar com os efeitos dos patrocínios e com os problemas causados pelos laços com a indústria alimentícia. A academia ainda pode tropeçar nas negociações, mas percorreu um longo caminho. Houve uma mudança no lema da "Dieta Total", que proclamava que "todos os alimentos podem se encaixar" e que "não há alimento bom ou ruim", ou seja, a ênfase na ideia de que os nutricionistas nunca deveriam recomendar comer menos de um produto ou de uma categoria alimentícia.[299] As políticas atuais repudiam essa mensagem, principalmente na teoria — na prática, nem sempre é assim.

Durante anos, o código de ética da academia abordou o patrocínio da indústria alimentícia de forma pouco clara: "o praticante de dietética está alerta para situações que podem causar conflito de interesses, garante divulgação completa e não promove ou endossa produtos de maneira falsa ou enganosa".[300] Em 2002, o presidente da academia prometeu enfrentar a questão da "influência real ou percebida da indústria no conteúdo das mensagens da organização".[301] Quatro anos depois, porém, o comitê de ética sustentou que as políticas existentes "eram escrupulosamente praticadas e aplicadas e deveriam acalmar quaisquer preocupações públicas sobre potenciais conflitos de interesses que prejudicassem a integridade da pesquisa e da prática dietética".[302]

Em 2014, talvez em resposta ao relatório de Michele Simon e às pressões internas da organização de Bellatti e de outros membros, a academia nomeou a Força-Tarefa Consultiva de Patrocínio.

Em 2015, a liderança da academia considerou o financimento corporativo uma "mega questão" e organizou uma reunião de cúpula na qual os representantes debateram problemas como transparência, confidencialidade e legalidade. O relatório da força-tarefa concluiu que as questões sobre conflito de interesses haviam se "transformado em prioridade para os membros devido a uma decisão de patrocínio específica" — referência ao episódio da Kraft Singles. Nas entrelinhas, o documento revelou as sérias disputas dentro da organização sobre as implicações dos laços com o setor privado.

A força-tarefa ficou dividida — alguns membros não queriam nenhum patrocínio da indústria e outros acreditavam que restrições de qualquer tipo eram desnecessárias e contraproducentes. O caminho do meio foi a recomendação de que se aceitasse patrocínio de empresas com produtos alinhados aos princípios de visão, missão e integridade científica da academia. Definiu-se que não se deve conceder selos positivos a nenhum produto. No início de 2016, como iniciativa-piloto, a diretoria aprovou as recomendações com uma alteração-chave: os produtos dos patrocinadores precisariam "alinhar-se de maneira ampla" à missão e aos princípios da academia, o que deixou uma considerável margem de manobra.[303] O site explica a política e a justifica: "a Academia de Nutrição e Dietética é transparente acerca do programa de patrocínio e, de forma alguma, adapta mensagens ou programas a financiadores corporativos. Como faz para organizações sem fins lucrativos e associações de todo o país, o patrocínio permite o desenvolvimento de conscientização. Assim, construímos e mantemos nossa reputação com atenção escrupulosa aos fatos, à ciência e à honestidade".

Essa declaração sugere que a liderança da academia deseja que o patrocínio da indústria alimentícia continue e, apesar da experiência, espera que a "atenção escrupulosa aos fatos, à ciência e à honestidade" proteja a reputação que ela tem a zelar.

A carta do presidente da academia aos membros, anunciando a política de patrocínio, tinha vários documentos anexos, dentre os quais as diretrizes da força-tarefa para estimar os riscos e os benefícios do patrocínio por empresas específicas e uma ficha de pontuação para classificar as corporações no alinhamento com a missão da academia. Havia ainda um conjunto de padrões de nutrientes para comercialização de alimentos para crianças e promoção geral da saúde. Um desses padrões diz que "a entidade patrocinadora deve melhorar a nutrição ou o estado de saúde da população em geral ou dos mercados-alvo especificados". As diretrizes da força-tarefa impedem o patrocínio de fabricantes de produtos alimentícios com sal ou açúcar adicionados acima do limite, mas a Associação do Açúcar teve estandes nas reuniões anuais em 2016 e 2017. Por razões não publicamente explicadas, a academia deve ter aberto uma exceção. Uma coisa é ter política, outra, implementá-la.

A carta do presidente incluiu documentos adicionais da equipe da academia e da fundação, estimando o impacto financeiro das recomendações da força-tarefa. Dentre esses documentos, há análises complexas sobre o que seria necessário para substituir o atual 1,3 milhão de dólares de patrocínio — média de 17,17 dólares por membro, o dobro da estimativa feita pelo grupo independente de Bellatti. Segundo o relatório, isso teria efeitos terríveis: "a última vez que a academia elevou as taxas além da inflação, perdeu 7% dos membros". A projeção levou em conta reduções em compra de livros, inscrição nos programas de educação profissional continuada, taxas para participação na exposição e receitas gerais de publicidade e renovação: "a questão de substituição da receita do patrocínio por aumento de anuidade é complexa e requer uma abordagem equilibrada para alcançar um resultado aceitável para viabilidade da academia e da profissão a longo prazo". A análise produzida implicou que, sem o financiamento corporativo, a fundação terá de parar de conceder bolsas de estudo.

A política temporariamente aprovada — aceitar o patrocínio de produtores de "alimentos bons", mas rejeitar o financiamento de produtores de "alimentos ruins" — pode parecer razoável, mas o diabo está nos detalhes. Enquanto continuar a aceitar o financiamento de fabricantes de ultraprocessados, questões sobre a integridade profissional da academia e de seus membros continuarão a ser levantadas.

Nem a academia nem seus membros gostam de lidar com esses problemas. Sei disso porque, sempre que converso ou escrevo sobre patrocínio, sou alvo de objeções à ideia de que os patrocinadores podem influenciar a opinião ou a ação profissional. Os integrantes dizem que o destaque dado à academia é injusto, pois outras sociedades de nutrição fazem o mesmo ou pior, e que não sou suficientemente compreensiva com o fato de que, concordem ou não com as políticas adotadas, eles precisam continuar a ser associados.

Todos os que pertencemos a sociedades de nutrição por razões profissionais enfrentamos o problema de, às vezes, discordar das políticas. Os profissionais de nutrição são humanos, e nós, humanos, acreditamos que somos imunes à influência de patrocínio. Premeditadamente ou não, as sociedades de nutrição endossam os produtos dos patrocinadores. Quando, por exemplo, a academia permite que a Associação do Açúcar exponha na reunião anual, pode ser constrangedor recomendar ao público a redução do consumo de açúcar. Essa é uma situação que dá a entender um conflito de interesses e leva à perda de confiança — e, às vezes, à ridicularização.

O patrocínio de empresas alimentícias a sociedades profissionais cria dilemas difíceis para os membros. Cada um deve encontrar um caminho para lidar com eles. Teríamos mais facilidade para negociar esses dilemas se nossas associações estabelecessem padrões éticos mais elevados para as relações com as empresas alimentícias, e políticas mais fortes. O que as sociedades profissionais fazem é realmente importante, não apenas nos Estados Unidos, mas em todo o mundo.

10.
Justificativas, fundamentos e desculpas — todos estão em conflito?

Até aqui abordei o propósito e as consequências do patrocínio da indústria alimentícia. Agora, porém, é o momento de cumprir a promessa deste livro, rebatendo as objeções de que tal financiamento é essencial, não traz grandes problemas e não requer atenção especial. Médicos especializados em ética observam que as respostas às perguntas sobre o patrocínio empresarial geralmente se dividem em duas categorias: alguns profissionais (como eu) entendem que os conflitos financeiros são problemáticos demais para serem ignorados, enquanto outros entendem que qualquer intervenção é desnecessária e causa mais mal do que bem. Segundo os médicos, esses pontos de vista diversos acompanham de perto as ideias gerais de como as sociedades humanas devem ser gerenciadas — se as forças do mercado precisam ser reguladas ou incentivadas, por exemplo.[304] Com essa observação em mente, vejamos os principais argumentos usados para justificar a aceitação do financiamento. Alguns são fundamentados na realidade, outros contêm grãos de verdade e outros representam uma linha de raciocínio que contradiz o grande corpo de evidências empíricas sobre a influência que presentes exercem no comportamento humano.

Começo com a realidade do ambiente de pesquisa, que é extremamente competitivo. Nomeações, promoções, estabilidade e progresso na carreira dependem de bolsas, publicações em periódicos de prestígio e reconhecimento nacional e internacional. As universidades esperam que o corpo docente obtenha subsídios para pagar por suprimentos de pesquisa, equipamentos e salários de técnicos, e bolsas para estudantes de pós-graduação e pós-doutorado. Além disso, é esperado que, cada vez mais, os docentes arrecadem parte ou a totalidade do próprio salário. Uma professora de nutrição de uma grande universidade estadual, que pediu para ter o nome preservado, explicou que a instituição na qual trabalha normalmente paga apenas de 10% a 40% dos salários docentes, com a expectativa de que os profissionais obtenham o restante por meio de doações. Ela insistiu que, se não precisassem, os professores não pediriam financiamento às empresas alimentícias: "é um sistema de alta pressão que, com os cortes de financiamento científico do atual governo e o aumento do poder da indústria, tem piorado".

Até pouco tempo, as agências governamentais financiavam cerca de metade de toda a pesquisa sobre alimentação, nutrição e agricultura. Em 2013, porém, a indústria e as fundações responderam por 70% das pesquisas relacionadas a alimentos. Essa mudança ocorreu como resultado de duas tendências simultâneas: declínio do financiamento federal e aumento acentuado do financiamento privado, que se consolidou no início do século XXI.[305]

As universidades incentivam ativamente as parcerias. Na faculdade de medicina da instituição em que trabalho, por exemplo, há um escritório que facilita o "desenvolvimento comercial de produtos para beneficiar o público e fornecer recursos à universidade para apoiar suas missões de pesquisa, educação e atendimento ao paciente". A Universidade do Colorado, antiga sede da Rede Global de Balanço Energético, diz que "tem uma longa história de parceria com a indústria e tem dado atenção à expansão dessas parcerias". Em 2016, quando eu era bolsista convidada na Universidade de Sydney, o vice-reitor anunciou o seguinte plano estratégico: "a fim de garantir que nosso trabalho seja relevante e impactante, precisamos nos engajar mais com a comunidade, a indústria e os negócios". A doação — e as consequências — do patrocínio da Coca-Cola para a Rede Global de Balanço Energético é mais fácil de entender no contexto das mensagens dúbias que as universidades enviam aos professores: pegue o dinheiro, mas mantenha altos padrões éticos.

Se o governo e a indústria pagassem pelos mesmos tipos de pesquisa, a fatia crescente de patrocínio empresarial não seria tão relevante. Eles, porém, não o fazem. Como vimos, na maioria das vezes o financiamento privado favorece projetos voltados para o desenvolvimento e a defesa de produtos — ou qualquer outra estratégia de marketing. O apoio à pesquisa básica fica a cargo do governo ou de fundações. Estima-se que 80% dos fundos de pesquisa da indústria se destinem a desenvolvimento de produtos e apenas 20% apoiem as pesquisas básicas e aplicadas. No plano federal, é exatamente o contrário — 80% é destinado à pesquisa básica.[306]

As prioridades de nutrição do governo, é claro, são os estudos sobre a obesidade e suas consequências, que exercem o maior impacto sobre a saúde pública. Isso, porém, implica que há menos recursos para os estudos sobre os efeitos e a composição de alimentos específicos, e outras áreas da ciência nutricional básica. O orçamento federal agrícola de 2014 determinou que a Fundação para Pesquisa de Alimentos e Agricultura ajudasse a pagar por estudos em áreas-chave, incluindo nutrição e saúde. O Congresso dos Estados Unidos concedeu duzentos milhões de dólares para a fundação com a condição de que obtivesse um montante equivalente em outras fontes. Esse valor provavelmente teria de proceder da indústria, o que explica por que o conselho de administração e o conselho consultivo da fundação incluem representantes de Kellogg's, PepsiCo e Cargill, entre outras.[307]

As parcerias com a indústria são encorajadas até mesmo pelo Departamento de Agricultura: "o Serviço Agrícola de Pesquisa incentiva os cientistas a buscar financiamento externo, que é apropriado para promover os objetivos científicos e fortalecer as parcerias com as partes interessadas". Para isso, são fechados acordos de cooperação com universidades, empresas alimentícias e associações comerciais. Exige-se que a entidade colaboradora contribua com pelo menos 20% e não mais do que 50% do financiamento total de um projeto na forma de salários, recursos materiais ou apoio financeiro.[308]

O Departamento de Agricultura publica as listas dos muitos projetos copatrocinados, mas sem identificar a empresa envolvida. Para descobri-la, verifiquei os relatórios anuais da agência, que citam algumas publicações resultantes desse processo. A maioria dos parceiros são universidades, porém alguns poucos são empresas alimentícias. Estas últimas demonstram que ter o órgão público como um cofinanciador não altera o resultado típico dos estudos custeados pela indústria — a maioria deles favorece os interesses do patrocinador. A tabela 10.1 fornece alguns exemplos.

Para as empresas alimentícias, as parcerias fazem sentido. O Departamento de Agricultura arca com uma fatia grande dos custos. E os resultados favoráveis da pesquisa parecem ser ainda mais confiáveis quando associados a um órgão público. O principal autor de estudos sobre abacate, pera e arroz foi Victor Fulgoni, cuja consultoria, como mencionei anteriormente, ajuda as empresas alimentícias a obter "alegações agressivas e baseadas na ciência" em favor dos produtos que comercializam.

Não parece que o Departamento de Agricultura esteja preocupado com o fato de que tais parcerias sirvam aos interesses da indústria e não à saúde pública. Na verdade, alega-se que, muitas vezes, o financiamento empresarial impulsiona a agenda de pesquisa. De outra forma, eles não fariam os tipos de estudo que as parcerias do setor privado exigem. Quanto à credibilidade, crianças podem acreditar que o patrocínio não tem influência sobre a ação ou a opinião profissional, mas pelo menos alguns adultos sabem que o reconhecimento de que uma empresa alimentícia patrocinou um estudo é suficiente para diminuir a confiança nos resultados do mesmo — seja ou não copatrocinado por uma agência governamental, por um grupo sem fins lucrativos ou por ambos.[309]

Para ser justa, os estudos cofinanciados pelo Departamento de Agricultura em conjunto com empresas alimentícias às vezes produzem resultados desfavoráveis aos interesses do patrocinador. A pesquisa do mel *versus* açúcar, que vimos no capítulo 3, por exemplo, foi apoiada pelo Conselho Nacional do Mel. Um periódico respeitável publicou o resultado. Outra revista publicou a conclusão igualmente indesejável de um projeto bancado por uma iniciativa da área de laticínios. O teste clínico concluiu que as dietas ricas em gorduras saturadas (de laticínios e outros alimentos) elevavam os fatores de risco relacionados a doenças cardiovasculares.[310]

Tabela 10.1 — Exemplos de estudos com resultados favoráveis financiados por meio de acordos cooperativos com o Serviço de Pesquisa Agrícola do USDA (2014 a 2018)

Alimento ou ingrediente	Resultado	Empresa alimentícia copatrocinadora
Abacate	Melhora da ingestão dietética e do peso[a]	Conselho do Abacate Hass
Blueberry	Melhora da cognição de idosos[b]	Conselho Americano da Blueberry Silvestre
Ovo	Efeitos inconclusivos sobre doenças cardíacas[c]	Conselho Americano do Ovo Centro de Nutrição do Ovo
Pera	Melhora da qualidade da dieta e redução da obesidade[d]	Serviço de Peras do Noroeste
Arroz	Melhora da ingestão de nutrientes[e]	Federação Americana do Arroz
Salmão cultivado	Redução do risco de doença cardiovascular[f]	Cooke Aquaculture (Canadá)
Nozes	Calorias superestimadas[g]	Comissão de Nozes da Califórnia

Fontes da tabela

a. O'NEIL, C. E.; NICKLAS, T. A.; FULGONI, V. L. "Avocado consumption by adults is associated with better nutrient intake, diet quality, and some measures of adiposity: National Health and Nutrition Examination Survey, 2001-2002". *Internal Medicine Review*, 2017, v. 3, n. 4, pp. 1-23.

b. MILLER, M. G.; HAMILTON, D. A.; JOSEPH, J. A.; SHUKITT-HALE, B. "Dietary blueberry improves cognition among older adults in a randomized, double-blind, placebo-controlled trial". *European Journal of Nutrition*, 2018, v. 57, n. 3, pp. 1169-80.

c. BERGER, S.; RAMEN, G.; VISHWANATHAN, R. et al. "Dietary cholesterol and cardiovascular disease: A systematic review and meta-analysis". *American Journal of Clinical Nutrition*, 2015, v. 102, n. 2, pp. 276-94.

d. O'NEIL, C. E.; NICKLAS, T. A.; FULGONI, V. L. "Fresh pear consumption is associated with better nutrient intake, diet quality, and weight parameters in adults: National Health and Nutrition Examination Survey 2001-2010". *Journal of Nutrition and Food Sciences*, 2015, n. 5, p. 377.

e. NICKLAS, T. A.; O'NEIL, C. E.; FULGONI, V. L. "Rice consumption is associated with better nutrient intake and diet quality in adults: National Health and Nutrition Examination Survey (NHANES) 2005-2010". *Journal of Nutrition and Food Sciences*, 2014, v. 5, pp. 525-32.

f. RAATZ, S. K.; JOHNSON, L. K.; ROSENBERGER, T. A. "Twice weekly intake of farmed Atlantic salmon (Salmo salar) positively influences lipoprotein concentration and particle size in overweight men and women". *Nutrition Research*, 2016, v. 36, n. 9, pp. 899-906.

g. BAER, D. J; GEBAUER, S. K.; NOVOTNY, J. A. "Walnuts consumed by healthy adults provide less available energy than predicted by the Atwater factors". *Journal of Nutrition*, 2016, v. 146, n. 1, pp. 9-13.

Uma explicação para os resultados favoráveis das análises financiadas pela indústria é que os periódicos profissionais não gostam de publicar estudos com conclusões negativas. Por um motivo óbvio: se uma hipótese não faz sentido, deixar de prová-la não é uma grande realização. Os estudos, portanto, devem ser — e são — rejeitados por pareceristas e editores. Mesmo quando uma hipótese faz sentido, porém, os periódicos tendem a publicar os estudos com resultados positivos em maior proporção.[311] Em uma troca de e-mails comigo, David Katz, diretor do Centro de Pesquisa de Prevenção Yale-Griffin, explicou que, nesse caso, a questão não tem a ver com quem paga pelo estudo: "fizemos o primeiro teste controlado por placebo de uma mistura intravenosa de nutrientes amplamente utilizados para tratar fibromialgia, financiado pelo Instituto Nacional de Saúde. Os métodos eram de última geração. Os resultados, no entanto, foram negativos. Foi quase impossível publicar o artigo e, por fim, nós nos contentamos com um periódico de menor repercussão. Independentemente da fonte de financiamento, é muito difícil publicar resultados negativos".

Quando os cientistas acreditam que precisam de resultados positivos para publicar em periódicos de prestígio, isso pode criar um viés para a pesquisa.[312] Porém, ao menos uma investigação conclui que o projeto do estudo é o fator mais importante. Quando estudos com resultados negativos são bem elaborados, com questões relevantes, testes rigorosos e interpretação justa dos resultados, têm tanta chance de publicação quanto aqueles com resultados positivos. Nesse sentido, a influência inconsciente seria uma explicação mais sólida. Esse ponto nos leva às várias justificativas para a valorização do financiamento da indústria. Todas ignoram o grande conjunto de comprovações sobre o poder de tal influência.

A cartela de bingo do conflito de interesses

As justificativas são tão reiteradas que Daniel Goldberg, professor de Ética em Saúde Pública da Universidade do Colorado, em Denver, considera-as dignas de sátira. Ele diz que elas "não sugerem nenhuma familiaridade com a substancial base de indícios sobre viés e o impacto deste no comportamento humano.

Em vez de apresentar argumentos repisados que, em grande parte, foram superados pelas evidências, qualquer tentativa razoável para justificar os relacionamentos profundos com a indústria deve começar justamente pelo reconhecimento das evidências".[313]

Goldberg deve ter sido particularmente instigado pela exposição da Rede Global de Balanço Energético no *The New York Times*, porque, no dia seguinte, tuitou a seguinte mensagem: "estou tão cansado das insípidas justificativas para os profundos conflitos de interesses que fiz o quadro #coiBingo [#bingodosconflitos-deinteresse]" (ver figura 10.1).

Embora eu tenha mencionado essas razões nos capítulos anteriores, algumas delas merecem mais ênfase ou um exame mais crítico. Já vimos que as expressões "o dinheiro não me influencia" e "o patrocinador não exerce influência" são contrapostas por evidências contrárias substanciais.

Os efeitos do financiamento são reais, mas, normalmente, ocorrem em um nível inconsciente.[314] Daniel Goldberg se desespera com a falta de reconhecimento desses efeitos. Isso é comprovado e os cientistas deveriam saber disso. No entanto, geralmente eles não sabem. Vejamos a única justificativa que eu também evoco: "é mais complexo do que isso". Esse raciocínio me dá a chance de dizer mais uma vez que o financiamento da indústria não necessariamente vicia a pesquisa ou a opinião. Enquanto trabalhava neste livro, conheci Susan Jebb, cientista de nutrição da Universidade de Oxford altamente respeitada que, às vezes, faz pesquisas financiadas por empresas. Quando o governo do Reino Unido a nomeou para liderar uma parceria com o setor privado para melhorar a saúde pública, a imprensa britânica criticou duramente as conexões dela com a indústria. O BMJ informou que, entre 2004 e 2015, ela havia realizado pelo menos dez projetos financiados por empresas, perfazendo um valor total de 1,37 milhão de libras [em torno de sete milhões

CARTELA DE BINGO DOS CONFLITOS DE INTERESSE

O PATROCÍNIO É NECESSÁRIO PORQUE PROPORCIONA OS MELHORES ESPECIALISTAS	NÃO DESCARTE O BEBÊ COM A ÁGUA DO BANHO	É APENAS UMA CANETA	OS CIENTISTAS CONTROLAM O TRABALHO	O PATROCINADOR NÃO EXERCE INFLUÊNCIA
É UM PRESENTE EDUCACIONAL	MEUS PACIENTES E OS DADOS SEMPRE TÊM A PRIMAZIA	A CIÊNCIA FALA POR SI MESMA	ESTAMOS NO CONTROLE	É MAIS FÁCIL TRABALHAR COM OS QUE SE OPÕEM À INDÚSTRIA
É MAIS COMPLEXO DO QUE ISSO	OS ESTUDOS SÃO DISPENDIOSOS	CREAM	NÃO É CORRUPTO	VOCÊ QUER IMPEDIR O PROGRESSO?
SOMOS TOTALMENTE TRANSPARENTES	O DINHEIRO NÃO ME INFLUENCIA	É APENAS UMA SUPERVISÃO	É APENAS UM RELACIONAMENTO DE CONSULTORIA	INOVAÇÃO
O GERENCIAMENTO É SUFICIENTE	A DIVULGAÇÃO É SUFICIENTE	NENHUMA EVIDÊNCIA DE CAUSA	COMO VOCÊ SE ATREVE?	A INTEGRIDADE CIENTÍFICA É TUDO PARA MIM

Figura 10.1 — A satírica cartela de bingo do conflito de interesses lista as justificativas comumente usadas para explicar os laços financeiros com a indústria. Essas justificativas ignoram o grande conjunto de pesquisas que demonstra a profunda influência do patrocínio empresarial no projeto, na interpretação e no resultado da pesquisa. A palavra "CREAM" ["creme", em inglês], no espaço livre no centro, significa "Cash Rules Everything Around Me" [O dinheiro domina tudo ao redor de mim]. Reproduzido de GOLDBERG, D. S., "COI bingo". BMJ, 2015, v. 351: h6577 © 2015, com a permissão do BMJ Publishing Group Ltd.

de reais]. Alguns dos financiadores eram parceiros do setor que haviam aderido ao "acordo de responsabilidade". O BMJ observou que ela foi uma das várias pesquisadoras de um teste clínico financiado pela Coca-Cola para descobrir se a bebida dietética que contém extrato de chá verde, fibras e cafeína promove perda de peso. O ensaio descobriu que não — raro exemplo de estudo financiado pela indústria com resultados desfavoráveis.[315] Qual é a justificativa de um estudo como esse? Susan Jebb explicou ao jornal:

> Pessoalmente, estou satisfeita porque isso foi testado por cientistas independentes e não pela própria empresa, e, agora, os resultados pertencem ao domínio público. Tudo o que faço — seja em minha pesquisa ou como coordenadora do "acordo de responsabilidade" — é para tentar melhorar a saúde pública. Creio que isso requer discussões com a indústria alimentícia, e que é apropriado que nós os encorajemos a investir em pesquisas conduzidas por cientistas independentes.[316]

Em um artigo publicado no *The Guardian*, a cientista argumentou sobre a distinção entre o financiamento industrial de pesquisas conduzidas por cientistas independentes e os pagamentos pessoais feitos a indivíduos por consultoria ou aconselhamento.[317] Essa distinção é válida? Susan Jebb pode ser um exemplo de cientista não influenciada pela fonte de financiamento. Para além da integridade pessoal, porém, o fato de ela ter aceito o financiamento da indústria parece envolver conflito de interesses. Injusto? Talvez. Complicado? Definitivamente. Com essa complexidade em mente, passemos para algumas outras razões.

"Não descarte o bebê com a água do banho" se refere à alegação de Susan Jebb de que o financiamento da indústria, pelo menos com as salvaguardas apropriadas, é um bem público — necessário, útil e sem efeitos indesejáveis. O fundador da Rede

Global de Balanço Energético, James Hill, diz que a indústria e a academia *devem* colaborar: "enquanto a academia é especializada na primeira parte do *continuum* — o objetivo da pesquisa, especificamente, a criação da hipótese de um estudo para melhorar a vida das pessoas —, a indústria é especializada na parte final — a implementação, avaliando, comercializando e vendendo os resultados para lucrar com a melhoria da vida das pessoas. Por trabalhar juntos nesse *continuum*, a academia e a indústria podem ajudar a alcançar a missão uma da outra".[318]

Outros concordam e sugerem que a expressão negativa "conflito de interesses" deve ser substituída pela mais branda "confluência de interesses".[319] Como o objetivo da pesquisa é beneficiar indivíduos e sociedade, essa lógica considera os pesquisadores, as universidades e a indústria como partes com objetivos comuns no mesmo sistema de pesquisa. David Katz, que frequentemente escreve sobre esses assuntos, sugere alguns poréns. Para garantir a confluência no lugar do conflito, as "regras do envolvimento da pesquisa devem ser aplicadas. Os pesquisadores devem ser autorizados a publicar os resultados favoráveis e os desfavoráveis aos interesses da empresa, devem ser autônomos, seus métodos devem ser protegidos de distorções e não pode haver toma-lá-dá-cá".[320]

Nos debates sobre o financiamento de pesquisa por parte da indústria, os defensores apontam para áreas básicas nas quais os interesses das empresas alimentícias se alinham aos interesses da saúde pública, como esforços para reduzir sal, açúcar e gordura em alimentos e a identificação dos benefícios de vitaminas e minerais. Talvez. Mas os objetivos inerentemente divergentes da saúde pública e da indústria dificultam esse alinhamento. Comprometidas, como devem ser, a maximizar seu valor acionário, as corporações tendem a empurrar a agenda de pesquisa na direção de estudos que provavelmente contribuam com lucros. E têm, portanto, muito menos interesse em financiar as pesquisas básicas iniciadas por um investigador.[321]

"Como você se atreve?" expressa a indignação que muitas vezes escuto de defensores do financiamento da indústria, que reagem a qualquer discussão como se fosse um ataque pessoal — *ad hominem*. Isso também tem uma história. Em 1993, quando muitas publicações médicas e científicas começaram a exigir a revelação dos conflitos de interesses, o epidemiologista de Harvard Kenneth Rothman acusou de macarthismo os editores, com base no "princípio de que uma obra deveria ser julgada apenas pelos próprios méritos. Ao enfatizar as credenciais, essas políticas promovem uma abordagem *ad hominem* para avaliar a ciência, refutando o direito dos cientistas honestos a um exame isento do trabalho que fazem".[322]

Nesse sentido, tenho um exemplo pessoal recente. Em resposta a um dos meus posts sobre os estudos financiados pela indústria, um leitor, identificado como "Ombudsman", publicou o seguinte comentário sarcástico: "todos nós temos uma dívida de gratidão para com a dra. Marion Nestle, professora da Universidade de Nova York, por abnegadamente fazer uma enorme quantidade de acusações sobre os conflitos de interesses, impugnando mais de quatrocentos colegas do campo da pesquisa nutricional. Ao fazê-lo, a informante corajosamente expõe as indesculpáveis falhas de pareceristas não nomeados de cerca de setenta artigos para garantir a ética profissional e a integridade científica".[323] Em seguida, o escritor anônimo listou o nome de 409 indivíduos cuja integridade alegadamente impugnei, mas cuja conexão com os cinco resumos de artigos postados ainda não consigo entender.

Sem dúvida, o "Ombudsman" concordaria com o pesquisador de obesidade David Allison, que revela um financiamento considerável das empresas alimentícias, mas o tem como cientificamente irrelevante: "quando julgamos a qualidade das evidências e, inclusive, quando julgamos a pesquisa pela fonte de financiamento adotada, devemos rejeitar o raciocínio *ad hominem*. Na ciência, três coisas são relevantes: os dados, os métodos que geram os dados e a lógica que conecta os dados às conclusões. Devemos fazer tudo o que pudermos para fortalecer o rigor e a transparência dessas três coisas. Qualquer concentração aos ataques *ad hominem* não é apenas incivilizado, como também não científico".[324]

A preocupação com os efeitos comprovados do financiamento da indústria é incivilizada, *ad hominem* e não científica? Creio que não. Apesar disso, levantam-se questões sobre um sistema no qual as empresas alimentícias deliberadamente envolvem o corpo docente de universidades nos objetivos de marketing e no qual as pesquisas tendenciosas, a perda de confiança, os conselhos enganosos e as influências indevidas são o resultado. Às vezes a indignação parece hipócrita. Considere, por exemplo, o editorial de 2017 assinado por dez pesquisadores que imploram a colegas cientistas que não promovam ataques *ad hominem*, argumentando que "há a visão comum — na verdade, quase universal — de que os que estão ligados a empresas com fins lucrativos têm conflitos de interesses, mas os empregados em instituições públicas ou acadêmicas, em geral, não têm". Eles insistem que "os críticos também devem ser obrigados a divulgar as próprias fontes financeiras e não financeiras com possível viés". Esses autores não revelaram os próprios vínculos.[325]

O corolário das preocupações com os ataques *ad hominem* diz que, para a ciência, a fonte de financiamento é irrelevante: "a ciência fala por si mesma" e "a integridade científica é tudo para mim". Jeffrey Drazen, editor do *New England Journal of Medicine*, apresentou o argumento "apenas a ciência importa" em um debate no *The New York Times*: "o projeto e a execução do experimento e o relatório aberto — e não quem paga pela pesquisa — levam à integridade da pesquisa. Devemos nos concentrar nesses fatores, e não nas fontes de apoio".[326] Um articulista diz no *The Guardian*: "o que é especialmente irritante é que a pergunta 'quem financiou isso?' — muitas vezes feita por pessoas com interesses pessoais — atrapalha as indagações razoáveis do público. 'O que realmente sabemos?' 'Os cientistas concordam com isso?' 'Esse é um estudo adequado?' 'Como posso saber isso?'."[327] De fato, essas questões são importantes, mas, nos estudos financiados pela indústria, a conduta da ciência raramente é um assunto tratado. Em suma, o argumento "ciência é ciência" confirma o ponto de vista da cartela de bingo: não reconhece as evidências de que o financiamento da indústria distorce a pesquisa e a opinião.

"Você quer impedir o progresso?" sugere que as tentativas para gerenciar os conflitos de interesses sufocam a inovação. Posso citar novamente David Katz sobre a discussão de confluência de interesses: "o desprezo despreocupado e indiferente pela pesquisa com financiamento da indústria é o desprezo por praticamente todos os avanços da farmacoterapia moderna, da imunização e da tecnologia médica — diariamente aplicadas para alívio das misérias e extensão de inúmeras vidas". Talvez, mas o financiamento não gerenciado da indústria cria riscos que podem superar os benefícios.[328]

Vieses não financeiros

Gostaria que Daniel Goldberg tivesse incluído um quadradinho a mais na cartela de bingo, dizendo: "os interesses não financeiros são tão tendenciosos quanto os interesses financeiros". É o que eu mais escuto. A exposição mais contundente dessa justificativa aparece em um comentário de Mark B. Cope e David Allison, pesquisadores da área de obesidade. Ambos revelam múltiplas conexões financeiras com empresas alimentícias, mas argumentam que as crenças intelectuais e ideológicas e o desejo de progresso na carreira são ainda mais influentes do que as fontes de financiamento. Crenças pessoais, segundo eles, alimentadas por indignação em relação a certos aspectos da indústria, constituem o que decidiram chamar de "chapéu branco", que definem como "distorção da informação a serviço de fins justos", ou seja, um estudo mal desenhado para chegar aos resultados desejados pelos pesquisadores.[329]

Sandro Galea, reitor da Escola de Saúde Pública da Universidade de Boston, descreve uma tipologia de conflitos não financeiros que inclui os planos de carreira e as crenças ideológicas, mas também os vieses baseados nas redes de relacionamento, ou seja, resultantes de compromissos com métodos específicos de pesquisa. Como exemplo, cita a epidemiologia nutricional: os cientistas desse campo "podem avançar na carreira publicando artigos que promovem os interesses da epidemiologia nutricional [...] com os pesquisadores tendo um incentivo para projetar, conduzir e publicar trabalhos que reforçam o que é normativo nessa rede de relacionamentos e tendo menor probabilidade de publicar trabalhos que não sejam assim".[330]

O estatístico de Stanford John Ioannidis afirma que os interesses não financeiros provocam preocupações quanto à integridade científica e que as crenças dos cientistas em teorias particulares ou nos próprios resultados da pesquisa — e a necessidade de doações ou progressão na carreira — distorcem as agendas.[331] Com relação à pesquisa nutricional, o estatístico vai mais longe, dizendo que a observação nutricional é tão sujeita a vieses ideológicos que os nutricionistas que escrevem sobre tais assuntos deveriam revelar seus pontos de vista acerca dos benefícios de "dieta vegana, dieta Atkins, dieta livre de glúten, dieta com altos níveis de proteína animal, marcas específicas de suplementos e assim por diante".[332] Em outras palavras, além da transparência financeira, John Ioannidis quer transparência sobre as dietas. Como qualquer pessoa que me conhece pode dizer, eu adoro comer, sou onívora e pratico o que prego: em grande parte, mas não exclusivamente, uma dieta baseada em vegetais que, ocasionalmente, inclui *junk food* e, mais vezes, inclui doces — com moderação, é claro.

Talvez em resposta a essas pressões, os periódicos da *Nature* anunciaram que, a partir de fevereiro de 2018, esperariam que os autores divulgassem os interesses financeiros e os interesses não financeiros envolvidos em seus estudos. Segundo o documento, a declaração deve incluir "uma variedade de relacionamentos pessoais e/ou profissionais com organizações e indivíduos que inclua membros de organizações governamentais, não governamentais, *advocacy* e *lobby*". Qual a justificativa para esse requisito? "A melhor maneira de manter a credibilidade é fazer divulgações transparentes que permitam aos leitores formar as próprias conclusões sobre o trabalho publicado."[333] Às vezes faço pareceres para a *Public Health Nutrition*. A publicação agora pede aos pareceristas para divulgar os interesses financeiros e os interesses não financeiros, os quais especifica como "relações pessoais, competições acadêmicas, vieses políticos, ideológicos, religiosos e científicos, e afiliações organizacionais e institucionais".

Para mim, essas divulgações não financeiras não fazem sentido. Na verdade, os objetivos de carreira, os interesses intelectuais, as visões políticas e as ideologias alimentares podem influenciar a pesquisa, mas vejo claras distinções entre esses fatores e o viés financeiro. O tal "chapéu branco" me parece uma defesa do financiamento da indústria e uma forma de lançar dúvidas sobre os efeitos dos comprovados conflitos financeiros. Na minha experiência, todos os pesquisadores — os bons, pelo menos — são apaixonados pela ciência. De fato, todos os bons cientistas querem obter subsídios, produzir resultados empolgantes, publicar em periódicos de prestígio, avançar na carreira, conquistar reconhecimento nacional e internacional e ter a satisfação de saber que o trabalho que realizam é uma contribuição valiosa para o conhecimento ou para a sociedade.

Quando eu era estudante de pós-graduação em biologia molecular na Universidade de Berkeley, resistir às pressões para produzir os resultados desejados era uma parte tão integral e insistente do treinamento que havia uma piada sobre o assunto: "nunca repita um experimento que tenha funcionado na primeira tentativa". Como estudantes, deveríamos ajudar uns aos outros a não perder o controle sobre alguma explicação alternativa para os resultados. Meu orientador de doutorado insistia para que eu repetisse incessantemente os experimentos antes que ele os aprovasse. Agora, entendo que esse sistema foi projetado para superar a tendência humana de favorecer as descobertas desejadas e ignorar as inconvenientes. A maioria dos cientistas está bem ciente do viés causado pela pressão para o sucesso, faz tudo o que pode para levá-lo em conta e declara as limitações dos estudos. As instituições gerenciam essa tendência humana com recomendações para revisão institucional, auditoria, educação e padrão ético.[334]

Posso pensar em três razões pelas quais os interesses financeiros merecem ser considerados em separado dos interesses não financeiros. Em primeiro lugar, os interesses não financeiros são intrínsecos ao empreendimento da pesquisa. Todos os cientistas querem demonstrar que as hipóteses que conceberam estão corretas. Todos querem avançar profissionalmente. É impossível eliminar as crenças e os objetivos pessoais, intelectuais e ideológicos, e ainda fazer ciência. Em contraste, evitar os conflitos financeiros requer simplesmente não receber dinheiro.

Em segundo lugar, os vieses não financeiros são muito inconsistentes — dependem de crenças, desejos e hipóteses individuais que variam enormemente de um pesquisador para outro. A ciência se beneficia dessas diferenças e elas não constituem conflitos. Os vínculos financeiros, porém, distorcem de forma consistente os resultados da pesquisa para favorecer o patrocinador. Os editores da *PLoS Medicine* resumem essas distinções, explicando que os laços financeiros com a indústria são facultativos, uma questão de escolha pessoal, desnecessários ao progresso científico e estabelecidos para influenciar o projeto, a execução, a interpretação e as conclusões da pesquisa.[335]

Em terceiro lugar, os vieses ideológicos e intelectuais geralmente podem ser deduzidos a partir da hipótese de um estudo — o que ele tenta provar. Os vieses financeiros, porém, só ficam óbvios quando são divulgados. Por essas razões, o jurista Marc Rodwin entende que o foco nos interesses não financeiros compromete a definição que a lei provê sobre os conflitos de interesses. O jornalista Tim Schwab aponta para o fato de que essa política beneficia grandemente a indústria. Lisa Bero entende que, como uma "pista falsa", a ideia do "chapéu branco" pretende desviar a atenção da necessidade de redução, administração e divulgação dos conflitos financeiros.[336]

O comentário de Lisa Bero nos leva a mais dois quadradinhos da cartela de bingo: "somos totalmente transparentes" e "a divulgação é suficiente". Em resposta a um dos meus comentários, um leitor escreveu: "desde que as propostas sejam submetidas a uma revisão científica rigorosa, eu argumentaria que a pesquisa apoiada por grupos industriais e associações comerciais é comparável à financiada por outras fontes. O projeto do estudo, os métodos e os objetivos são claramente declarados, as fontes de financiamento são claramente declaradas e os resultados são submetidos a revisão e publicação em revistas científicas reconhecidas". Isso pode ser verdade, mas, até o momento, as evidências fornecem pouca garantia de que essas medidas sejam suficientes para conter os efeitos inconscientes e não reconhecidos do financiamento da indústria. Poucas instituições têm medidas para lidar adequadamente com as influências financeiras, pois, a não ser que sejam divulgados, os conflitos não podem ser observados e, muito menos, tratados.[337] Por fim, a frase "é mais complexo do que isso" descreve o dilema em relação à divulgação, tema tão complicado que merece um capítulo próprio.

11.
Divulgação e descontentamento

Quando aceito convites para palestrar, espero que quem me convidou pague as despesas de viagem e os honorários. Quando sou convidada por uma empresa alimentícia, doo os honorários para meu departamento ou para a biblioteca da Universidade de Nova York. Não gosto, porém, de falar sobre isso. De fato, na sociedade norte-americana, é desconfortável falar sobre finanças pessoais. No que diz respeito a laços com empresas alimentícias, a divulgação também pode ter consequências desagradáveis — exposição pública, ridicularização, perda de credibilidade e de oportunidades. Entendo, portanto, por que os cientistas resistem às exigências de transparência, especialmente quando têm extensos laços financeiros a relatar.

Aprendi sobre esse desconforto da maneira mais difícil. Em meados da década de 1990, editei um dossiê sobre as dietas mediterrâneas para o *American Journal of Clinical Nutrition*. Os artigos foram publicados em um caderno especial pago pelo Conselho Internacional do Azeite por meio de uma doação à Oldways Preservation & Exchange Trust, grupo dedicado a promover o sabor e os benefícios para a saúde das dietas tradicionais e os principais alimentos e ingredientes que a compõem — entre eles, convenientemente, está o azeite.[338] Na época, o conselho era o principal patrocinador do grupo.

Em geral realizadas em países de olivicultura, as conferências Oldways reuniam cientistas, chefs e proprietários de restaurantes para aprender sobre os benefícios das dietas do Mediterrâneo e, é claro, do azeite. Os profissionais que conheci nessas ocasiões queriam saber mais sobre a história e o papel da alimentação na sociedade e a ciência por trás da dieta e da saúde. Sou grata ao grupo por me apresentar a essa grande comunidade alimentícia, até porque nossas conversas inspiraram diretamente o desenvolvimento de programas de estudo sobre alimentos na Universidade de Nova York.

Em 1993, com Walter Willett, da Escola de Saúde Pública de Harvard, coordenei a primeira conferência internacional da Oldways sobre as dietas do Mediterrâneo. Muitos palestrantes levantaram questões provocativas sobre a definição dessas dietas, a relevância delas para pessoas que vivem fora da região, os efeitos do azeite de oliva sobre a saúde e as consequências para os sistemas de produção de alimentos ao se adotar uma dieta mediterrânea. Considerei que as palestras foram excepcionalmente interessantes e mereciam ser publicadas, e me ofereci para assumir a responsabilidade pela edição. Na época, não me ocorreu que o patrocínio do conselho e do grupo pudesse influenciar a credibilidade da publicação — ou a minha própria. Os autores e eu não fomos pagos. No entanto, o editor do periódico, Norman Kretchmer, explicou que o conselho e o grupo tinham interesse econômico em promover a venda de azeite. O caderno, então, teve implicações comerciais.

De fato, cadernos de periódicos geram receita (este no qual trabalhei custou cerca de vinte mil dólares). Os patrocinadores pagam por eles e, portanto, podem ser considerados publicidade, o que aparece devidamente assinalado. Em parte para me proteger, Norman Kretchmer insistiu em uma rigorosa revisão por pares externos, recusou-se a publicar um artigo que julgou não ter qualidade acadêmica e exigiu uma divulgação completa na página de rosto, com os dizeres "Patrocinador: Oldways Preservation & Exchange Trust, por meio de uma doação do Conselho Internacional do Azeite". Os autores não revelaram interesses conflitantes — e, até 2002, esse jornal não fazia exigências nesse sentido.

Os artigos apresentaram argumentos acadêmicos consistentes sobre os benefícios das dietas mediterrâneas, mas também levantaram questões críticas — evidentemente, críticas demais. O caderno de 1995 encerrou meu relacionamento com a Oldways — eu não seria convidada para outra conferência pelos vinte anos seguintes. Ironicamente, em 2013, com base em pesquisas posteriores e universalmente favoráveis, a Organização das Nações Unidas para Educação, Ciência e Cultura (Unesco) colocou a dieta mediterrânea em sua "Lista Representativa do Patrimônio Cultural Intangível da Humanidade", e o Guia Alimentar dos Estados Unidos de 2015 a promoveu como um dos três padrões alimentares exemplares. A lição aprendida foi: quando o trabalho é financiado pela indústria ou por um grupo financiado pela indústria, se você quer que a parceria continue, acaba forçado a promover os interesses do setor.

Políticas de divulgação

As publicações têm respondido à relutância demasiadamente humana de expor os laços financeiros tornando as exigências de divulgação cada vez mais explícitas. Hoje, a maioria dos periódicos científicos, incluindo os nutricionais, exige que os autores digam quem pagou pela pesquisa e declarem quaisquer relações com financiadores relevantes. A tabela 11.1 resume as maneiras pelas quais as empresas alimentícias contribuem para as duas categorias. Os laços financeiros com os investigadores incluem uma lista mais longa de possibilidades. É provável que o financiamento total seja mais influente do que o financiamento parcial, mas, como já vimos, até mesmo pequenas contribuições podem exercer influência.

Atualmente, a maioria dos periódicos segue o Guia de Divulgação do Comitê Internacional de Editores de Revistas Médicas, grupo que fornece um modelo de divulgação que pede aos autores para informar se eles ou as instituições que representam receberam pagamentos ou serviços de terceiros em qualquer momento e por qualquer aspecto do trabalho, especificado como "incluído, mas não limitado a doações, placa de monitoramento de dados, projeto de pesquisa, preparação do original, análise estatística etc.".

Tabela 11.1 — Financiamento por empresas de alimentos, bebidas e suplementos (taxonomia)

Apoio para pesquisa
Apoio completo
Apoio parcial
Doação de produtos ou materiais
Participação em alguns ou em todos os processos da pesquisa

Laços financeiros dos pesquisadores
Salário
Posse de ações
Posse de patente
Consultoria
Serviço em comitê consultivo ou diretoria
Atendimento como perito ou advogado
Honorários para palestrar, escrever ou participar de reuniões/ eventos
Fundos para viagem, hospedagem e refeições

No que diz respeito aos interesses conflitantes, as questões do comitê cobrem os três anos anteriores, perguntando sobre patentes e outras "relações ou atividades que os leitores poderiam perceber que influenciaram ou que deem a aparência de poder influenciar".[339]

Os periódicos têm uma considerável margem de manobra na aplicação desse guia. Escrevi comentários ocasionais para o *JAMA*, que tem uma atitude especialmente diligente em relação às políticas de divulgação. Em 2016, um editor pediu para que eu verificasse a precisão da minha divulgação — a política adotada exige que os autores listem todos os "possíveis conflitos de interesses, incluindo interesses financeiros relevantes, atividades, relações e afiliações" e "todo o apoio financeiro e material para a pesquisa e o trabalho". A política do *JAMA* é bem específica: "emprego, afiliação, subvenções ou financiamentos, consultorias, honorários ou pagamentos, escritórios de palestrantes, ações, testemunho de especialistas, *royalties*, doação de equipamentos médicos, patentes planejadas, pendentes ou emitidas por qualquer organização ou entidade com interesse financeiro ou conflito financeiro com o assunto ou os materiais discutidos no original".[340]

A Sociedade Americana de Nutrição possui políticas de divulgação uniformes para autores e editores de todas as publicações. As diretrizes se aplicam não apenas aos autores, mas, também, aos parentes próximos dos autores — cônjuges, filhos, irmãos, sogros —, e são altamente específicas sobre as maneiras pelas quais os conflitos podem ocorrer:

- Servir como diretor, membro, proprietário, administrador ou empregado de uma organização, ou como testemunha, consultor ou defensor público (com ou sem compensação) em nome de uma organização com interesse financeiro no resultado;
- Receber apoio, incluindo subsídios, contratos ou subcontratos, bolsas de estudo, acordos de consultoria ou presentes (por exemplo, produtos químicos, dietas experimentais e viagens) durante o tempo em que a pesquisa foi realizada ou nos últimos três anos;
- Estar empregado, ter direito a pedido de patente, vendas, licenciamentos ou acordos de *royalties*, integrar um

painel consultivo ou de palestrantes ou possuir ações de uma empresa ou organização que possa financeiramente ganhar ou perder.[341]

Embora a sociedade tenha diretrizes rígidas para divulgação, os periódicos publicam muitos estudos patrocinados por empresas alimentícias. Como isso é possível? As regras deixam claro que os editores não se consideram obrigados a prevenir ou gerenciar conflitos de interesses dos autores: "a divulgação de um potencial conflito de interesses não necessariamente exclui um artigo de consideração para publicação — o objetivo da divulgação é a transparência". Transparência é algo bom. A administração — ou seja, ações para minimização do risco dos laços financeiros divulgados — seria melhor, mas exigiria que editores (alguns deles com vínculos financeiros) lidassem com questões pessoais e profissionais embaraçosas.

A sociedade, portanto, aplica as diretrizes aos revisores e editores. Os requisitos para os editores de cadernos especiais são mais rigorosos: "os coordenadores de cadernos especiais devem divulgar todas as compensações do patrocinador por serviços editoriais em originais publicados no caderno e/ou por participar, palestrar ou organizar uma reunião ou simpósio, incluindo reembolso para despesas de viagem". Se essas diretrizes estivessem em vigor quando editei o número sobre a dieta mediterrânea, eu e todos os outros autores teríamos tido de divulgar nossa participação nas conferências da Oldways e as viagens e refeições que nos pagaram.

Em primeiro lugar, uma das razões para não ter relacionamentos financeiros com empresas alimentícias é evitar as divulgações constrangedoras.[342] Nesse sentido, minha atual declaração de conflitos de interesses diz: "a renda da professora Nestle advém do plano de aposentadoria da Universidade de Nova York e de uma pequena bolsa que sustenta sua pesquisa, seus artigos e o site

FoodPolitics.com. Também recebe direitos autorais dos livros que escreveu e honorários de palestras para universidades e grupos sem fins lucrativos sobre assuntos relevantes para esta publicação".

Tive, porém, de entrar em mais detalhes ao preencher o formulário federal como revisora externa da versão preliminar do Guia Alimentar dos Estados Unidos de 2015. Completar aquele questionário foi um exercício tortuoso que envolveu horas de procura por declarações de impostos federais e revisão dos relatórios das atividades anuais na Universidade de Nova York para tentar recuperar taxas de consultoria, honorários de palestras, pagamentos de artigos, direitos autorais de livros e reembolsos de viagens e hotéis durante um período de três anos. Além disso, o documento exigiu uma declaração de interesses intelectuais. Respondi que o Guia Alimentar é uma das minhas principais pesquisas e um dos meus interesses profissionais; que eu havia sido membro do Comitê Consultivo do Guia Alimentar de 1995; e que escrevi sobre a história, o desenvolvimento e a política do Guia Alimentar no Relatório do Surgeon General sobre Nutrição e Saúde, em 1988, em artigos publicados na década de 1990 e em meus livros *Food Politics* e *What to Eat*. Também disse que, em meu blog, escrevi sobre o processo do Guia Alimentar de 2015 e, em função disso, muitas vezes fui entrevistada e citada por repórteres. Sendo assim, minhas opiniões não eram secretas. De todo modo, presumo que fui nomeada porque as agências federais queriam.

Descontentamento com a divulgação

Com relação às exigências de divulgação, tento fazer o melhor que posso com o que me parece invasão de privacidade. Suponho que a maioria dos demais profissionais de nutrição também atue da mesma maneira. Há, porém, muitas evidências de que alguns pesquisadores se sentem tão desconfortáveis ou ofendidos de divulgar seus laços com a indústria que se esquecem de fazê-lo ou o fazem com relutância, excesso ou sarcasmo.

Nem todos divulgam esses dados, e muitas divulgações são incompletas. O projeto Integridade na Ciência, realizado pelo Centro para a Ciência no Interesse Público, documentou a frequente falta de divulgação em importantes publicações médicas e científicas. Mais recentemente, Lisa Bero e seus colegas relataram que um terço ou mais dos autores dos estudos que eles examinaram tinham conflitos não revelados. E uma porcentagem similar de revisões publicadas omitiu a declaração das fontes de financiamento. Uma análise da iniciativa de transparência da Coca-Cola encontrou uma proporção menor, mas ainda significativa: 17% dos pesquisadores financiados não divulgaram a informação.[343]

Cito apenas um exemplo: os pesquisadores posteriormente envolvidos com a Rede Global de Balanço Energético da Coca-Cola foram coautores de um estudo que questionou a validade da National Health and Nutrition Examination Survey [Pesquisa Nacional de Saúde e Nutrição] (NHANES), referência importante que vincula o consumo de bebidas açucaradas a ganho de peso e suas devidas consequências. A conclusão deles foi que os dados do levantamento nacional são fisiologicamente implausíveis e devem ser ignorados. Os autores não forneceram nenhuma declaração de financiamento ou de conflito de interesses, mas alguém deve ter atentado para isso, pois, dois dias depois, uma errata publicou os laços financeiros dos autores com as empresas alimentícias e a seguinte declaração: "o financiamento para o estudo foi fornecido por uma doação de pesquisa irrestrita da Coca-Cola".[344]

No ano que passei coletando estudos financiados pela indústria, publiquei um exemplar com a mais longa declaração de divulgação que já vi: quase duas páginas inteiras de texto impresso. Nove dos dezesseis autores do estudo relataram não apenas uma impressionante variedade de laços financeiros com empresas alimentícias, como pagamentos que pareciam irrelevantes: honorários do USDA, apoio de sociedades profissionais para viagens, emprego de cônjuges e subsídio de uma irmã para um livro de culinária.[345] Foi um exagero. Imaginei que os autores estavam zombando das exigências de divulgação e escrevi ao editor da publicação, perguntando se as políticas adotadas exigiam revelações tão extensas. Ele declarou: "em relação às divulgações, damos aos nossos autores uma liberdade considerável. Isso é fácil para um jornal on-line, pois a extensão das páginas não é uma limitação. No original em questão, os autores forneceram esse nível de detalhe por conta própria, e nós o aceitamos".

Escrevi sobre essa declaração no meu blog.[346] Enviei o texto a Yoni Freedhoff, que deu continuidade a uma consulta com Chris MacDonald, colega especialista em ética, que disse: "para quem não é cientista, parece piada. Talvez os autores queiram puxar a orelha dos editores e dos que acham que a divulgação dos laços financeiros é algo importante. É ruim, porém, despejar todas essas informações apenas para satisfazer as exigências".[347] Nossos posts levaram dois dos autores — John Sievenpiper e David Jenkins — a iniciar uma troca de mensagens conosco. Eles explicaram que o comitê exigia aquele procedimento e que eles não queriam ser acusados de ocultar algo importante. Suponho que os cientistas com extensos laços industriais não saibam como traçar a devida linha divisória, mas considero que os laços poderiam ter sido resumidos em uma ou duas frases.

Um ano depois, John Sievenpiper participou de um debate publicado no *Canadian Journal of Diabetes*, assumindo a posição de que o açúcar não causa doenças crônicas. A declaração descreveu o apoio de fundações e associações profissionais canadenses, mas não mencionou os respectivos laços financeiros com empresas açucareiras, de adoçantes de milho e de refrigerantes. O jornal publicou uma correção, começando com: "o editor lamenta…".[348]

Às vezes, o não cumprimento das diretrizes de divulgação leva a consequências mais sérias. Em 2015, escrevi um artigo no *Journal of Public Health Policy* em conjunto com Joaquin Barnoya, um médico guatemalteco. Na ocasião, nós criticamos um acordo entre a maior distribuidora de bebidas da Guatemala — a PepsiCo — e o Instituto de Nutrição da América Central e Panamá. A aliança consistia em entregar a crianças desnutridas de áreas rurais um suplemento chamado Maní+. Após a publicação do texto, tivemos de divulgar uma retratação e um pedido de desculpas. Além de uma informação errada, meu parceiro de artigo não declarou que parte de seu salário era pago pelo Instituto de Nutrição. É uma experiência que eu preferiria ter evitado.[349]

O falecido David Sackett, considerado "pai da medicina baseada em evidências", sugeriu outra maneira de atender a exigências que, acredito, ele considerava dispensáveis. Em um post no site do BMJ, ele escreveu: "David Sackett foi servido com jantares e vinhos, apoiado, transportado e pago para palestrar por inúmeras empresas farmacêuticas por mais de quarenta anos, começando com duas bolsas de pesquisa e empréstimos sem juros que permitiram que ele terminasse a faculdade de Medicina".[350]

O propósito da divulgação é alertar revisores e leitores acerca da necessidade de consideração de potenciais vieses. Se os autores não informarem os laços e estes só forem revelados posteriormente, pode parecer que esconderam algo. A ideia é que os conflitos sejam reconhecidos pelos pesquisadores como problema — e, a partir daí, sugere-se um mecanismo para lidar com eles: evitar essas relações. Porém, assim como muitos outros aspectos dos interesses conflitantes, os problemas de divulgação são complicados. Entre os médicos, às vezes, isso produz efeitos perversos. Foi demonstrado que a divulgação encoraja os médicos a fornecer recomendações ainda mais tendenciosas, reforçar os sentimentos de imunidade contra a influência da indústria e justificar a influência sob o argumento de que as pessoas foram avisadas. Às vezes, portanto, os pacientes têm mais — e não menos — confiança nas recomendações que divulgam o financiamento da indústria.[351]

A armadilha mais séria da divulgação, porém, é que ela dá a impressão de que se cuidou do problema do viés e, portanto, não há necessidade de fazer mais nada. A maioria das faculdades e universidades norte-americanas exige que o corpo docente registre uma declaração anual dos conflitos de interesses e revele os laços financeiros com as entidades corporativas. Algumas instituições levam essa exigência a sério. A política da Universidade Cornell, por exemplo, é digna de nota pelas penalidades explícitas que aplica aos pesquisadores que não enviam os formulários de divulgação até uma data específica: eles podem ser proibidos de atuar como coordenadores de pesquisas, de aceitar bolsas de financiamento e de receber aumentos salariais, e, em última instância, caso não sejam integrantes do quadro permanente, podem ser até demitidos.

A principal razão pela qual as instituições acadêmicas, os periódicos científicos e as agências governamentais adotaram as exigências de divulgação é que elas são relativamente fáceis de implementar e apenas minimamente prejudiciais. Além disso, fazem com que os indivíduos — e não as instituições — sejam responsáveis pela prevenção, pelo gerenciamento e pela eliminação do conflito. Isso leva alguns autores a argumentar que há apenas um método eficaz para lidar com os conflitos induzidos pela indústria: bani-los. O banimento, no entanto, ignora os benefícios financeiros das parcerias e a realidade do atual ambiente de financiamento de pesquisa. Por mais atraente que a ideia teoricamente possa ser, é improvável que ocorra na prática. O melhor que pode ser feito em relação a interesses conflitantes, portanto, é a divulgação e a administração das potenciais armadilhas. A divulgação é útil, mas, como diz Lisa Bero, não é a panaceia.[352]

No momento, as exigências de divulgação são generalizadas, mas a conformidade, a fiscalização e o gerenciamento desses dados são altamente inconsistentes. Muitos cientistas ainda entendem que as demandas de divulgação são semelhantes ao macarthismo. Muitos ficam angustiados com os esforços para tornar a divulgação ainda mais transparente por meio das solicitações via Lei de Liberdade de Informação ou das novas políticas do PubMed. gov — um banco de dados criado pela Biblioteca Nacional de Medicina e pelo Instituto Nacional de Saúde dos Estados Unidos. Desde 1997, o site fornece acesso gratuito ao resumo e, às vezes, ao texto completo de quase 27 milhões de artigos científicos. Em 2016, o Centro para a Ciência no Interesse Público organizou um abaixo-assinado com 62 cientistas (incluindo eu) solicitando a lista de informações sobre o financiamento e os interesses conflitantes dos resumos publicados. Cinco senadores dos Estados Unidos pediram o mesmo. Um ano depois, o PubMed anunciou discretamente que, a partir de então, acrescentaria a informação, sempre que os editores a fornecessem.[353]

Queria que essa decisão tivesse sido tomada antes. O *Journal of Nutrition* tem incluído informações sobre financiamentos nos resumos durante anos, mas a maioria das publicações nutricionais, não. Para encontrar as declarações de divulgação da maior parte dos artigos mencionados neste livro, tive de consultar a biblioteca on-line da Universidade de Nova York em busca do periódico e do artigo específico — um processo tedioso e, às vezes, inútil. Se os editores de fato fornecessem as informações, essa decisão do PubMed facilitaria muito as coisas, mas não há sinal de que isso esteja ocorrendo. Foi, porém, um passo importante, pois indicou que o instituto considera que a divulgação é fundamental para o empreendimento científico. O Centro para a Ciência no Interesse Público e os senadores emitiram declarações de felicitação.[354]

Descontentamento com a Lei de Liberdade de Informação

A divulgação continua a ser um assunto polêmico, mas os pedidos apresentados pela Lei de Liberdade de Informação para obter as declarações dos autores são ainda mais controversos. Muitos estados têm leis próprias, que são variações da norma federal. Isso permite que qualquer cidadão solicite cópias de documentos — incluindo e-mails — produzidos por agências governamentais e funcionários.

Os pesquisadores que trabalham para universidades estaduais estão sujeitos a essas exigências. Embora o Congresso dos Estados Unidos tenha aprovado a lei com o objetivo de promover a transparência e, assim, combater corrupção governamental, o sucesso no alcance dessa meta tem sido debatido de forma acalorada. Os críticos se dizem frustrados, pois as agências governamentais demoram anos para redigir e liberar os documentos.[355] Os pedidos apresentados usando a Lei de Liberdade de Informação são uma maneira de jogar luz sobre a influência oculta da indústria alimentícia? Ou são métodos para assediar cientistas de cujo trabalho ou de cujas opiniões o solicitante não gosta? A meu ver, a resposta depende inteiramente da forma como as solicitações são enquadradas — a finalidade e os e-mails selecionados. Não tenho interesse pessoal nisso. Sou aposentada de uma universidade privada isenta de tais pedidos.

Estou, porém, impressionada com o que sabemos agora sobre os métodos da indústria alimentícia por meio dos e-mails obtidos a partir de solicitações a universidades públicas. A estratégia da Coca-Cola para engajar os pesquisadores é apenas um exemplo. Por outro lado, se você é um pesquisador sujeito a um pedido de Lei de Liberdade de Informação, pode ter uma visão bem diferente da minha. Você pode considerar que a lei é um ataque à ciência. Pode pensar que, na teoria, a lei é legítima, mas, na prática, é uma licença para a caça às bruxas, especialmente quando os pedidos são usados para "pescar" correspondência privada.[356] Ao contrário do esperado, essa é a opinião da União de Cientistas Preocupados, grupo que há muito defende a transparência na ciência e caracteriza o texto legal como "liberdade para intimidar". A organização reclama que os "interesses especiais endinheirados em todo o espectro político, as empresas, as organizações e os ativistas [que] podem discordar das descobertas dos pesquisadores" usam os pedidos para perseguir os cientistas, indo atrás de "todos os materiais sobre um tema em posse de uma universidade, incluindo os rascunhos dos pesquisadores, os e-mails e até as anotações manuscritas". Diz que estratégias como essas "podem refrear a capacidade de os pesquisadores continuarem a realizar seu trabalho, reprimir-lhes a fala e desencorajá-los a abordar tópicos controversos".[357]

A principal preocupação concerne ao assédio por parte da indústria. Dois terços dos pedidos de registros abertos vêm de corporações. As indústrias químicas e de combustíveis fósseis, em particular, se valem do instrumento para incomodar pesquisadores ambientais e de saúde que relatam danos causados pelos respectivos produtos. A União de Cientistas Preocupados produziu um guia para ajudar a responder aos ataques.[358] Andrew Rosenberg, que dirige o Centro para Ciência e Democracia da União de Cientistas Preocupados, esclarece que o grupo não é totalmente contrário ao uso da legislação. De fato, considera que as indagações direcionadas a alvos específicos — à Coca-Cola e à Rede Global de Balanço Energético, por exemplo — são justificáveis. A oposição é apenas às "expedições de pesca" destinadas a assediar.

Os argumentos sobre o uso da lei criam um dilema. Medidas que impedem as corporações de obter os e-mails dos cientistas também bloqueiam as solicitações dos defensores da saúde pública. Paul Thacker, jornalista que defende transparência no financiamento das pesquisas corporativas, entende que o relatório da União de Cientistas Preocupados é uma reação às iniciativas de transparência. De maneira resumida, ele considera que os benefícios dessa legislação excedem — em muito — os ônus. Thacker e Charles Seife, professor de jornalismo da Universidade de Nova York, criticaram a posição da organização em um artigo, dizendo que, "enquanto os cientistas receberem dinheiro do governo, estarão sujeitos à supervisão do governo; enquanto o trabalho que realizam afetar o público, os jornalistas simplesmente buscarão possíveis comportamentos impróprios e práticas questionáveis que ameaçam o interesse público".[359] O texto, publicado na revista *PLoS Biologue*, foi tão vigorosamente contestado que acabou excluído com base no argumento de que as críticas "não eram consistentes com pelo menos o espírito e a intenção das diretrizes comunitárias".[360]

Este e outros artigos são exemplos convincentes do valor das solicitações de registros abertos para expor o envolvimento das corporações com os cientistas e a cooperação dos pesquisadores com os interesses corporativos. Paul Thacker salienta que é apenas por meio dos e-mails obtidos pela lei que sabemos como as empresas farmacêuticas editam os artigos das publicações e preparam os depoimentos para os autores; como a Liga Nacional de Futebol Americano manipula as pesquisas sobre concussões; como a Monsanto secretamente recruta cientistas para defender os alimentos geneticamente modificados; e como a Coca-Cola tenta influenciar os funcionários do alto escalão do governo para que minimizem preocupações em relação aos açúcares e ao papel da dieta na obesidade.

É claro que essa exposição funciona nos dois sentidos. Sou uma grande defensora das práticas de produção orgânica (usam menos pesticidas e regeneram melhor o solo), mas os e-mails obtidos pelo *The New York Times* mostram que empresas que produzem alimentos orgânicos contrataram pesquisadores acadêmicos para fazer estudos e publicações e dar depoimentos favoráveis aos interesses dela. Paul Thacker conclui que os cientistas das universidades públicas não têm mais direito de tentar esconder e-mails do que qualquer outro funcionário público, e aponta para a hipocrisia dos pesquisadores que dizem amar a transparência na ciência — mas só até o ponto em que ela começa a afetá-los pessoalmente.[361]

Como você vê, o uso da lei depende mais de como você se sente a respeito dos alvos da lei. O Greenpeace, por exemplo, fez um pedido para a Universidade de Washington para obter informações sobre o financiamento de um cientista que negava os danos provocados pela pesca excessiva. Embora tenha obtido milhões de dólares de muitos grupos da indústria de frutos do mar ao longo dos anos, esse cientista nem sempre revelou isso nas publicações. Os que o defendem consideram que ele não merecia esse escrutínio. Para se contrapor, esse cientista lançou mão de um quadradinho daquela cartela de bingo: "o Greenpeace não pode atacar a ciência porque não faz ciência. Em vez disso, ataca o mensageiro".[362]

Vimos que a lei ajuda a expor a influência da indústria que, de outra forma, não seria conhecida. Um último exemplo: um projeto do Congresso para isentar os programas de *checkoff* das solicitações da Lei de Liberdade de Informação. O argumento é que os conselhos de pesquisa e a promoção de *commodities* supervisionados pelo USDA não são agências federais, pois são pagos por produtores e pelas partes interessadas do setor, não pelos contribuintes.

Poderíamos ficar especulando qual grupo de *lobby* teria interesse nessa diretiva, mas, em 2015, a *Associated Press* usou a lei para obter os e-mails de um *checkoff* — o Conselho Americano do Ovo. As mensagens mostraram que o grupo estava engajado em uma campanha coordenada e bem financiada para minar o crescimento da Hampton Creek, empresa que fabricava o substituto de maionese sem ovos Just Mayo. A leitura era de que a ameaça do Just Mayo à venda de ovos havia chegado a um ponto crítico. O Conselho Americano do Ovo tentou impedir que o Whole Foods Market, maior comercializador de orgânicos dos Estados Unidos, vendesse o Just Mayo; pressionou a Unilever a opor-se à Hampton Creek; induziu a FDA a averiguar a rotulagem do produto; ameaçou o CEO; pagou blogueiros para desacreditar a empresa; e recrutou uma firma de gestão de crises para fazer uma campanha contrária.[363]

O Conselho Americano do Ovo declarou publicamente que não tinha nada a ver com aquelas ações, mas os e-mails mostraram o contrário. O USDA investigou e criticou o conselho por abuso de poder e exigiu treinamento em ética para os integrantes. As ações provocaram debates sobre a questão de os *checkoffs* serem ou não programas do governo. Em uma análise, o Serviço de Pesquisa do Congresso explicou que, atualmente, o USDA considera que os conselhos de *checkoff* estão sujeitos à lei, mas os grupos de *checkoff* dizem que os pedidos legais roubam tempo e recursos que deveriam ser usados para pesquisa e promoção. Eu disse a um repórter que o projeto era mais uma tentativa do Congresso dos Estados Unidos para proteger os interesses das empresas alimentícias, não importa o quão antidemocrática fosse a medida.

A lei foi projetada para que o governo seja responsável. Os grupos de *commodities* estão felizes por terem os programas de *checkoff* executados pelo USDA quando é conveniente, mas querem ser declarados não governamentais quando interessa. Não dá para ter um pé em cada canoa.[364] Como muitos outros pontos discutidos neste livro, as questões em relação à divulgação são complicadas. Criam desconforto pessoal e profissional e levantam questões que não são facilmente respondidas. As mais difíceis dizem respeito a como evitar os conflitos de interesses e, depois de divulgados, como gerenciá-los. Começando com o histórico das tentativas iniciais de gerenciamento, os próximos capítulos abordam esses pontos.

12.
Gerenciamento de conflitos

Comecei a pesquisa para este livro desejando saber quando os profissionais de nutrição começaram a reconhecer a necessidade de gerenciamento de relacionamentos conflitantes, e quando e por que os editores das publicações nutricionais começaram a insistir para que os autores divulgassem as fontes de financiamento e os conflitos de interesses. Tinha impressão de que a preocupação com essas questões era relativamente recente. Nunca havia me dado conta de que isso começou décadas atrás. Parte da história estava disponível, mas eu não a conhecia. Outros aspectos históricos vieram à tona por meio da análise de documentos recém-descobertos. Para nossos propósitos, a narrativa começa na década de 1940, com a Fundação Nutrição, criada com o objetivo expresso de reunir doações de empresas alimentícias em um fundo de pesquisa comum.

Fundação Nutrição: 1942 a 1985

Antes que o Instituto Nacional de Saúde passasse a financiar pesquisas, os recursos eram limitados. Os cientistas perceberam que a doação das empresas alimentícias poderia comprometer a independência e buscaram maneiras para aceitar o financiamento sem afetar integridade e reputação. Qual foi a solução? A Fundação Nutrição. Em 1942, Karl Compton, presidente do Instituto de Tecnologia de Massachusetts, concordou em liderar o conselho de administração da fundação, que havia sido estabelecida por meio da doação de quinze grandes fabricantes de alimentos — entre elas, a empresa de sopa Campbell, General Foods, Quaker e United Fruit. Karl Compton explicou que a organização teria um programa "forte" e "independente" para apoiar duas iniciativas: pesquisa básica de nutrição voltada para melhorar a alimentação, a dieta e a saúde do público norte-americano; e pesquisa aplicada em engenharia de alimentos para ajudar as empresas alimentícias com problemas técnicos e com desenvolvimento de produtos.[365]

Coloquei "forte" e "independente" entre aspas porque, naquele contexto, esses termos tinham significados específicos. Na visão da fundação, "forte" significava "adequadamente financiado". O modelo de financiamento consistia na persuasão do maior número possível de empresas alimentícias para que doassem dez mil dólares por ano durante cinco anos. Mais tarde, esse modelo incentivou empresas menores a contribuir com apenas quinhentos dólares por ano. Em 1947, 54 empresas de alimentos, bebidas e suplementos haviam se comprometido com doações.

Com "independente", a fundação indicava a firme separação entre o financiamento e a ciência. Criou, por isso, um comitê consultivo científico para assumir a responsabilidade pela análise dos pedidos e a concessão dos subsídios, embora as decisões tivessem de ser aprovadas pelo conselho diretor. O fato de o colegiado incluir representantes da indústria alimentícia deveria ter sido o suficiente para disparar o alarme, pois o colocou em posição de controlar a agenda de pesquisa, mesmo que o processo de aprovação parecesse mera formalidade.

Sabemos disso pela história da fundação publicada em 1976 por Charles Glen King, que dirigiu o comitê consultivo científico durante anos.[366] Na opinião dele, "o trabalho desse comitê e o relacionamento com os administradores foram de tal qualidade que nenhuma recomendação de concessão ao conselho de administração foi negada ou restringida de forma alguma durante meus 21 anos como diretor ou presidente". Essa declaração também deveria ter levantado dúvidas sobre a independência do comitê consultivo. Se os membros quisessem permanecer nele e se o comitê quisesse que as empresas continuassem a contribuir para a fundação, todos precisariam atender às expectativas — explícitas ou não — dos administradores e dos doadores. Como vimos, contudo, presentes implicam obrigações.

Os pesquisadores que obtivessem doações da fundação poderiam usar o dinheiro para apoiar estudantes de pós-graduação e pós-doutorado e comprar equipamentos e suprimentos. A fundação concedeu os primeiros subsídios em 1942 — os 36 escolhidos receberam um total de 123 mil dólares. Por exemplo, William Rose, da Universidade de Illinois, recebeu 3.600 dólares; George Beadle, da Universidade de Stanford, recebeu seis mil; e Vincent du Vigneaud, da Universidade de Cornell, recebeu 3.800. Por mais módicas que possam parecer, essas bolsas contribuíram para carreiras bem diferentes entre si. William Rose recebeu a Medalha Nacional de Ciência, e George Beadle e Vicent du Vigneaud ganharam prêmios Nobel. A fundação logo aumentou os valores. Em 1943, entregou quase dois milhões a pesquisadores de 62 instituições.[367]

Apesar da promessa de Charles Glen King de que havia total independência, alguns cientistas devem ter tido dúvidas. King menciona um membro não identificado de uma sociedade de nutrição: "é claro que, ocasionalmente, você tem que coçar as costas das empresas associadas e fazer pequenos favores de acordo com o interesse delas". Insistiu, porém, que a fundação não procedia daquela forma. O regulamento especificava que "nenhum membro fundador deve referir-se à fundação em propagandas de produtos ou fazer qualquer outra referência comercial à referida associação". A história cita o discurso proferido aos administradores da fundação em 1972 pelo então presidente,

William Darby: "a Fundação Nutrição deve fornecer liderança de integridade. Não é uma agência de *lobby* e deve permanecer cientificamente independente em debates que afetam qualquer segmento específico da indústria alimentícia".

Apesar disso, houve certo ceticismo. Sim, os bolsistas receberam um financiamento essencial, pelo qual agradeceram à fundação nos trabalhos que publicaram. Os doadores das empresas alimentícias esperavam obter retorno pelo investimento? Evidentemente, concluíram os líderes da fundação. Então, eles estabeleceram um comitê consultivo do setor para manter as empresas informadas sobre o trabalho da fundação, forneceram prévias de resultados dos estudos e providenciaram acesso informal aos principais cientistas de nutrição. É claro que houve vantagens fiscais. Se tenho dúvidas sobre a autoproclamada independência, é porque o modelo de financiamento da fundação exigiu repetidos compromissos das empresas participantes e, portanto, criou contínuas pressões para agradar.

Ao longo dos anos, a fundação expandiu as atividades e concedeu bolsas de pesquisa. Desde o início, manteve o próprio periódico, *Nutrition Reviews* (que ainda existe), mas, gradualmente, assumiu outras missões. Ajudou a estabelecer fundações similares em outros países, premiou, publicou livros, financiou conferências e firmou parcerias com outras organizações de nutrição. Com maiores responsabilidades, vieram maiores necessidades financeiras.

As pressões para agradar podem explicar por quê, quando faziam declarações públicas sobre nutrição e saúde, os executivos da fundação mais pareciam representantes da indústria alimentícia do que acadêmicos. Os repórteres passaram a ver os funcionários da fundação como porta-vozes das corporações. Em 1962, por exemplo, Charles Glen King disse a um repórter que o então recém-publicado livro de Rachel Carson — *Primavera silenciosa* —, pioneiro em tratar dos danos provocados pelos agrotóxicos, parecia "beirar a histeria". O repórter o identificou como chefe de uma "organização patrocinadora de pesquisas amplamente apoiada pela indústria alimentícia".[368]

Em 1967, Horace L. Sipple, então diretor-executivo da fundação, sugeriu que as mães podiam dar à família "cachorros-quentes, leites maltados e pizza no café da manhã". "É melhor do que nada", disse ele, em uma declaração que lembra a afirmação de décadas depois, de que Froot Loops é melhor do que *donuts*.[369] Em 1974, o presidente da fundação, William Darby, acusou os acadêmicos preocupados com os riscos dos agrotóxicos de ataque macarthista à indústria de pesticidas.[370] Em 1982, ele comentou o Guia Alimentar de 1980: "não acho que devemos olhar para os alimentos como algo perigoso. Se reduzirmos os produtos de origem animal, como as carnes vermelhas magras, ficaremos sem uma das nossas melhores fontes de proteína, vitaminas do complexo B e ferro" (declaração que pode ser cientificamente correta, mas ignora as implicações do consumo de carne para a saúde pública).[371]

Quando William Darby fez essa afirmação, a ciência da nutrição estava mudando. O financiamento governamental em pesquisas nutricionais que havia aumentado rapidamente depois do fim da Segunda Guerra Mundial passou a se concentrar em câncer, doenças cardíacas e outras condições crônicas, em vez de vitaminas e minerais. As empresas alimentícias estavam fechando as unidades de pesquisa básica e transferindo os recursos para o marketing. Quando as fusões e as aquisições consolidaram a indústria alimentícia, menos empresas estavam disponíveis para contribuir com o trabalho da organização, e sua situação financeira se deteriorou. Em 1985, a fundação resolveu os problemas financeiros fundindo-se ao ILSI, confirmando, assim, o status de grupo de fachada da indústria alimentícia.[372] Moral da história: para manter a independência da pesquisa, é preciso mais do que reunir os fundos das empresas. Essa lição também ficou evidente em outro exemplo.

A Era Fred Stare

Em 1942, Fred Stare fundou o Departamento de Nutrição de Harvard, do qual foi presidente até 1976, e com o qual permaneceu envolvido até a década de 1990 (faleceu em 2002). Em parte porque solicitou tão ativamente a contribuição da indústria de alimentos e de outras áreas, Fred Stare passou a ser visto como rosto público dessas empresas, e não como cientista independente.

O método que usava para assegurar a "independência" era exigir que as doações não tivessem qualquer tipo de restrição. Reuniu as contribuições no Fundo Comum de Pesquisa e Ensino e, mais tarde, em fundos de doação. Na sua autobiografia, explicou: "se tivéssemos feito pesquisas sobre produtos específicos, buscando melhorá-los, teria sido fácil obter um generoso apoio da indústria alimentícia. Não éramos, porém, um departamento de tecnologia de alimentos. Meu maior esforço foi convencer os líderes da indústria alimentícia de que deveriam estar dispostos a fornecer fundos irrestritos para apoiar a pesquisa básica, além das pesquisas de tecnologia de alimentos".[373]

Stare foi persuasivo — afinal, tratava-se de Harvard — e o fundo cresceu. Em meados da década de 1950, havia obtido mais de quarenta doações de fontes privadas. Os patrocinadores eram empresas farmacêuticas, supermercados, sindicatos patronais, empresas de carnes, companhias de açúcar, corporações de *fast-food*, todas as associações de alimentos e bebidas imagináveis e as grandes empresas de alimentos, agricultura e tabaco. De 1942 a 1986, ele arrecadou quase 21 milhões de dólares em fundos irrestritos. Em 1990, o fundo, sozinho, atingiu mais de nove milhões, o que garantia um rendimento de oitocentos mil por ano. Stare se gabou de que aqueles fundos respondiam por apenas uma fração do apoio externo do departamento: "em nossos anos mais produtivos (1955 a 1976), os fundos do governo atingiram a média de 80% do nosso apoio total, enquanto fundos privados não restritos ficaram em aproximadamente 20%".[374] O próprio Stare contribuiu: "honorários, direitos autorais de livros e pagamentos por meus artigos foram para um fundo que fornece apoio irrestrito". E explicou: "porque dei apoio financeiro pessoal ao departamento, foi mais fácil atrair outras fontes privadas".

Fred Stare, porém, enfrentou exatamente a mesma dificuldade da Fundação Nutrição — a necessidade de agradar aos doadores para obter apoio contínuo. Por essa razão, ou talvez porque suas crenças coincidissem com as dos doadores, Stare é amplamente conhecido como cientista da nutrição que trabalhou em nome da indústria. As declarações públicas que fez defenderam consistentemente a dieta americana, contrariando os sinais de que o risco de doenças cardíacas ou outras enfermidades crônicas poderia ser maior. Bem como os funcionários da Fundação Nutrição, ele era voz garantida na defesa de posições da indústria em problemas de ciência e saúde, assegurando a repórteres e ao Congresso que não havia justificativa científica para fazer recomendações de evitar aditivos alimentares ou ingerir menos açúcar.[375]

Soubemos mais sobre a profundidade dos laços entre a indústria alimentícia e Fred Stare a partir do que veio à tona em 2016, quando Cristin Kearns e colegas da Universidade da Califórnia, em San Francisco, publicaram uma análise dos documentos internos da Fundação de Pesquisa do Açúcar, precursora da atual Associação do Açúcar. Os documentos incluem cartas trocadas entre a fundação e Mark Hegsted, colega de Stare, a respeito do patrocínio para uma pesquisa sobre a relação entre dietas com carboidratos e gorduras e doenças cardiovasculares. O estudo, escrito por Fred Stare, Mark Hegsted e um colega, apareceu no *New England Journal of Medicine*, em 1967. As cartas mostram que a fundação não somente comissionou e pagou pelo artigo, como também pressionou os autores de Harvard a isentar o açúcar como fator responsável por doenças cardíacas — então e agora, a principal causa de morte entre os norte-americanos. Outros documentos de meados da década de 1960 demonstram que a fundação reteve o financiamento de estudos que sugerem que o açúcar pode ser prejudicial.[376]

Escrevi o editorial que acompanhava o artigo sobre o trabalho dos cientistas de Harvard. Expliquei que os estudos da época sugeriam que as dietas ricas em açúcar e gordura saturada estavam associadas a mais risco de doença cardíaca.[377] A fundação, porém, queria que os cientistas ignorassem o açúcar e se concentrassem nas gorduras. Anteriormente, como o artigo deixa claro, os pesquisadores de Harvard haviam publicado pesquisas com indícios de que os açúcares e as gorduras saturadas eram fatores de risco para doenças cardíacas. A figura 12.1, que adaptei do estudo deles, compara o consumo de açúcar e gordura saturada ao risco de morte em catorze países. Nesses lugares, a disponibilidade de açúcar e gordura está indistintamente correlacionada à mortalidade — a associação sugere, mas não prova a causa. Para reforçar o argumento contra a gordura saturada, parece que os investigadores de Harvard pinçaram os dados, dando mais credibilidade aos estudos que envolviam a gordura saturada do que aos que envolviam os açúcares.

Esses autores já morreram e, portanto, não podem ser questionados sobre o que pensavam na época. O papel de Mark Hegsted é especialmente intrigante. Ele ficou conhecido por desenvolver a "equação de Hegsted", que prevê o aumento do colesterol no sangue que ocorre em resposta ao consumo de quantidades específicas de gordura saturada e colesterol dietético.[378] É reverenciado pela comunidade de saúde pública por promover dietas saudáveis, incluindo as reduzidas em açúcar.

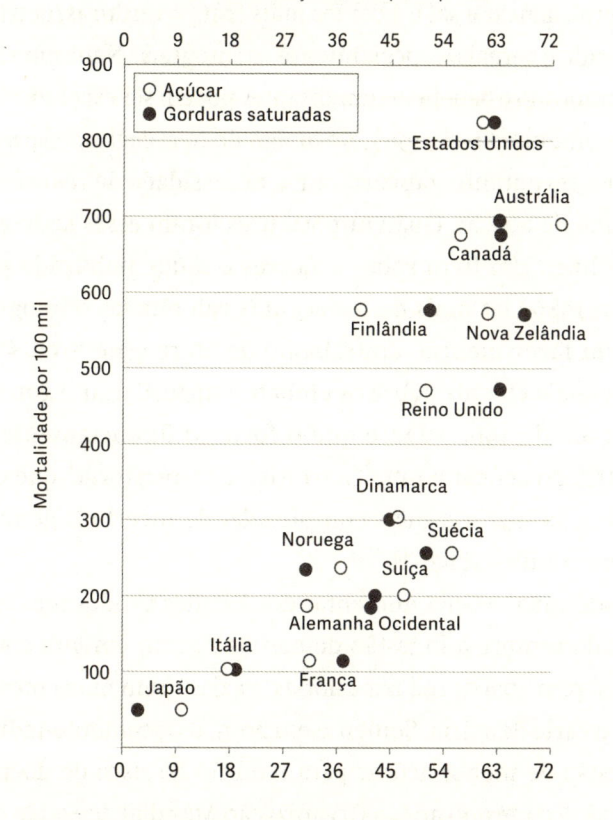

Consumo de açúcar, em quilos por ano

[Gráfico de dispersão mostrando mortalidade por 100 mil versus consumo de açúcar (em quilos por ano) e consumo de gorduras saturadas (por % das calorias) em catorze países: Estados Unidos, Austrália, Canadá, Finlândia, Nova Zelândia, Reino Unido, Dinamarca, Suécia, Noruega, Suíça, Alemanha Ocidental, Itália, França, Japão.]

Consumo de gorduras saturadas por % das calorias

Figura 12.1 — A estreita correlação entre o "consumo" de açúcar e gordura saturada (disponibilidade no suprimento de alimentos) e a mortalidade em catorze países. Correlação não necessariamente implica causa — a alta ingestão de açúcares ou gorduras saturadas também está correlacionada a outros fatores dietéticos e de estilo de vida que podem afetar a mortalidade. Reproduzido com permissão do *JAMA Intern Med.*, 2016, v. 176, n. 11, pp. 1685-6, © 2016 American Medical Association. Todos os direitos reservados.

Em 1977, Mark Hegsted testemunhou: "a dieta do povo norte-americano se tornou mais rica — rica em carne, outras fontes de gordura saturada, colesterol e açúcar. Quais são os riscos associados a comer menos carne, gordura, gordura saturada, colesterol, açúcar e sal e a comer mais frutas, verduras, gordura insaturada e cereais, especialmente os integrais? Nenhum risco foi identificado e benefícios importantes podem ser esperados".[379]

Os comentários de 1967, no artigo do *New England Journal of Medicine*, no entanto, descartaram a necessidade de redução do consumo de açúcar. Quão importantes foram esses artigos? É difícil dizer. Um livro sobre açúcares e saúde publicado pela FDA em 1986 cita mais de novecentas referências bibliográficas, sem fazer menção ao trabalho de Stare e Hegsted. Uma análise mais recente sobre os embates entre açúcar e gordura na década de 1960 sugere que o foco no financiamento da indústria do açúcar é uma "narrativa conspiratória" que obscurece uma história mais complicada, de incerteza genuína na ciência nutricional.[380]

Desde 1980, o Guia Alimentar dos Estados Unidos tem recomendado sempre a ingestão de menos açúcar, embora com o objetivo principal de reduzir calorias "vazias" (sem nutrientes) ou evitar a cárie dentária. Somente em 2015, o documento indicou a ingestão de menos açúcar para redução do risco de doenças crônicas. No mesmo ano, a Organização Mundial de Saúde considerou que o ingrediente é um importante fator de risco para obesidade, diabetes tipo 2 e outras doenças crônicas. No que diz respeito à gordura saturada e ao açúcar, a recomendação dietética geral permanece praticamente a mesma desde 1980, mas as razões para a redução do consumo de açúcar aumentaram. Esse pode ser o motivo pelo qual o foco da mídia mudou. A revista *Time* disse que os cientistas estavam errados sobre a gordura e que "a manteiga está de volta", e os jornalistas têm escrito livros argumentando que o açúcar causa doenças crônicas que vão de obesidade e diabetes tipo 2 a gota e demência.[381]

As empresas alimentícias responderam a essas tendências, tentando remover o máximo de açúcar possível dos produtos — exemplo de "nutricionismo" em ação. Cunhado pelo sociólogo australiano Gyorgyi Scrinis e popularizado por Michael Pollan, esse termo descreve o uso reducionista de nutrientes individuais ou componentes alimentares, em vez de olhar para padrões alimentares. Os açúcares e as gorduras saturadas são os marcadores dos padrões alimentares ocidentais associados a excesso de comida e peso, obesidade e doenças crônicas relacionadas. Quando as recomendações dietéticas se concentram em nutrientes ou alimentos isolados, as empresas alimentícias são beneficiadas — facilita o marketing.[382]

Os exemplos da Fundação Nutrição e de Harvard mostram que a criação de fundos da indústria é insuficiente para evitar conflitos. Os seguintes exemplos ilustram um ponto adicional: a necessidade de divulgação. Os comentários de 1967 reconheceram o apoio de várias fontes governamentais e privadas, entre elas, a Fundação Nutrição e o Fundo Havard, ambos reconhecidamente financiados pela indústria. Os autores, porém, omitiram o patrocínio da Fundação de Pesquisa do Açúcar. Essa omissão não violou as regras da época — até a década de 1980, as publicações médicas não exigiam a divulgação do financiamento.

Políticas de divulgação

Desde o começo, os investigadores nutricionais declararam voluntariamente quem havia pago os estudos. Nos dois primeiros anos de publicação — 1928 e 1929 —, o *Journal of Nutrition* incluiu 48 relatórios de pesquisa e comentários (a maioria deles tratava dos efeitos de vitaminas e minerais em ratos). Desses, onze artigos indicaram o financiamento externo, principalmente de universidades e do USDA. Quatro trouxeram o patrocínio de empresas de alimentos ou medicamentos. Por décadas, a divulgação da fonte de financiamento em artigos de periódicos permaneceu voluntária.

Em 1960, o novo editor desse jornal, Richard Barnes, então professor de nutrição da Universidade de Cornell, fez uma mudança: "o apoio financeiro deve ser listado como nota de rodapé do título. O crédito para os materiais deve ser listado como nota de rodapé do texto".[383] Ou seja, a orientação estava mais ligada ao local onde a informação deveria ser colocada do que à necessidade de incluí-la. No final daquela década, quando publiquei minha dissertação de mestrado, as fontes de recursos deveriam ser mencionadas como cortesia ao financiador ou porque eram exigidas pelas agências federais. Meus artigos, portanto, incluíram a seguinte nota: "Em parte, este trabalho foi apoiado pela bolsa de pesquisa CA 10641, do Instituto Nacional do Câncer, Serviço de Saúde Pública dos Estados Unidos".

Somente em 1990 o *Journal of Nutrition* introduziu novas instruções. Daquele momento em diante, os autores precisavam fornecer "uma declaração das relações financeiras ou outras que pudessem causar conflitos de interesses". O jornal não apresentou uma explicação para o novo requisito. Procurei vários editores listados no editorial de 1990 para perguntar se eles se lembravam do que havia motivado a mudança. Robert Cousins, diretor do Centro de Ciências Nutricionais da Universidade da Flórida, contou-me que Alfred Merrill e ele haviam sido convidados pelo editor do jornal, Willard Visek, para atuar como editores adjuntos: "Willard Visek era doutor em medicina e participava de reuniões de editores de revistas médicas. O requisito quanto ao conflito pode ter se desenvolvido a partir daquela exposição. Ele pode ter percebido que alguns autores tinham laços que poderiam implicar conflitos". Robert Cousins também fez referência às reuniões do Conselho de Editores de Biologia, organização que reúne cerca de oitocentos periódicos científicos[384] — entre eles, o *New England Journal of Medicine*, que, em 1984, tornou-se o primeiro a exigir que os autores divulgassem os laços com as empresas farmacêuticas.

O editor-adjunto Alfred Merrill, agora professor do Instituto de Tecnologia da Geórgia, lembrou que o jornal presenciou muitos casos nos quais os trabalhos eram de autores com prováveis conflitos de interesses. "Nossa política", ele disse, "era avaliar a ciência pelo valor nominal e, se sólida, publicar os artigos, mas garantir que as questões potencialmente preocupantes (por exemplo, as fontes do financiamento) fossem claramente definidas. Uma vez que havia muitos estudos financiados pelo Conselho Nacional de Laticínios e por outros grupos com conexões com a indústria, a declaração das fontes de financiamento parecia relevante".

Merrill acrescentou que Willard Visek "foi muito enfático ao afirmar que o princípio orientador do jornal deveria ser o rigor científico", e não que a descoberta do estudo estivesse ou não na moda. Para ilustrar, ele mencionou um exemplo: um estudo patrocinado pela indústria de ovos informou que o colesterol de qualquer fonte — não apenas dos ovos — eleva os níveis de colesterol no sangue.

Alfred Merrill não chegou a mencionar o nome daquele estudo para mim, mas entendi por que ele usou esse exemplo. Em 1993, ele escreveu um editorial sobre outra pesquisa patrocinada pela indústria de ovos. As vendas vinham em queda havia quarenta anos, e o setor bancava ativamente trabalhos para contrariar as recomendações sobre redução da ingestão de colesterol. O editorial de Alfred Merrill se referiu a um estudo de 1992 sobre ovos modificados para terem níveis mais baixos de gordura saturada. Os pesquisadores haviam medido os efeitos desse produto no sangue. O estudo, patrocinado pelo desenvolvedor do produto, concluiu que as pessoas que faziam dietas para baixar o colesterol podiam consumir uma dúzia por semana sem sofrer um efeito perceptível.[385] Os leitores escreveram cartas ao editor, contestando os métodos e as conclusões. Um deles apontou: "os ovos 'modificados' têm um preço *premium* no mercado. Achamos que esse preço não é justo. Além disso, o fato de esse artigo ter sido publicado em um jornal de nutrição pode ser usado para indicar que a comunidade nutricional aceita as alegações dos produtores de ovos 'modificados'".[386]

No editorial, Alfred Merrill observou duas preocupações distintas acerca do estudo do ovo: "a primeira diz respeito aos critérios para interpretação acadêmica em torno de possíveis explicações para observações experimentais; a outra lida com o possível impacto comercial de tal interpretação. Como várias interpretações podem ser dadas às conclusões de qualquer texto, continua a ser importante que os autores identifiquem os possíveis conflitos de interesses". Nesse sentido, ele observou que o artigo havia declarado a fonte de financiamento, mas acrescentou: "à medida que essas questões se tornam mais complexas, pode ser apropriado que o *Journal of Nutrition* encoraje os autores (e os pareceristas) a identificar todas as fontes possíveis de conflitos de interesses".[387] O jornal havia exigido essa informação desde 1990, sugerindo certa preocupação com o cumprimento pleno dessa exigência. Menciono esses detalhes porque o editorial de Alfred Merrill é a única discussão sobre a necessidade de transparência que encontrei em um periódico de nutrição norte-americano antes dos anos 2000.

Os autores que publicam no *American Journal of Clinical Nutrition* também divulgam voluntariamente o financiamento desde a edição inaugural, em 1952. Essa primeira edição tinha três relatórios sobre os efeitos de vitaminas que apontaram o patrocínio de uma ou mais empresas de suplementos. Talvez em função dessa boa adesão voluntária, até 1981 não havia instruções editoriais para os autores mencionarem a divulgação. A partir de então, o periódico recomendou o reconhecimento "das fontes dos documentos". Somente em 2002 as regras ficaram mais claras: "cada autor deve divulgar qualquer relacionamento financeiro ou pessoal com a empresa ou organização patrocinadora da pesquisa"; e "tais relacionamentos podem incluir emprego, compartilhamento de patente, participação em conselho consultivo ou painel de palestrantes e posse de ações da empresa". Perguntei a D'Ann Finley, da Universidade da Califórnia em Davis, e membro antigo da equipe editorial da revista, se ela poderia dizer-me por que os editores haviam incluído aquela declaração. Uma possibilidade, na visão dela, é que eles estivessem levando em conta as questões discutidas nas reuniões do Conselho de Editores de Biologia.

O *Journal of the American Dietetic Association* (que, a partir de 2012, passou a se chamar *Journal of the Academy of Nutrition and Dietetics*) publicou a primeira edição em 1925, e apenas em 1992 introduziu os critérios para a divulgação de financiamento. "Os autores devem divulgar o apoio financeiro e os presentes — equipamentos ou suprimentos" — e devem certificar-se de que "quaisquer relações financeiras ou outras que possam causar conflito de interesses sejam trazidas à atenção do editor". Em 1995, as regras se tornaram mais claras: "por escrito, os autores devem informar ao editor sobre quaisquer acordos financeiros, afiliações organizacionais ou outros relacionamentos que possam constituir um conflito de interesses". A partir de 2001, as solicitações dos editores com relação às informações se tornaram cada vez mais claras: "Os autores *devem* informar..." (grifo do original).

Para resumir, dois tipos de declaração estão em pauta: i) a revelação do financiamento (quem pagou — parcial ou totalmente — pelo estudo); e ii) a revelação dos interesses conflitantes (laços financeiros dos autores com as empresas).

Historicamente, os autores reconheceram de forma voluntária as fontes de financiamento. Uma falha eventual nessa declaração não era um problema enquanto as empresas não estavam bancando estudos mais expressamente projetados para atender objetivos de marketing.

Essa história sugere que alguns editores de periódicos viam a divulgação como essencial, e outros nem tanto. Nessa exigência, em geral, os periódicos de nutrição ficam atrás dos periódicos médicos. Isso nos traz ao presente. A divulgação é importante, mas é apenas o primeiro passo na gestão dos conflitos de interesses. Agora, é hora de ver o que tem sido feito — e o que deve ser feito — para lidar com os conflitos induzidos pelo financiamento da indústria alimentícia.

13.
Além de divulgar, o que fazer?

Qual é a melhor maneira para prevenir e gerir as consequências do patrocínio das empresas alimentícias? Em 2017, o JAMA dedicou uma edição inteira aos conflitos de interesses que afetam a nutrição e a ciência médica. Os artigos, os editoriais e os comentários descrevem os problemas causados por interesses conflitantes, mas dizem pouco sobre o reconhecimento, a gerência e a divulgação dos mesmos.[388] Sabemos por que as empresas de alimentos, bebidas e suplementos financiam as parcerias de pesquisa. A Nestlé, por exemplo, explica que o estudo patrocinado ajuda na "ambição de a empresa tornar-se uma parceira importante na solução de desafios-chave da sociedade e na evolução do portfólio de alimentos e bebidas".[389] Companhias como a Nestlé querem pesquisas voltadas para o desenvolvimento dos produtos que comercializam. Contudo, a maioria delas também quer resultados que ajudem a omitir as informações desfavoráveis e promovam os benefícios desses produtos.

Infelizmente, o financiamento das empresas alimentícias pode fazer com que o trabalho dos cientistas de nutrição pareça menos confiável e, às vezes, seja de fato menos confiável. A questão não é se os profissionais de nutrição devem se envolver com as empresas. É claro que devemos. A questão diz respeito ao pagamento pelo compromisso. Os pagamentos criam obrigações — algumas são reconhecidas, outras não. Como a relação com a indústria está tão fortemente associada a distorções inconscientes, conexão com marketing e silêncio sobre iniciativas de saúde pública, vale a pena perguntar se os profissionais de nutrição devem aceitar tal financiamento. E, se o fizermos, haveria uma maneira de estabelecermos diretrizes que ajudem a preservar a confiança e a integridade? As universidades, as publicações e as sociedades profissionais poderiam estabelecer políticas para se proteger — e proteger os indivíduos aos quais servem — contra os riscos de viés e ameaças à reputação?

Na teoria, é fácil evitar conflito de interesses — basta dizer não ao dinheiro. Quando, porém, os pesquisadores estão sob intensa pressão para conseguir recursos externos, essa abordagem pode parecer indesejável ou impossível. O que eles deveriam fazer? Lidar com os conflitos provocados pelo financiamento da indústria alimentícia é visto como um processo de três etapas: reconhecimento, divulgação e gerenciamento.

O primeiro passo é essencial: reconhecer a influência. Como vimos, o financiamento coloca os beneficiários em risco de produzir pesquisas ou opiniões tendenciosas, dar a impressão de terem se vendido, sofrerem críticas públicas e perderem a oportunidade de atuar em comitês de prestígio. O reconhecimento não resolve os problemas que os conflitos de interesses provocam, mas estabelece um ponto de partida para o esforço de evitá-los ou gerenciá-los.

Eu utilizo o termo "esforço" com prudência. O reconhecimento não pode ser superficial. Por exemplo, em 2016, pediram-me para aconselhar um grupo de pesquisa sobre obesidade da Universidade de Harvard em como lidar com o apoio das empresas alimentícias. O convite explicou: "se decidirmos aceitar o financiamento do setor, desejamos que o processo maximize a probabilidade de que os acadêmicos, os formuladores de políticas públicas e o público considerem a pesquisa válida. Reconhecemos que a pesquisa patrocinada pela empresa alimentícia na área de obesidade é inerentemente conflitante. Nosso objetivo não é minimizar os conflitos, e sim ser implacavelmente transparentes".

Dou crédito a esse grupo por identificar o problema a ser enfrentado, mas não por supor que a transparência possa resolvê-lo. Fiquei com a impressão de que os pesquisadores desejavam uma solução mágica para ficar com o dinheiro da indústria sem ter de arcar com as consequências. Se considerarem a aceitação do financiamento da indústria como causa de séria preocupação e esforço, portanto, os departamentos e as organizações de nutrição podem esforçar-se mais para estabelecer normas que promovam mais integridade científica e profissional. Esse tipo de mudança cultural acaba por incentivar os membros dessas organizações a seguir tais normas.[390]

Em um comentário ponderado sobre os conflitos de interesses abordados pelo JAMA, Dariush Mozaffarian, da Escola Friedman de Políticas e Ciências da Nutrição, da Universidade Tufts, mencionou que empresas alimentícias desvirtuam a pesquisa científica, promovem produtos nocivos, criam marketing enganoso, miram em crianças, fazem *lobby*, cooptam organizações e atacam a ciência e os cientistas (como referência, citou meu livro *Food Politics*). Ainda assim, Mozaffarian avaliou que a aceitação do apoio da indústria alimentícia é justificada com base na diversidade das mesmas e na oportunidade para que os profissionais de nutrição influenciem o que elas fazem. Recomendou que a decisão sobre o financiamento seja considerada caso a caso, com base na adequação do parceiro, no alinhamento das metas, no equilíbrio de riscos e benefícios e na garantia de independência e de transparência acadêmica. Idealmente, "o patrocinador não deve ter nenhum papel na concepção, na implementação, na análise e na interpretação do projeto". No entanto, observou que, em muitos casos, "o parceiro da indústria pode desejar fornecer informações para o projeto de pesquisa e recursos adicionais para o estudo. A aceitação dessa contribuição deve ponderar os princípios e as funções resumidos e documentados anteriormente. Em contrapartida, a decisão quanto ao texto e à publicação dos resultados deve ser totalmente controlada pelo parceiro acadêmico, e o financiamento do setor deve ser transparente e plenamente reconhecido — esses princípios não devem ser negociáveis".[391]

Não estou certa de que, com tais princípios, a contribuição ponderada da indústria possa minimizar o viés inconsciente — essa hipótese ainda precisa ser testada. Concordo que os princípios inegociáveis de Mozaffarian para relações com empresas alimentícias — autonomia dos autores para publicação e divulgação total dos laços com a indústria — são excelentes pontos de partida, mas nossa profissão precisa fazer mais, reconhecendo a influência da indústria alimentícia como um problema sério que exige uma atenção das estratégias de gestão. Além disso, precisamos melhorar a divulgação.

Até agora, a ideia de que a integridade da pesquisa requer a divulgação completa dos laços financeiros parece ponto pacífico. Um dos autores da edição especial do *JAMA* disse que, "quando os autores negligenciam o relato de relacionamentos e/ou conflitos de interesses para os editores, e os periódicos publicam que os autores não têm nada a revelar, os leitores podem se sentir traídos, os críticos podem ficar ofendidos e os blogueiros e outros 'observadores de conflitos de interesses' que vasculham a literatura, procurando falhas de divulgação, se sentem no direito de expor a quebra de confiança".[392] Nossa profissão precisa normalizar a divulgação e torná-la menos desconfortável.

As agências federais tentam fazer isso, exigindo que as instituições de pesquisa mantenham e apliquem as políticas de divulgação, mas o grau de comprometimento institucional e a aquiescência do corpo docente variam muito. Como as instituições podem incentivar os professores a relatar os laços financeiros com mais liberdade? Uma sugestão é a suavização da linguagem — substituição de "conflitos de interesses" por "relacionamentos relevantes". As universidades — algumas mais do que outras — levam isso a sério. Conforme observado anteriormente, a Universidade Cornell informa ao corpo docente que "medidas disciplinares e sanções são impostas por deixar de relatar conforme necessário ou deixar de cumprir os planos de gestão". O que realmente ocorre, porém, quando a revelação ilumina algo questionável? O que as instituições realmente querem dizer quando falam em gerenciamento de conflito de interesses?

Em 2016, a OMS estabeleceu uma estrutura para o envolvimento com atores não estatais. A agência reconheceu que os conflitos de interesses "poderiam ser os mais elevados, em situações nas quais o interesse de atores não estatais — em particular, econômicos, comerciais ou financeiros — estivesse em conflito com as políticas de saúde pública da OMS — mandatos e interesses constitucionais". A política proíbe qualquer envolvimento com as indústrias de tabaco e armas de fogo. E exige que os outros setores demonstrem benefícios claros para a saúde pública, apoiem as propostas científicas e as bases de dados da OMS, protejam a integridade, a independência, a credibilidade e a reputação da organização, e sejam completamente transparentes.[393]

Pode parecer uma política forte, mas sessenta ONGs criticaram a primeira versão do documento por não distinguir entre "atores do interesse público, guiados por uma missão de saúde pública, e entidades privadas, guiadas pela lógica do lucro do mercado".[394] Esses grupos defenderam que a OMS proibisse todos os grupos da indústria de influenciar a agência sobre qualquer coisa. Disseram que a organização deveria deixar de lado o envolvimento com atores não estatais "com objetivos contraditórios". A leitura é de que há uma dúbia tentativa de criar um instrumento para atrair recursos ao mesmo tempo que se protege a missão da OMS. "Isso não pode ser feito."[395] Em 2017, as ONGs pediram aos Estados-membros da OMS que usassem como critério para escolha do próximo diretor-geral o compromisso de promover a saúde pública sem influência comercial.[396]

A política criada em 2016 lida exclusivamente com questões da OMS. Não se aplica às relações empresariais dentro dos países. Estes, porém, pediram à organização orientações sobre como administrar o patrocínio das empresas alimentícias nos programas de nutrição, em particular os de amamentação, fortificação de produtos e sobrepeso infantil. Em resposta, a OMS abriu uma espécie de consulta pública a fim de propor diretrizes para lidar com os conflitos induzidos pela indústria em políticas e programas de nutrição. O documento chegou à seguinte conclusão: os países têm o dever de garantir que as empresas de alimentos, bebidas e suplementos não exerçam influência indevida sobre as missões de saúde pública. Além disso, deveriam avaliar os riscos de envolvimento com as empresas alimentícias, fazer o que pudessem para evitar conflitos de interesses e estabelecer regras claras para essa relação. As medidas foram vistas como insuficientes.[397]

Ativistas e ONGs certamente preferem a clareza — ou seja, a falta de ambiguidade — das orientações dadas pela própria OMS em 2016 sobre o gerenciamento da comercialização inadequada de alimentos para bebês e crianças pequenas. Nessa situação, a organização recomenda que os Estados-membros estabeleçam políticas para impedir que as empresas de fórmulas infantis doem amostras grátis para unidades de saúde; forneçam presentes ou cupons a equipes médicas, pais e famílias; organizem eventos, concursos e campanhas em unidades de saúde; distribuam materiais educativos para pais; e patrocinem reuniões de profissionais de saúde ou ciências.[398] Conforme essas políticas de gestão, os que trabalham nas unidades de saúde não devem aceitar presentes de empresas de fórmulas infantis e os profissionais de nutrição não devem participar de reuniões patrocinadas por essas empresas. A segunda implicação explica por que os ativistas ficaram desapontados com minha decisão de falar no simpósio científico da Nestlé, incidente que discuti no começo deste livro.

Nos Estados Unidos, porém, o ILSI, que nunca perde a chance de defender os interesses das empresas, arrogou para si a liderança nessa discussão. Em 2009, reuniu um grupo de acadêmicos, ex-funcionários do governo e representantes de Coca-Cola, PepsiCo, Mars e outras empresas para desenvolver uma lista de critérios de como "obter resultados de pesquisa imparciais a partir das atividades financiadas pela indústria". As empresas pagaram pela iniciativa. O instituto publicou o relatório no próprio periódico — *Nutrition Reviews* —, mas várias outras revistas nutricionais o consideraram tão importante que o reimprimiram.[399]

Os tópicos elencados pelo instituto passavam por integridade da pesquisa, controle dos investigadores, divulgação dos laços financeiros e acessibilidade dos dados. Quatro anos depois, o ILSI patrocinou um segundo esforço desse tipo, envolvendo muitos dos mesmos participantes. O segundo grupo revisou e analisou os resultados anteriores e entrevistas realizadas com representantes de dezessete organizações de nutrição e saúde. As recomendações foram similares, mas houve dois acréscimos: convocar uma terceira parte, além de pesquisadores e patrocinadores, para discutir os detalhes da relação; e fazer com que os pesquisadores não saibam quem está financiando o estudo. O grupo não discutiu a viabilidade dessas medidas.[400]

Em 2015, alguns dos mesmos autores participaram de um terceiro conjunto de recomendações desenvolvido em uma reunião patrocinada pela Sociedade Americana de Nutrição por meio de um acordo de cooperação com o USDA. Seis dos dez autores tinham afiliações industriais (embora dois desses seis tenham dito que não havia conflitos a relatar). A tabela 13.1 resume os princípios consensuais da reunião. Eles estão baseados na ideia de que transparência, boa gestão e comunicação robusta "podem aumentar significativamente a confiança pública".[401] Os princípios enfatizam o benefício público (número 1 na lista) e o alinhamento dos interesses (número 3). Introduzem a ideia de que vários financiadores

Tabela 13.1 — Princípios de Consenso que Regem as Parcerias Públicas e Privadas para Pesquisa Alimentar e Nutricional — 2015

Princípio de pré-requisito
1. Ter um objetivo claramente definido e realizável para beneficiar o público.

Princípios de gestão
2. Articular uma estrutura de gestão que inclua uma clara declaração de trabalho, regras, os papéis dos parceiros, responsabilidades e prestação de contas para construir confiança, transparência e respeito mútuo, como princípios operacionais centrais — reconhecendo que "rompedores do acordo" podem impedir a formação de uma parceria eficaz.
3. Garantir que os objetivos atendam às necessidades públicas e privadas dos parceiros das partes interessadas com uma linha claramente definida para monitorar o progresso e medir o sucesso.

Princípios operacionais
4. Considerando a importância de ponderação, garantir que todos os membros possuam níveis adequados de poder de negociação.
5. Minimização de conflitos de interesses, recrutando um número suficiente de parceiros para mitigar a influência de um único membro, e ampliação das perspectivas e do conhecimento do setor privado.
6. Envolvimento dos parceiros que concordarem com hipóteses de pesquisa específicas e fundamentais (ou que podem ser apoiadas por meio de recursos disponíveis) a ser abordadas pela parceria.
7. Listagem dos parceiros comprometidos a longo prazo e compartilhamento dos dados do financiamento de pesquisa.
8. Junto ao governo e ao setor privado, inclusão de acadêmicos

e outros membros da sociedade civil (por exemplo, fundações, ONGs e consumidores) como parceiros.

9. Seleção de medidas objetivas capazes de fornecer um terreno comum para as metas de pesquisa dos setores público e privado.

10. Adoção das questões e das metodologias de pesquisa estabelecidas por parceiros com transparência em todos os interesses competitivos, idealmente no espaço pré-competitivo.

11. Flexibilidade na implementação do processo dos Princípios de Consenso que Regem as Parcerias Públicas e Privadas para Pesquisa Alimentar e Nutricional.

12. Garantia de comunicação contínua e transparente entre os parceiros — Princípios de Consenso que Regem as Parcerias Públicas e Privadas para Pesquisa Alimentar e Nutricional e o público.

Fonte: ALEXANDER, N.; ROWE. S.; BRACKETT, R. E. et al. "Construindo uma estrutura transparente e aplicável para relações público-privadas na pesquisa sobre alimentação e nutrição". American Journal of Clinical Nutrition, 2015, v. 101, pp. 1359-63.

---

mitigam os conflitos de interesses (número 5) — outra hipótese que ainda precisa ser testada. O que não vejo nesses princípios influenciados pela indústria é a garantia de que os financiadores vão abster-se de tudo que tenha a ver com projeto, metodologia, interpretação e apresentação da pesquisa.

Esses princípios podem parecer razoáveis, mas deixam muito espaço para o envolvimento corporativo, especialmente se a definição de "sociedade civil" (número 8) incluir empresas e se a definição de "flexível", no processo de parceria pública e privada (número 11), permitir que essas definam a agenda de pesquisa. No artigo do JAMA, Mozaffarian propõe o próprio conjunto de princípios de gestão. As sugestões dele vão além das mostradas na tabela — enfatizam a necessidade de lidar com a adequação do parceiro privado ao projeto, avaliar o equilíbrio entre riscos e benefícios e fornecer garantias de total independência acadêmica. O professor também advoga por mais verbas federais para a pesquisa nutricional — um objetivo vital que, muitas vezes, é esquecido nas discussões.

As ideias apresentadas merecem elogios por reconhecer que os conflitos financeiros são um problema e que, para serem gerenciados, exigem mais do que transparência. O aparente propósito de tais estruturas, porém, é permitir que os pesquisadores, as instituições e as sociedades recebam o financiamento do setor enquanto mantêm a confiança do público no que dizem e fazem. Dada a situação atual, não tenho certeza de que esse resultado seja plausível. Mesmo que seja, algumas das sugestões parecem ser especialmente questionáveis.

Essas estruturas geralmente incluem avisos para avaliação dos riscos de perda de reputação, credibilidade, confiança e equilíbrio. O Centro Charles Perkins, da Universidade de Sydney, estabeleceu um comitê para avaliar se os possíveis patrocinadores corporativos estão alinhados à missão principal da instituição e se eles se abstêm de influenciar o projeto, a metodologia e a publicação da pesquisa — e, ainda, se essa relação cria embaraços. As diretrizes do centro sobre os riscos são explícitas: promover os interesses comerciais da indústria de maneira contrária à missão do centro; ser percebido pelos outros como tendencioso, "amarrado" ou comprometido; desviar esforços de pesquisa e educação de alta qualidade; e influenciar os resultados em favor dos interesses do patrocinador.

As regras definidas pelo centro assumem que o engajamento do setor é apropriado e necessário, mas exige supervisão firme. Com os riscos declarados de forma tão rígida, no entanto, torna-se difícil justificar a obtenção de financiamento corporativo. O fato de vedar o envolvimento com projetos financiados por uma única empresa foi o que salvou o diretor do Centro Charles Perkins de se envolver com a Rede Global de Balanço Energético da Coca-Cola. Como vimos, alinhar metas corporativas com objetivos de nutrição pode causar dificuldades.

Lisa Bero pensa que a avaliação da adequação dos patrocinadores corporativos é um terreno pantanoso. A OMS recusa o envolvimento com empresas de tabaco e armas de fogo, mas permite com fabricantes de bebidas alcoólicas, refrigerantes e fórmulas infantis — produtos com efeitos questionáveis sobre a saúde e práticas de marketing igualmente questionáveis. Não é fácil distinguir entre corporações, associações comerciais e grupos de fachada que trabalham em nome de produtos que conflitam com a saúde pública ou têm perfis nutricionais complicados. Onde traçar o limite? O financiamento das empresas alimentícias multinacionais pode ser inaceitável, mas, e quanto ao financiamento dos fabricantes de alimentos "saudáveis" que pertencem às mesmas corporações multinacionais?[402]

Esse terreno pantanoso não impede que os grupos tentem definir critérios para avaliar a adequação. Os Dietistas pela Integridade Profissional, grupo dissidente da Academia de Nutrição e Dietética, criaram um sistema de classificação para aceitação de patrocínio. Por motivo de saúde, o sistema automaticamente desqualifica os fabricantes de bebidas alcoólicas, refrigerantes, doces e carnes processadas. Concede pontos por ingredientes nutritivos, métodos sustentáveis de produção de alimentos, práticas de comércio justo, bem-estar animal, baixo impacto ambiental e responsabilidade social. As empresas que atingem determinada pontuação são aceitáveis para patrocínio, mas as que ficam abaixo do estipulado não o são.[403]

A classificação NOVA, desenvolvida pelo Núcleo de Pesquisas Epidemiológicas em Nutrição e Saúde (Nupens), da Universidade de São Paulo (USP), agrupa os alimentos de acordo com o grau e o propósito de processamento: i) alimentos naturais, não processados ou minimamente processados; ii) ingredientes culinários processados, tais como óleos, manteiga, açúcar e sal; iii) alimentos processados de maneira básica, como pão ou queijo, enlatados, congelados ou que passaram por outros métodos semelhantes; e iv) alimentos ultraprocessados, como refrigerantes ou salgadinhos embalados. Essa classificação automaticamente desqualifica os fabricantes de alimentos ultraprocessados como patrocinadores, alegando que os produtos são formulados deliberadamente para formar hábitos de consumo, fortemente divulgados, falsamente promovidos como saudáveis, e que causam "efeitos problemáticos na nutrição e na saúde global".[404]

Bebidas açucaradas são um alvo fácil para exclusão, pois contêm meramente açúcares e água — nada de valor nutritivo. A alternativa para elas — água engarrafada — é melhor para a saúde, mas não para o ambiente. A maioria dos doces pertence à mesma categoria que os refrigerantes, mas, quando vamos além do açúcar, a avaliação nutricional se torna complicada, pois alguns doces são feitos com nozes e frutas secas. Até os alimentos mais altamente processados têm algum valor nutricional. Se dependesse de mim, seria difícil decidir quais patrocinadores da indústria alimentícia seriam aceitáveis. Todas as empresas querem vender mais — só isso já faz com que seu alinhamento aos objetivos da saúde pública seja intrinsecamente questionável. Em função dessas complexidades, pode ser que o melhor a fazer seja admitir que os conflitos de interesses existem e perguntar o que pode ser feito de maneira realista para gerenciá-los.

No início dos anos 1990, as universidades dos Estados Unidos tiveram problemas para manejar esses riscos. Continuam a ter problemas, mesmo com as políticas atuais. Na verdade, não tiveram escolha quanto à definição dessas regras. As agências federais não apenas as exigem, mas também as auditam para garantir que sejam implementadas e aplicadas.[405] As normas ficam a critério de cada instituição. Contudo, se sugere um padrão mínimo a seguir: as instituições devem exigir que os pesquisadores divulguem interesses conflitantes ao público e aos investigadores; os cientistas precisam modificar seus projetos de estudo para evitar influência indevida; ou desistir de participar da pesquisa; ou cortar os laços que possam resultar em conflito. As regras federais também recomendam que as instituições designem monitores independentes para supervisionar os projetos e os relatórios dos pesquisadores em conflito.

As políticas de mitigação colocam as universidades de pesquisa em uma posição difícil. Essas instituições querem que o corpo docente faça pesquisas inovadoras, traga subsídios e receba reconhecimento. Não se preocupam apenas com os riscos para a reputação do patrocínio da indústria — também temem que o trabalho para a indústria distraia o corpo docente dos compromissos institucionais. De fato, os professores que dedicam tempo a parcerias com a indústria podem negligenciar as obrigações para com os alunos e a instituição. A universidade em que trabalho permite que as atividades de consultoria ocupem um dia por semana, mas outras instituições permitem menos que isso.

A pressão para que as universidades promovam programas de pesquisa altamente ativos — mas, também, práticas mais éticas — cria tensões. A política da Universidade de Nova York sobre os conflitos de interesses e a ética ocupa 33 páginas (e em letras pequenas). Exige que o corpo docente divulgue as afiliações com a indústria — disseram-me que a maioria o faz. Os administradores determinam se há conflitos — investigação, gerência e eliminação dos mesmos e, se necessário, imposição de sanções. A administração central da instituição delega a gestão de conflitos aos decanos das várias escolas. Na Escola Steinhardt, onde trabalho, a decana revisa os formulários anuais sobre conflitos, sinaliza qualquer problema e encaminha ao funcionário responsável. Em 2017, pela primeira vez em todos os anos nos quais tenho preenchido esses formulários, recebi um e-mail confirmando a revisão e declarando que o meu estava OK. Os administradores me disseram que trabalhavam em uma nova política que previa exigir a revisão dos formulários dos conflitos de interesses nos quais fossem detectados problemas. Essas ações sugerem o crescente reconhecimento de que há uma questão aí, e que a universidade é responsável por resolvê-la.

Algumas universidades gerenciam o tema por meio de colegiados, que ajudam a decidir se as atividades financeiras externas do corpo docente estão em conflito com as políticas federais ou as políticas universitárias e, em caso afirmativo, ajudam a administrá-lo. Embora os campi interpretem as políticas de maneira diferente, o sistema da Universidade da Califórnia tem esses comitês há anos. O campus Berkeley explica por que é tão diligente na gestão dos conflitos de interesse: "é a lei, é a política da universidade, é a coisa certa a se fazer".[406]

O que desencadeia essas preocupações? A Universidade Cornell possui uma diretriz para esse propósito. Além de zelar pela instituição, a diretriz busca proteger os estudantes e os pesquisadores de pós-doutorado de ficar presos inconscientemente a situações nas quais os financiadores possam interferir na conduta ou na publicação. A equipe da Secretaria de Integridade da Pesquisa de Cornell revisa as declarações do corpo docente e assinala as que envolvem contratos de consultoria, participação acionária ou licenças para comitês de revisão. Quando a equipe entende que há conflito, impõe sanções.

Os problemas podem não ser frequentes, mas esse não é apenas um exercício teórico. Membros do passado e do presente de tais comitês relatam casos alarmantes — felizmente, raros — nos quais o corpo docente passa a maior parte do tempo trabalhando em negócios privados ou acordos de consultoria, falha em informar aos alunos sobre os laços comerciais e parece mais leal ao financiador do que às próprias instituições. O membro de um comitê de supervisão de conflitos me disse que, muitas vezes, os pares veem esse trabalho como uma redução de danos em casos flagrantes de estupidez que podem resultar em exploração dos estudantes ou pegar mal para os pesquisadores e para a universidade. Essa foi a primeira vez que escutei algo sobre um provável dano para os estudantes em relação a pesquisas conflitantes — ponto que também merece uma ênfase maior.

Como vimos, as sociedades médicas também têm levado os conflitos mais a sério. Nas reuniões anuais, algumas têm requerido que os palestrantes divulguem os laços financeiros. Outras têm comitês para revisar esse tema e auditar as divulgações feitas nas sessões da programação científica. Como mencionei anteriormente, os palestrantes do Congresso da Sociedade Americana de Nutrição em 2017 omitiram frequentemente as divulgações ou as apresentaram rápido demais para serem compreendidas, e não vi nenhuma evidência de que houvesse uma auditoria. Os profissionais de nutrição ainda têm um longo caminho a percorrer para criar uma cultura que veja os conflitos de interesses como problema que mereça atenção. Lisa Bero propõe medidas nos moldes das que foram adotadas em relação às indústrias farmacêutica e do tabaco. O campo da nutrição, diz ela, precisa de políticas aprimoradas para lidar com conflitos financeiros, métodos aperfeiçoados para avaliar viés em estudos, uma agenda de pesquisa desvinculada de interesses corporativos e fontes de financiamento independentes da pesquisa nutricional ou, no mínimo, um conjunto de fundos da indústria administrados por uma parte autônoma.[407]

Concordo. Quanto mais cedo isso ocorrer, melhor. Enquanto se espera que a cultura da pesquisa melhore, o que as partes interessadas têm feito para melhorar? Essa questão nos leva ao último capítulo e à conclusão dessa discussão.

14.
É hora de agir

Para nossos propósitos, *stakeholders* é o termo político usado para grupos ou indivíduos que ganham ou perdem na parceria entre indústrias alimentícias e profissionais de nutrição. Hoje, estamos totalmente familiarizados com os riscos dessa parceria: opiniões tendenciosas, agendas distorcidas, resultados enviesados, recomendações dietéticas problemáticas, perda de oportunidades profissionais e, não menos importante, redução da confiança pública. Agora, portanto, é o momento para que nos voltemos ao que nós e outras partes interessadas na situação podemos — e devemos — fazer para prevenir, interpretar e gerenciar esses riscos.

Quando comecei a trabalhar neste livro, queria responder a algumas perguntas básicas: as indústrias de alimentos, bebidas e suplementos devem financiar as pesquisas de saúde pública? Os cientistas e suas respectivas sociedades profissionais devem aceitar o financiamento? O que as universidades e os periódicos nutricionais devem fazer para proteger a integridade científica? E, o que é mais crítico: de que maneira nós — cidadãos — devemos lidar com essas questões em nossas vidas? Quero explicar como os conflitos induzidos pela indústria afetam a todos nós e mostrar o que podemos fazer para que as corporações, os profissionais de nutrição, as universidades, as agências governamentais e os jornalistas que escrevem sobre esses assuntos sejam responsáveis e mantenham padrões éticos mais elevados.

Empresas alimentícias devem financiar pesquisas nutricionais?

Se vivêssemos em um mundo ideal, as empresas alimentícias venderiam produtos bons e minimizariam a criação, a fabricação e o marketing agressivo dos ultraprocessados. Ninguém as força a produzir e vender esse tipo de produto. Mesmo que muitas pessoas gostem deles, os ultraprocessados servem ao lucro — e não à saúde. Gosto da maneira pela qual o eticista Jonathan Marks aborda esse ponto: "se uma empresa de alimentos ou bebidas deseja ter integridade, não pode alegar que promove saúde e, ao mesmo tempo, comercializar agressivamente itens líderes de mercado com poucos nutrientes e alto valor calórico, que agravam a obesidade e as doenças não transmissíveis associadas à obesidade".[408] Mesmo no caso de produtos "saudáveis" ou "mais saudáveis", não vejo nenhuma razão válida — além de lucro — para engajar cientistas universitários e governamentais em pesquisas de marketing.

Compreendo perfeitamente que as empresas alimentícias não são instituições de caridade nem agências de serviço social, e que são obrigadas a atender às demandas de seus acionistas por retornos financeiros mais altos e mais imediatos.[409] Entendo que elas precisam de pesquisas para criar novos produtos e queiram trabalhos científicos que ajudem nos objetivos de marketing. Mas, quando elas me indagam de que forma podem obter tais estudos se não os financiarem, acredito que estejam fazendo uma pergunta marqueteira — não científica.

Para pesquisas de marketing, as empresas alimentícias têm escolha. Se não fizerem estudos internos, podem contratar empresas cujo negócio é exatamente esse. Porém, quando iniciam parcerias com laboratórios do USDA ou oferecem subsídios para pesquisadores universitários, criam uma situação delicada e desnecessária. Os estudos sobre desenvolvimento de produtos e estratégias de marketing são, geralmente, desenvolvidos em departamentos de ciência de alimentos ou em escolas de negócios. Quando, no entanto, querem pesquisas que façam recomendações de saúde sobre os produtos que fabricam, as empresas distorcem a agenda científica. Há uma grande diferença entre "financiemos um estudo para provar que nosso produto é saudável" (marketing) e "financiemos um estudo para descobrir se ou como as dietas podem afetar a saúde" (ciência).

A Unilever, uma das poucas empresas alimentícias que ainda faz pesquisa interna, tem uma política explícita sobre integridade — a ciência deve ser guiada por hipóteses, e ser rigorosa, objetiva e transparente. Aplica esses princípios aos próprios pesquisadores e aos parceiros universitários. A Nestlé, também ainda ativamente engajada em pesquisa, insiste para que as parceiras adiram aos princípios de liberdade acadêmica, ética e integridade. Depois da exposição pública, a Coca-Cola agora limita o financiamento a 50% do custo de um estudo.[410] Essas empresas merecem crédito por reconhecer o risco e por buscar se proteger. Não há certeza de que essas medidas funcionem no sentido de reduzir o viés inconsciente dos pesquisadores, mas, aparentemente, há uma tentativa de responder à necessidade de um ambiente de pesquisa mais objetivo. Outras empresas que se preocupam com essa temática também devem estabelecer políticas de integridade, e cumpri-las. As regras devem deixar claro que, uma vez que os recursos são concedidos, os doadores precisam ficar fora de todo o processo científico. Ainda que seja assim, os doadores terão estabelecido ou influenciado a agenda de pesquisa pelo simples fato de que decidiram apoiá-la.

Ao pensar sobre a melhor forma de criar um muro de proteção entre doadores e cientistas, a ideia que surge com mais frequência é a da reunião de contribuições de vários doadores sob a administração de uma terceira parte independente. Como mencionei no capítulo 12, as tentativas anteriores realizadas pela Fundação Nutrição e por Harvard nesse sentido não foram suficientes. Como muitas pesquisas financiadas pela indústria têm como objetivo o desenvolvimento e a venda de produtos, duvido que as empresas alimentícias contribuam de bom grado para um fundo que não possam controlar, especialmente se os recursos empregados servirem de apoio a estudos com resultados inconvenientes. A Coca-Cola, por exemplo, fez uma parceria com o Centro de Controle e Prevenção de Doenças dos Estados Unidos para campanhas de obesidade centradas em atividade física, mas se recusou a financiar programas do centro nos quais não tinha interesse comercial imediato.[411][412]

Um modelo em vigência é o da Fundação dos Institutos Nacionais de Saúde (sem fins lucrativos), autorizada pelo Congresso dos Estados Unidos a coletar fundos de doadores privados para apoiar pesquisas e educação. A fundação é altamente bem-sucedida. Em 2016, distribuiu mais de 55 milhões de dólares. Esse recurso vem de centenas de doadores — de pacientes a grandes corporações — que contribuem com quantias que variam de algumas centenas de dólares a milhões. A categoria principal inclui doze doadores: cinco fabricantes de bebida alcoólica, cinco empresas farmacêuticas (algumas das quais fazem suplementos alimentares), a Liga Nacional de Futebol Americano e a Fundação Bill & Melinda Gates. Há apenas uma empresa de alimentos ou bebidas — o Conselho Nacional de Laticínios, na faixa de doação entre 25 mil e 49 mil dólares.[413] Por que as empresas de alimentos e bebidas contribuem tão pouco para a fundação? Suponho que é porque a entidade costuma se concentrar em pesquisa básica, em vez de criar resultados que deem base a iniciativas de marketing.

No entanto, as tintas se misturam aqui também. A fundação busca ativamente doadores para projetos específicos e permite que eles delimitem a área da pesquisa — ou seja, que eles influenciem a agenda. Esse vínculo ficou evidente na reportagem de primeira página do *The New York Times* sobre a promessa de várias empresas de bebida alcoólica de fornecer 67,7 milhões de dólares à fundação a fim de fazer um estudo para determinar se tomar uma bebida alcoólica por dia previne ataques cardíacos. Esse projeto pode soar como ciência, mas o interesse dos patrocinadores, a dimensão da doação e a hipótese são sinais de alerta. O diretor do departamento de álcool do Instituto Nacional de Saúde assegurou ao repórter que o resultado seria "imune à influência da indústria".[414] Creio que essa afirmação saiu diretamente da cartela de bingo do conflito de interesses, pois implica desconhecer os efeitos do financiamento. Investigações subsequentes indicaram laços ainda mais profundos entre o diretor e a indústria do álcool, e levaram a demandas para que o instituto interrompesse o teste.[415]

Diante dessas dificuldades, penso que apenas uma opção pode realmente funcionar: um programa de pesquisa para que toda a indústria pague um imposto ou uma taxa obrigatória. Tornar as contribuições obrigatórias eliminaria o problema de ter de agradar aos doadores para garantir o financiamento contínuo.[416] A ideia seria exigir que todas as empresas de alimentos, bebidas e suplementos com vendas acima de determinado nível pagassem um imposto proporcional à receita. Uma agência do governo, uma fundação privada ou um grupo independente poderia coletar os fundos e administrá-los, assim como acontece com o Instituto Nacional de Saúde. Tais sistemas teriam as próprias fontes de viés, mas os vieses não seriam comerciais.

Como isso se daria na prática? Classifico a viabilidade dessa ideia como zero, pelo menos nos Estados Unidos. As empresas alimentícias não gostam de impostos e invariavelmente se opõem a eles (os *checkoffs* do USDA são uma exceção, mas os fundos se revertem em marketing, não em ciência). É difícil imaginar que o código tributário e o Congresso dos Estados Unidos deem espaço a algo assim. Qualquer compromisso que não um imposto obrigatório, porém, permite que o financiamento da indústria influencie a pesquisa, cause conflitos de interesses e leve a consequências indesejáveis. Valeria a pena tentar qualquer outro tipo de iniciativa, se fosse boa.

O financiamento da indústria deve ser aceito?

Nesse ponto, abordo diretamente meus colegas de nutrição. O dilema: se você usar os recursos da indústria alimentícia (algo que você quer ou que você pode precisar), você correrá riscos (o que você não quer). Envolver-se com a indústria? Certamente. Usar os recursos da indústria? Se der, não. Na ausência de padrões profissionais para gerenciamento dos interesses conflitantes, você mesmo deve lidar com os problemas. Isso sugere que, na medida do possível, é melhor evitar os conflitos e o gerenciamento dos mesmos. Se você estiver em uma situação conflituosa, procure ajuda.

Os perigos não podem mais ser ignorados. À medida que nossas instituições e associações profissionais reconhecerem mais os riscos — o que acredito que farão —, os "custos de oportunidade" do financiamento da indústria aumentarão. Esses custos já incluem rebaixamento das pesquisas financiadas pela indústria, rejeição de artigos por periódicos com altos padrões éticos e exclusão dos especialistas conflitantes de prestigiosos comitês consultivos e de revisão — todos com consequências para a promoção acadêmica e para a estabilidade profissional. James Hill, um dos fundadores da Rede Global de Balanço Energético, deveria estar ciente desses riscos. Foi o autor de um comentário sobre parcerias público-privadas que se queixou que alguns de seus colegas consideram o financiamento das empresas alimentícias "como último recurso, algo que poderia afetar negativamente a carreira, e os treinandos são advertidos a deixá-lo de lado".[417] Meu palpite — e algo que espero — é que o número de colegas que veem o financiamento do setor como problema aumentará.

Qualquer coisa que não a recusa em aceitar o dinheiro envolve compromissos. Estabeleça uma política pessoal para decidir que tipo de financiamento é aceitável e em quais circunstâncias. Reconheça que a influência sobre sua conduta é inconsciente: projete os estudos a fim de controlá-la, insista para que o patrocinador fique longe de todo o processo de pesquisa e divulgue totalmente essa relação. Nesse sentido, o pesquisador de lipídios Martijn Katan sempre diz que nem todo financiamento da indústria merece condenação — as pesquisas patrocinadas pela Unilever, por exemplo, levaram à descoberta de que as gorduras trans aumentam o risco de doenças cardíacas.[418] É verdade, mas, como venho repetindo ao longo deste livro, muitas pesquisas financiadas pela indústria tratam-se de marketing, não de ciência. Nunca é demais esclarecer essa distinção.

O desenvolvimento de uma política para proteção de alunos e bolsistas de pós-doutorado também é uma boa ideia. De todas as partes interessadas na pesquisa financiada pela indústria, esta é a mais vulnerável. Devem ser autorizados a aceitar os prêmios de viagem financiados pelo setor, bolsas de estudo, parcerias e doações? Prêmios e honrarias não costumam causar problemas, mas, se trabalharem em projetos patrocinados pela indústria, eles precisam estar bem informados sobre os riscos. No mínimo, devem ser capazes de conduzir a pesquisa e publicar o resultado sem a interferência de patrocinadores corporativos. Quando estagiários perguntam sobre como lidar com situações embaraçosas causadas por patrocinadores (que parecem tentar controlar a agenda de pesquisa, gerenciando-a e estabelecendo restrições à publicação), sugiro que conversem com seus orientadores e, se isso não funcionar, peçam ajuda, agendando uma consulta com um integrante da universidade encarregado de proteger a integridade do trabalho científico.

Nossas sociedades profissionais também precisam de políticas. Enquanto continuarem a aceitar o financiamento das empresas alimentícias e a ignorar as consequências, não estabelecerão padrões éticos apropriados para a profissão. A World Obesity, coalizão de cerca de cinquenta organizações internacionais, desenvolveu um sistema para classificar os potenciais doadores pelo grau de risco. Não se aceita recursos de fabricantes de tabaco, armas de fogo e álcool. Fabricantes de refrigerantes, salgadinhos, alimentos para bebês, fórmulas infantis, cereais matinais, biscoitos, bolos e doces são analisados com minúcia.[419] Independentemente do que as sociedades profissionais pretendem, a aceitação do financiamento da indústria implica o endosso à empresa patrocinadora e aos produtos dela. A categorização dos produtores de alimentos "saudáveis" como patrocinadores aceitáveis e dos produtores de alimentos "não saudáveis" como inaceitáveis coloca as sociedades profissionais em um terreno pantanoso.

Na criação de políticas para lidar com as doações do setor, as sociedades de nutrição têm reconhecido os próprios papéis no estabelecimento de padrões éticos para pesquisa, prática e atuação pública. Idealmente, devem visar à eliminação completa do financiamento da indústria. Enquanto trabalham em direção a esse objetivo, as políticas interinas devem pelo menos exigir que as doações sejam irrestritas e que haja total transparência sobre patrocinadores, quantias e proporção de orçamentos. As políticas também podem lidar com declarações de conflito de interesses na abertura de palestras, restrição de uso de logotipos de empresas em sacolas e outros itens distribuídos nos congressos científicos, e eliminação dos simpósios-satélite financiados. Podem ainda abordar situações nas quais o financiamento da indústria é apenas para marketing, como publicidade em publicações e estandes de exibição.[420] Quaisquer que sejam as políticas, as sociedades profissionais devem torná-las totalmente transparentes para os membros e para o público.

O que as universidades e os periódicos nutricionais devem fazer para proteger a integridade científica?

Em função de a cultura do local de trabalho estabelecer padrões éticos, qualquer instituição que empregue pesquisadores ou profissionais deve promover a integridade do trabalho realizado sob seus auspícios. As instituições devem ensinar princípios de ética a pesquisadores, estudantes e bolsistas de pós-doutorado. Devem garantir que os investigadores sejam totalmente responsáveis pelo que fazem, escrevem e publicam, e devem tomar todas as medidas necessárias para revisar, investigar e gerenciar os conflitos de interesses. Se quiserem minimizar esses conflitos, devem seguir as diretrizes do Instituto Nacional de Saúde — em espírito e em palavra — e estimular um ambiente de pesquisa no qual a independência, a integridade e a vedação à interferência da indústria sejam normas culturais esperadas.[421]

Como indicado na edição especial sobre conflito de interesses do JAMA, em 2017, a comunidade médica tem levado esse problema mais a sério, embora tenha demorado trinta anos desde que o *New England Journal of Medicine* declarou que a divulgação dos laços financeiros era fundamental. Os autores dos artigos, em geral, alertaram que manter altos padrões editoriais é algo decisivo para a manutenção da credibilidade. A maioria deles segue as diretrizes do Comitê Internacional de Editores de

Revistas Médicas, segundo o qual os próprios editores não devem apresentar conflitos e devem se abster de decisões editoriais que possam ser conflitantes.

Periódicos médicos têm lutado com essas questões há muito tempo. Em 2005, um ex-editor do *New England Journal of Medicine* argumentou que os médicos que têm interesse financeiro em um produto não deveriam ser autorizados a publicar um artigo em que o analisam.[422] Em 2013, em uma forte mudança de rumos, os editores do BMJ anunciaram que não mais publicariam as pesquisas patrocinadas pela indústria do tabaco. No entanto, apenas uma década antes, a publicação havia se oposto à proibição de anúncios de tabaco em jornais, alegando que "o BMJ é apaixonadamente antitabaco, mas, também, somos apaixonadamente pró-debate e pró-ciência. A proibição seria anticiência".[423] Hoje, o JAMA considera que os editores são responsáveis por garantir que os artigos de autores com conflitos de interesses reflitam com precisão as evidências científicas e sejam livres de viés. A rede Cochrane proíbe que revisões sistemáticas tenham participação de indivíduos com conflitos de interesses. O mesmo ocorre com o *New England Journal of Medicine*: "como a essência das revisões e dos editoriais é a seleção e a interpretação da literatura, o jornal espera que os autores de tais artigos não tenham nenhum interesse financeiro significativo em uma empresa (ou no concorrente) responsável pelo produto discutido no artigo".[424]

Até onde eu sei, no entanto, nenhum periódico nutricional se recusa a publicar pesquisas patrocinadas por empresas alimentícias e artigos de pesquisadores com conflitos de interesses. Os editores desses periódicos — muitos deles com relações conflitantes — agem como se a divulgação desse conflito fosse o suficiente. É preocupante que tantos estudos patrocinados — especialmente sobre alimentos específicos ou ingredientes isolados — sejam publicados nos principais periódicos. Gostaria que os editores das publicações de nutrição vissem tais artigos com mais ceticismo ou, pelo menos, os rotulassem como pesquisa de marketing — ou, melhor ainda, como a analista de políticas alimentares Corinna Hawkes sugeriu uma vez: a pesquisa deveria ser enviada para uma publicação estabelecida para esse propósito: a *Revista da Pesquisa Financiada pela Indústria*.

Considerações semelhantes devem ser aplicadas aos pareceristas. Todo o processo de revisão feito por pares está sob crescente escrutínio de isenção, confiabilidade e conflito de interesses. Apesar dessas preocupações, os revisores raramente rejeitam os artigos com base nas declarações sobre laços financeiros. Frequentemente, faço parecer de originais para publicações médicas, de saúde pública e nutrição. Examino as declarações e, quando necessário, em minhas recomendações para os editores, comento o conflito de interesses. Voto pela rejeição dos estudos financiados pela indústria com evidentes objetivos de marketing. Os editores devem incentivar outros pareceristas a fazer o mesmo. Ajudaria se os próprios editores não tivessem conflitos financeiros, exigissem a divulgação dos laços dos pareceristas e prestassem mais atenção às questões levantadas por esses laços. O reconhecimento de que há um problema é o primeiro passo.

Como você deve lidar com esse assunto?

Isso leva à questão daquilo que você, leitor, leitora, pessoa que se alimenta, cidadão, cidadã, deve fazer acerca da influência da indústria alimentícia sobre a própria vida. Você já deve ter notado que, em notícias sobre nutrição, raramente se menciona quem bancou uma pesquisa ou os conflitos financeiros envolvidos no resultado de um estudo. Isso acrescenta outra camada de complexidade. Os próprios jornalistas têm interesses conflitantes? Não deveriam. O Código de Ética do Jornalismo nos Estados Unidos exige que os profissionais da área evitem conflitos de interesses, divulguem os que são inevitáveis e "recusem presentes, favores, taxas, viagens gratuitas, tratamentos especiais e outras atividades que comprometam a integridade e a imparcialidade, e prejudiquem a credibilidade".[425]

Com o aumento das pressões financeiras sobre os negócios de mídia, porém, os repórteres têm tido mais dificuldade para aderir a esses princípios. Evitar conflitos é especialmente difícil para os jornalistas científicos que cobrem as indústrias de medicamentos, dispositivos médicos, produtos químicos, biotecnologia e alimentos. Em 2016, por exemplo, a *National Press Foundation* convidou jornalistas para participar de uma oficina de treinamento de quatro dias (com todas as despesas pagas) para explorar questões controversas sobre alimentos e agricultura. A fundação não pagou pelo programa. Os financiadores foram: Monsanto, Federação Americana de Fazendeiros, Conselho Nacional da Carne Suína e Associação de Comércio de Orgânicos — empresas ou associações comerciais com interesses financeiros nos assuntos discutidos e cobertos pelos jornalistas convidados.[426] Os jornalistas não deveriam ter aceito o convite, mas, ao fazê-lo, o Código de Ética exige que divulguem os arranjos financeiros em qualquer matéria publicada sobre o assunto.

Ao escrever sobre os debates acerca das relações entre profissionais da imprensa e as indústrias, o jornalista científico Paul Thacker citou um colega que tinha lutado para elaborar uma política pessoal: "não receba o honorário. Aceite os recursos para a viagem. Não é dinheiro que vai para seu bolso, o que limita o potencial dos conflitos de interesses, e você pode fazer algo de bom estando lá, tanto para apresentar suas opiniões sobre os painéis dos quais participa quanto para trazer informações valiosas para os leitores. E, se você escrever sobre a conferência, divulgue o recebimento de dinheiro de maneira clara".[427]

Como leitores, precisamos de jornalistas que cubram pesquisas sobre nutrição, alimentação e agricultura, e relatem quem pagou pelos estudos, os próprios conflitos de interesses e os conflitos dos especialistas citados. Foi realizada uma análise de reportagens sobre obesidade que citavam os investigadores da Rede Global de Balanço Energético. Ao menos trinta textos não mencionaram os laços financeiros dos cientistas com a Coca-Cola.[428] O editor do *Health News Review*, Gary Schwitzer, diz que essas omissões são frequentes — seguindo esse critério, menos da metade dos comunicados à imprensa passa pelo crivo. Para os leitores, é questão de "sorte" ser informado adequadamente sobre relações financeiras. Uma investigação de notícias sobre estudos médicos demonstrou por que isso é importante — o estudo constatou que praticamente todos os comentários de fontes ligadas financeiramente ao patrocinador favoreceram a pesquisa, enquanto menos de 20% dos especialistas independentes o fizeram.[429]

Pelo menos um repórter insta os colegas a assumir o financiamento da indústria e os laços financeiros sempre que escreve para o público: "argumentar que os conflitos de interesses são um mal inevitável mostra escassez de imaginação e ambição ética. A maioria das reformas sociais do mundo surgiu depois que determinadas pessoas procuraram desafiar o *statu quo* 'imutável'. Financiamento científico não é a escravidão ou o sufrágio feminino, mas acho que o mesmo princípio amplo se aplica — cruzar os braços não ajuda ninguém".[430]

A menos que os repórteres enfrentem esse desafio, você mesmo precisa decidir se deve ou não acreditar nas notícias e nos conselhos de especialistas. Como nem toda pesquisa financiada pela indústria é necessariamente distorcida, embora grande parte dela seja, sempre que você vir que há financiamento da indústria, uma dose saudável de ceticismo será justificável. A *Health News Review* tem dez critérios para decidir se os comunicados midiáticos são confiáveis. A maioria lida com a qualidade da evidência, mas um aborda a independência das fontes e do financiamento — exige que os jornalistas citem pelo menos um especialista independente e divulguem os interesses conflitantes dos demais. Recomenda aos leitores que sejam céticos acerca de uma matéria que não revele um conflito de interesses importante.[431]

Você não precisa saber nada sobre ciência para julgar se as notícias sobre estudos fazem sentido. A *Health News Review* usa o seguinte critério: "a matéria parece depender exclusivamente ou em grande parte de um comunicado de imprensa?". Em caso afirmativo, trata-se de relações públicas e não de ciência. Às vezes, dou aula para jornalistas e meu conselho tanto para os estudantes quanto para os profissionais dessa área é: sempre que puder, leia a pesquisa original. Mesmo que o estudo seja difícil de entender, a leitura ajuda a formular perguntas melhores para os autores. Quem não é repórter também pode ler os estudos originais. Há guias disponíveis para ajudar na compreensão. Alguns deles recomendam que você preste atenção à fonte de financiamento. Um, por exemplo, resume bem a situação: "interesses podem distorcer a pesquisa de diferentes maneiras — desde a formulação direta de hipóteses tendenciosas em relação a um determinado resultado, até a seleção de certos resultados para publicação e influências mais sutis sobre quais conclusões enfatizar. Sendo assim, é razoável 'seguir o dinheiro' — saber quem financiou a pesquisa que você analisa".[432]

Quando você deve ser cético? Imagine um sinal vermelho sempre que vir um relatório que informe que um único alimento, bebida, suplemento, produto alimentício ou ingrediente causa ou reduz o risco de obesidade, doenças cardíacas, diabetes tipo 2 ou câncer. Os estudos podem ter identificado associações entre o fator alimentar e a doença, mas essas associações podem ser causadas por vários outros fatores. O que importa para a saúde está relacionado aos padrões dietéticos e não a fatores únicos.

Procure palavras como "milagre" ou "avanço": a ciência tende a evoluir lentamente. E, por favor, seja especialmente cético acerca da declaração de que "tudo o que você acha que sabe sobre nutrição está errado". A ciência também não funciona dessa maneira. Sempre que você vir o termo "pode" — como em "pode reduzir o risco de doença cardíaca" e "pode melhorar a cognição em idosos" —, reconheça que o contrário também tem chance de ser verdadeiro: "não pode". Sempre se pergunte se, à luz de tudo o que você conhece, o resultado do estudo parece plausível.

Como *pessoa que se alimenta*, você deve ser cauteloso acerca dos exageros sobre a gordura e o açúcar como as causas mais importantes dos problemas de saúde. Essa questão ignora os princípios básicos da nutrição: comemos alimentos e não nutrientes, e a quantidade que comemos é quase tão importante quanto o que comemos. Dietas com variedade enorme — como dietas asiáticas, tradicionalmente baseadas em arroz (carboidratos que, no corpo, convertem-se em açúcar), e dietas mediterrâneas, ricas em azeite de oliva (gordura) — podem promover vida longa e saudável. O princípio básico de alimentação balanceada permanece notavelmente constante ao longo dos anos: ingestão de uma grande variedade de alimentos frescos ou minimamente processados. Observe que esse mesmo princípio alimentar se aplica à prevenção de toda a gama de doenças crônicas relacionadas à dieta. Quando um estudo financiado pela indústria propagar benefícios milagrosos dos produtos do patrocinador, estamos falando de publicidade.

Para os privilegiados que têm acesso a uma grande e variada oferta de alimentos, essa recomendação se traduz em alguns princípios básicos: coma vegetais, escolha alimentos minimamente processados, minimize os ultraprocessados e atente para o excesso de calorias. Esses preceitos dão oportunidade para que você coma o que gosta e tenha prazer no que come. Ao seguir esses princípios, você "vota com o garfo" por dietas mais saudáveis para você, sua família e o planeta.

Isso nos leva aos nossos papéis como *cidadãos* que, por assim dizer, votam. Este livro aparece em um momento no qual as corporações dominaram a sociedade norte-americana, colocando os processos democráticos em risco. A democracia precisa de cidadãos informados e engajados que se manifestem contra práticas corporativas enganosas e desonestas. Como alguns têm dito, precisamos de melhores regras para participação democrática que nivelem o campo de ação e controlem o poder que as corporações exercem sobre a legislação e a política.[433]

O público — e isso significa todos nós — tem uma grande influência no que as empresas alimentícias fazem e vendem. O rótulo de todos os produtos fornece informações sobre o contato com a empresa, ou seja, é fácil dizer o que você pensa. Faça as empresas alimentícias serem responsáveis. Ligue. Diga que você quer que elas divulguem o nome dos cientistas, dos profissionais e das sociedades que financiam o produto e em que nível. Diga que você não quer que elas se envolvam com comitês e decisões políticas sobre nutrição e saúde. Certifique-se de que elas saibam que você quer que elas financiem pesquisas, mas para o bem maior da sociedade e de maneira a não influenciar o resultado. Se um número suficiente de pessoas fizer isso, as empresas terão de escutar.

Acredito realmente que o controle das práticas inadequadas das empresas alimentícias é papel do governo. Mais uma vez cito o eticista Jonathan Marks: "os governos, e não as corporações, são os guardiões da saúde pública. É hora de as agências de saúde pública e os órgãos reguladores 'lutarem' um pouco mais com as corporações, criando incentivos estruturais para práticas mais saudáveis e responsáveis, e chamando as empresas para prestar contas quando não cumprem o acordo". Muitos governos de hoje — inclusive o norte-americano — parecem estar aprisionados pelas corporações. Se quisermos controlar o poder corporativo, nós — cidadãos — precisamos fazer com que nossa voz seja ouvida.

As agências governamentais deveriam financiar a pesquisa básica geral e, em particular, a pesquisa básica de nutrição, alimentos e agricultura. Precisamos saber qual é a melhor maneira para alimentar a população crescente do mundo de forma sustentável e de modo a promover a saúde das pessoas e do planeta. As prioridades das empresas alimentícias impedem o investimento em tais questões, exceto quando a pesquisa pode levar ao desenvolvimento de produtos e ao aumento de vendas. Como cidadão, você pode apoiar esforços para aumentar os investimentos federais em pesquisa básica.

Nas sociedades democráticas, os governos representam todos os cidadãos e isso nos inclui. Eles não devem permitir que empresas alimentícias determinem as políticas sobre alimentação e saúde. Não devem permitir que comitês consultivos sejam invadidos por especialistas com conflitos de interesses e, se nomearem membros com tais conflitos, precisam explicar o porquê.

O Instituto Nacional de Saúde anuncia as diretrizes para lidar com os conflitos financeiros citando uma frase de seu diretor, Francis Collins: "a confiança do público no que fazemos é essencial. Não podemos correr riscos em relação à integridade do processo de pesquisa".[434] Só por essa razão, o USDA deve reconsiderar o copatrocínio de pesquisas voltadas para objetivos de marketing e redirecionar o empreendimento de pesquisas para onde é mais necessário: alimentação, nutrição e ciência agrícola.[435] Como cidadãos, temos o direito de exigir que as agências governamentais que lidam com as questões de alimentação e nutrição priorizem a saúde pública.

Se "votar com o garfo" pode ser útil, mais útil ainda é "votar com seu voto". Se você vir notícias sobre estudos suspeitos de terem recebido financiamento da indústria, pergunte ao repórter.

Se um número suficiente de pessoas questionar os jornalistas de ciências sobre quem pagou pelos estudos a respeito dos quais eles escrevem, eles irão prestar mais atenção a essa questão. Embora tais ações pessoais possam parecer ineficazes diante da imensidão do poder corporativo, não deixe de ter esperança. Entre em contato com os que representam você no Congresso. Fale sobre o que você pensa a respeito da influência corporativa nas questões de nutrição e saúde. Como cidadãos, precisamos e merecemos sistemas alimentares mais saudáveis, mais sustentáveis e mais éticos. Se não os exigirmos, quem os exigirá?

AGRADECIMENTOS

Algumas das minhas perguntas sobre a história e o atual status da pesquisa sobre os efeitos do financiamento poderiam ser respondidas com relativa facilidade pela leitura dos muitos livros disponíveis sobre esses tópicos. Outras, porém, são difíceis de ser respondidas por uma razão inesperada: poucas bibliotecas mantêm cópias impressas dos periódicos arquivados. Como as cópias eletrônicas raramente incluem instruções aos autores, as cópias impressas são a única fonte dessas informações, bem como de outros itens úteis, como listas de patrocinadores. Agradeço à Biblioteca Mann, da Universidade Cornell, por manter conjuntos completos das publicações nutricionais nas prateleiras e em circulação, e a Patrick Stover por possibilitar meu acesso contínuo à Divisão de Ciências da Nutrição da Cornell.

Sem esse tipo de generosidade de colegas e amigos, teria sido impossível escrever *Uma verdade indigesta*. Em primeiro lugar, reconheço minha dívida com Lisa Bero e seu grupo de pesquisa — Nick Chartres, Alice Fabbri, Quinn Grundy e Barbara Mintzes —, com o qual trabalhei no Centro Charles Perkins, da Universidade de Sydney, no início de 2016, e com Stephen Simpson, diretor do Centro Charles Perkins, que me possibilitou conduzir a pesquisa inicial deste livro em circunstâncias tão acolhedoras. Também agradeço a Juan Rivera Dommarco, diretor do Instituto Nacional de Saúde Pública de Cuernavaca, no México, e a Simón Barquera, diretor do Centro de Pesquisa em Nutrição e Saúde, por me acolher em fevereiro e março de 2017, enquanto eu trabalhava no rascunho deste livro.

Agradeço a Yoni Freedhoff por identificar o tuíte que lançou o artigo de Anahad O'Connor no *The New York Times*, que, por sua vez, despertou meu interesse em escrever este livro. O'Connor gentilmente forneceu cópias dos e-mails que obteve por meio da solicitação de acesso à informação, assim como Gary Ruskin, do US *Right to Know*. Laura Schmidt incentivou Dee Dee Kramer, bibliotecária da Universidade da Califórnia, a copiar os e-mails da DC Links pouco antes do misterioso desaparecimento do site, e Mimi Klausner e Rachel Taketa garantiram que eles permanecessem disponíveis na coleta de documentos na universidade.

Por fornecer informações, sugestões ou documentos (especialmente os não publicados ou oferecidos antes de ser publicados), agradeço a Zara Abrams, Alberto Alemanno, Angela Amico, Lenore Arab, Andy Bellatti, Dennis Bier, Geoffrey Cannon, Arthur Caplan, John Courtney, Robert Cousins, Adam Drewnowski, Darren Early, D'Ann Finley, Stan Glantz, Fabio Gomes da Silva, Joan Gussow, Casey Hinds, Nancy Huehnegarth, Michael Jacobson, Lisa Jahns, Susan Jebb, Martijn Katan, Cristin Kearns, Jim Krieger, Alexandra Lewin-Zwerdling, Bonnie Liebman, Barrie Margetts, Alfred Merrill, Linda Meyers, Mélissa Mialon, Greg Miller, Jim O'Hara, Jennifer Otten, Niyati Parekh, Juan-Pablo Peña-Rosas, Kyle Pfister, John Pierce, Kathleen Rasmussen, Susan Roberts, Marc Rodwin, Andrew Rosenberg, Gary Sacks, Sunita Sah, Ricardo Salvador, Lisa Sasson, Paulo Serôdio, Alan Shannon, Michael Siegel, James Smallbone, Robert Steinbrook, David Stuckler, Leonore Tiefer, Ann Veneman, Ralph Walton, Allison Worden e Lisa Young.

Quanto aos muitos colaboradores que pediram para permanecer anônimos (você sabe quem você é) e aos que inadvertidamente omiti, não consigo ser suficientemente grata. Sou grata em especial a Marcia Angell, Sheldon Krimsky, Naomi Oreskes, David Oshinsky, Michael Pollan e Laura Shapiro pelos sábios conselhos em momentos críticos; aos colegas Domingo Piñero, Daniel Bowman Simon e Maggie Tauranac, da Universidade de Nova York, pela ajuda com figuras e pontos de pesquisa básica; a Ken Castronuovo, Charlotte Diamond, Muksha Jingree, Kelli Martino, Katie Robertson, Pamela Stewart e Matt Vanzo pelo excelente suporte de pessoal; e, especialmente, a Steven Ho, por sua paciência e habilidade com minhas evidentes necessidades diárias de suporte técnico. Com gratidão, também reconheço a assistência técnica de Ben Vien e a excelente equipe de suporte da Steinhardt Technology Services. Sou eternamente grata aos meus colegas de Nutrição e Alimentação da Universidade de Nova York, ao presidente do departamento, Krishnendu Ray, e ao reitor de Steinhardt, Dominic Brewer, por criar o ambiente extraordinariamente favorável em que tenho o privilégio de trabalhar. Meu agradecimento à equipe da Basic Books: Lara Heimert, T. J. Kelleher, Carrie Napolitano, Stephanie Summerhays, Kathy Delfosse, Kelsey Odorczyk e Connie Capone. Sem a dedicação de vocês, a edição norte-americana deste livro não seria possível.

Particularmente agradeço aos amigos e à minha filha, que leram as provas: Amy Bentley, Esther Trakinski e Rebecca Nestle. Meus sinceros agradecimentos ao meu agente Max Sinsheimer, à minha amiga e colega Joanne Csete e ao meu parceiro, Malden Nesheim, por ler e comentar do primeiro rascunho até o último original, pelo apoio, pelo encorajamento e pelos conselhos inestimáveis em todos os momentos.

POSFÁCIO
Uma verdade indigesta à brasileira

A ideia central desse epílogo é mostrar como a manipulação da ciência, exposta por Marion Nestle neste livro, se concretiza no Brasil. O país, como sabemos, não está no centro da pesquisa científica global. No entanto, é um mercado consumidor importantíssimo para a indústria de alimentos ultraprocessados — ainda mais com a estagnação ou redução do consumo nas nações ricas. Assim como se deu com o cigarro, a tendência é que América Latina, Ásia e África sejam "forçadas" a ficar com aquilo que europeus e norte-americanos já não querem.

De maneira geral, as práticas corporativas de incidência na pesquisa científica se repetem mundo afora. O que descobrimos ao investigar o cenário brasileiro se encaixa com perfeição nos exemplos trazidos por *Uma verdade indigesta*, e mostra que não estamos a salvo da manipulação. De fato, entendemos que a indústria de ultraprocessados é um fator-chave para explicar a grande confusão alimentar em que estamos inseridos — e este livro só faz dar razão a essa ideia.

Poderíamos resumir a pesquisa de Marion Nestle em quatro pontos, que evidenciam quando e como a relação entre pesquisadores e corporações tem resultados nocivos:

- Evitar, postergar ou enfraquecer políticas públicas;
- Influenciar a ação dos profissionais de saúde;
- Pautar hábitos de consumo;
- Atestar boas práticas ou encobrir más práticas.

Nas páginas a seguir, apresentamos de maneira bastante breve os resultados da investigação realizada no cenário brasileiro de forma sistemática a partir de abril de 2017. Reportagens completas estão publicadas em nossa página, *O joio e o trigo*. O tema nos é tão caro que dá nome a uma de nossas editorias: conflito de interesses.

A conjuntura brasileira, do ponto de vista econômico e cultural, faz crescer a preocupação com os efeitos práticos dessas estratégias. À medida que o Estado se retira do financiamento da pesquisa científica, não é difícil imaginar quem ocupa esse lugar. A negação da racionalidade e a criminalização do contraditório, tão sufocantes quanto o verão durante o qual este pósfácio é escrito, contribuem sobremaneira para deixar a população exposta a ideias que podem ser extremamente nocivas.

O debate na academia brasileira segue o tom incipiente do que se vê em nível global, e também é marcado pelo uso insistente de todos os quadradinhos da cartela de bingo do conflito de interesses. O World Nutrition, um evento de grande porte cuja edição de 2012 foi realizada no Rio de Janeiro sem a interferência de corporações, é considerado um marco inicial dessa discussão por aqui. Dele nasceu a Frente pela Regulação Público-Privado em Alimentação e Nutrição, formada por vários pesquisadores interessados em sistematizar e evidenciar informações.

Sinta o sabor

Para começar, é óbvio que nós, brasileiros, temos direito a uma versão própria da Rede Global de Balanço Energético. Quem atuou na coalizão da Coca-Cola por aqui foi Victor Matsudo, criador do Centro de Estudos do Laboratório de Aptidão Física de São Caetano do Sul — que, segundo a página de transparência da corporação, recebeu 6,4 milhões de dólares para pesquisas entre 2010 e 2015, maior montante pago pela empresa, equiparado a outros líderes da pesquisa sobre atividade física.

Matsudo comandava palestras em "Fábricas da Felicidade" da Coca-Cola país afora para falar sobre dietas saudáveis. "No início, um grupo fechado para cinquenta mulheres que estamos selecionando a dedo: são donas de casa, professoras, jornalistas etc. Mães que, por suas individualidades, são mais do que especiais. O objetivo desse grupo é proporcionar um ambiente para que essas mães se conheçam, se inspirem e se informem. A intenção é que a Coca-Cola dê uma ajuda para que elas mesmas encontrem suas próprias ideias de felicidade, inspiradas na verdade que cada uma tem dentro de si", dizia o material de divulgação.

Em uma das palestras, o pesquisador sugeriu uma quantidade de passos que filhos precisam dar por dia ou um tempo mínimo de atividades físicas, mas não disse nada sobre a necessidade de cortar refrigerantes. "Nós, pais da era da tecnologia, temos que cuidar e estar muito atentos para que nossos filhos não fiquem navegando no computador e boiando na vida."

Diante da pergunta de uma mãe sobre como atrair a atenção do filho para tomar água, ele sugeriu água de coco. E acrescentou: "água, água com gás, Coca-Cola. O que você quer?". O importante é garantir "líquidos em diferentes cores".

Tudo dominado

Na nossa FDA, também, tudo igual. A indústria de alimentos ocupa assentos que caberiam a universidades e institutos de pesquisa em colegiados da Agência Nacional de Vigilância Sanitária (Anvisa). Embora disponham de lugares próprios, as empresas contam com pesquisadores alinhados, conseguindo influenciar na definição da agenda e das normas da agência reguladora.

O setor econômico chega a ter maioria em alguns espaços, em especial nos grupos de trabalho que fornecem subsídios à formulação de políticas públicas. À frente dessa estratégia está o ILSI, tão bem descrito ao longo do livro. O instituto criado pela Coca-Cola e adotado pelas demais corporações de ultraprocessados muitas vezes se disfarça sob o nome de universidades públicas. Embora registrados como representantes de instituições de ensino, na prática alguns pesquisadores falam em nome da organização financiada pelas empresas.

Revisamos mais de uma centena de atas de reuniões de grupos de trabalho da Anvisa. Entrevistamos dezenas de pessoas. Lemos o material científico apresentado por pesquisadores e diretamente pela indústria para embasar a tomada de decisão. E não encontramos nenhuma divergência relevante entre as posições das empresas de alimentos e do ILSI — e também de alguns professores com trabalhos financiados pelo setor privado. Pelo contrário, a convergência é constante.

No Brasil, no começo de 2019, o Conselho Científico do ILSI era presidido por Franco Lajolo, que chegou a ser vice-reitor da Universidade de São Paulo. Ele é um bom ponto de partida para a discussão. Em 1999, quando a Anvisa foi criada, logo foi aberta também a Comissão Técnico-Científica de Assessoramento em Alimentos Funcionais e Novos Alimentos. O ILSI chegou a ocupar quatro dos sete assentos desse colegiado.

Lajolo sempre esteve lá. E coordenou a norma brasileira sobre o assunto, ajudando a definir os critérios que permitem a uma empresa alegar que determinado produto traz algum benefício à saúde. Em 2013, a comissão criou um grupo de trabalho, que mais uma vez teve a presença do professor da USP em uma das vagas reservadas à academia.

Durante as reuniões, ele chegou a pedir que margarinas, sopas prontas e chocolates pudessem receber alegações de benefícios à saúde. Ele é coproprietário de duas patentes. Uma, de 2007, sobre a farinha de banana verde, um alimento funcional. E outra, de 2011, financiada pela Sadia, que justamente tenta promover o prato pronto congelado como algo benéfico à saúde.

"O ILSI Internacional e o ILSI Brasil acreditam que o fórum científico é um fórum neutro e é o único fórum que pode dar respostas seguras para uma população que necessita de uma contribuição da ciência", defendeu o diretor-presidente do ILSI, Ary Bucione, na entrevista que nos concedeu.

Se você quer entender para onde está indo o dinheiro na pesquisa científica, olhe para as prioridades do ILSI. Os probióticos são um tema de alto interesse. A ideia é vender o conceito de uma medicina ultrapersonalizada, na qual cada um tem uma composição microbiana no intestino — e, portanto, precisa de produtos ultrapersonalizados que, não por acaso, são ultracaros.

A regra mais prudente até aqui diante das descobertas sobre a microbiota é reforçar o que já sabemos e que é descrito tão bem por Marion Nestle: uma dieta à base de plantas é saudável e segura. Ponto. Mas o ILSI quer que a Anvisa flexibilize as regras sobre probióticos e facilite a "inovação".

Durante um evento em 2017, Dan Waitzberg, da Faculdade de Medicina da USP e membro do ILSI, demonstrou impaciência com a agência reguladora brasileira. Ele é o criador do Ganepão, um evento científico de grande porte no qual as pesquisas sobre microbiota têm forte presença, muitas vezes em simpósios patrocinados pelas corporações.

Em 2011, Waitzberg foi o representante direto da Associação Brasileira das Indústrias de Alimentação (Abia) num grupo de trabalho da Anvisa que discutia alimentação de pacientes com limitação de ingestão oral. Em 2017, ele abriu a própria empresa, uma *start-up* chamada Bioma4Me. É a primeira no Brasil a oferecer o serviço de sequenciamento de microbioma. O teste mais barato custa 1.490 reais e o mais caro chega a 6.325 reais.

Em abril de 2019, o ILSI realizou o congresso anual com um nome para lá de sugestivo: "Integridade científica na área de alimentos".

Rótulos claros

Também curioso foi o título do encontro de 2017 da Sociedade Brasileira de Alimentação e Nutrição (Sban), "Mitos e fatos", lema que a indústria de alimentos tem adotado com força nos últimos anos, à medida que cresce a oposição a produtos com altos teores de sal, gordura e açúcar. Não por acaso, a Sban coordenou revisões de evidências científicas que mais pareciam destinadas à contenção de danos sobre glúten, lactose e outros temas delicados. Entre os mantenedores em 2018 estavam Nestlé, Danone, Unilever, Cargill e Coca-Cola.

Assim como a Sociedade Americana de Nutrição, a Sban se opôs sistematicamente à ação do Estado no enfrentamento da obesidade e das doenças crônicas. Em outubro de 2017, durante audiência pública na Câmara dos Deputados, apresentou-se contra a criação de um imposto especial sobre os refrigerantes. A representante da entidade, Marcia Terra, afirmou que as evidências científicas iriam no sentido de mostrar que a medida é pouco eficaz — pesquisas publicadas antes e depois mostraram o contrário.

A Sban mais uma vez marcou presença quando a Anvisa passou a discutir a adoção de um modelo de rotulagem que ajudasse a avisar os consumidores sobre o excesso de sal, açúcar e gorduras nos produtos alimentícios. Embora se apresente como uma "sociedade civil de cunho científico, sem fins lucrativos", a organização decidiu ir contra as evidências da ciência. Todos os estudos mostravam que alertas adotados de forma pioneira no Chile têm maior eficácia em desencorajar o consumo de ultraprocessados.

Contudo, a Sban novamente encampou a tese da Associação Brasileira da Indústria de Alimentos (Abia), inclusive participando de eventos da entidade privada em defesa de um semáforo que mostra as cores verde, amarela e vermelha para as quantidades de sal, açúcar e gorduras saturadas. Como as evidências científicas indicaram que esse sistema não funcionava a contento, a organização decidiu adotar uma linha de raciocínio clássica entre os defensores incondicionais do empresariado: precisamos de educação alimentar e não de medidas regulatórias.

A escolha é sua

Lembra do Choices, que Marion Nestle cita ao falar sobre um esforço para evitar que a FDA atuasse na rotulagem de alimentos? O Brasil teve sua própria versão do Choices. O Instituto Minha Escolha também pretendia convencer a Anvisa de que iniciativas voluntárias funcionariam melhor ao conceder um selo positivo para produtos. Mas o projeto esbarrou nas regras da agência, que vetaram que se colocasse um selinho em ultraprocessados.

De todo modo, o Minha Escolha tinha um comitê científico formado, entre outros, por Franco Lajolo. Ao lado dele estava Silvia Cozzolino, professora da Faculdade de Ciências Farmacêuticas da USP. Além de lecionarem no mesmo espaço, ambos são colegas de ILSI e fundadores da Sban. Cozzolino preside o Conselho Regional de Nutricionistas da 3a Região — São Paulo e Mato Grosso do Sul (CRN3), conhecido espaço de defesa das teses da indústria.

Em 2014, o grupo de pesquisadores próximos às empresas coordenou esforços contra o Guia Alimentar para a População Brasileira, documento do Ministério da Saúde que recomenda evitar o consumo de ultraprocessados — motivo pelo qual é detestado pelo setor privado. O documento que melhor descortina a articulação é uma tese de doutorado escrita por Camila Maranha Paes de Carvalho, professora-adjunta da Faculdade de Nutrição da Universidade Federal Fluminense (UFF) e consultora da ACT Promoção da Saúde.[436]

Um funcionário do Ministério da Saúde contou a Carvalho que o primeiro movimento de resistência à realização de reuniões sobre o Guia Alimentar partiu do conselho presidido por Cozzolino, que alegou não ter espaço para abrigar o encontro. De todas as regionais, apenas esta se opôs ao documento — e, mais tarde, também ficou isolada na edição de um novo código de ética para nutricionistas que buscava limitar a conexão com empresas.

Antes do encontro público, teria sido realizada uma reunião a portas fechadas para articular uma ação crítica durante a consulta pública ao Guia Alimentar. Há, de fato, vários comentários repetidos, em operação de copie-e-cole, e que citam Cozzolino entre as referências bibliográficas.[437] Na mesma época, o ILSI, o CRN3 e a Sban organizaram um café da manhã contrário às diretrizes alimentares brasileiras, mais tarde acolhidas internacionalmente como uma referência.

Ultra-ataque

Os ataques ganharam mais força e se globalizaram após a publicação do documento, ao final de 2014, em especial contra Carlos Monteiro, professor da Faculdade de Saúde Pública da USP e uma das referências mundiais em alimentação e nutrição. Ele coordenou a elaboração do Guia Alimentar e é o autor da teoria que dá a linha de raciocínio às diretrizes. A classificação NOVA, criada em 2009, propõe separar os alimentos pelo grau e o propósito do processamento. A ideia é que as pessoas consumam alimentos frescos (*in natura*) e minimamente processados, limitem os processados e evitem os ultraprocessados.

Uma das críticas mais agudas partiu de Michael Gibney, da Universidade de Dublin, na Irlanda, e foi publicada no *American Journal of Clinical Nutrition*, mantido pela Sociedade Americana de Nutrição. "Alimentos processados na saúde humana: uma avaliação crítica"[438] foi um ataque frontal à classificação NOVA. A alegação central é de que a separação entre *in natura*, processados e ultraprocessados é simplista e induz a erros.

Em resposta,[439] Monteiro apontou que o colega havia ignorado uma série de evidências científicas e cometido equívocos de interpretação ao longo do texto. Gibney tinha contratos com a Nestlé e a Cereal Partners Worldwide. Seus colegas de artigo, porém, haviam omitido algumas das associações com a indústria. Meses depois, Gibney veio ao Brasil como parte de uma espécie de turnê mundial contra a classificação NOVA, organizada pelo Instituto Tecnológico de Alimentos (Ital), uma estatal paulista criada na metade do século passado a pedido da indústria e que, hoje, depende de financiamento privado para se manter. Em São Paulo, o evento foi realizado na sede da federação das indústrias, a Fiesp, e não em um espaço acadêmico.

Após os ataques contra Monteiro, a pediatra e professora da Universidade da Austrália Ocidental, Susan Prescott, decidiu romper o contrato de mais de uma década como integrante do Conselho Consultivo do Instituto Nestlé para a Austrália e a Nova Zelândia. "Quando eu vejo tentativas de desacreditar a classificação NOVA por atores financiados pelo setor privado, só posso concluir que esses esforços são característicos de um escapismo intelectual", ela nos disse. "Eu não tenho como controlar como os apologistas dos ultraprocessados atuam defendendo esses produtos e os esforços de marketing e políticas que potencializam sua distribuição. No entanto, mesmo que por associação, eu estava de fato emprestando meu nome àquilo que considero ser um sistema não saudável."

Ao analisar a origem das críticas, a francesa Mélissa Mialon, que à época fazia pós-doutorado no núcleo de Monteiro, encontrou que boa parte dos artigos não havia passado por uma revisão dos pares, pressuposto básico da pesquisa científica. Entre 38 pessoas (nem todos eram pesquisadores), 33 tinham alguma conexão com a indústria — e boa parte estava ligada ao ILSI.[440]

Incompreensão

Em 2002, alguns cientistas acordaram de manhã com um brinde na caixa de correios: "O uso de refrigerantes e a saúde humana" é um artigo de revisão, ou seja, um trabalho que revisa as evidências acumuladas sobre determinada questão. Nesse caso, refrigerantes. Os autores, Mauro Fisberg, da Universidade Federal de São Paulo (Unifesp), Olga Amâncio, da Unifesp e presidente da Sban, e Ana Maria Pitta Lottenberg, da USP, acusavam haver preconceito contra a bebida, "pouco compreendida pelos profissionais da área de saúde". "Inúmeros alimentos artificiais, industrializados há anos, têm livre trânsito nas clínicas, consultórios e ambulatórios ou são pouco combatidos por estes mesmos profissionais, que rechaçam de forma cabal o uso de uma bebida que, na realidade, é utilizada para seu uso próprio, sem qualquer restrição."

O passar do tempo é cruel, não é mesmo? Porém, alguns laços sobrevivem por décadas. Quem tem mais de trinta anos deve se lembrar que "Danoninho vale por um bifinho", uma construção imagética feita com farta ajuda de cientistas. Danoninho não vale por um bifinho, mas esse esforço foi tão bem-sucedido que só recentemente o produto teve de ser reformulado para melhorar a composição nutricional, retirando um pouco do açúcar. A imagem de saúde, entretanto, permanece fortemente associada — é só circular por escolas para ver.

Na década de 1990, Mauro Fisberg e Silvia Cozzolino conduziram um estudo sobre deficiência de ferro na rede pública de ensino. Num dos testes, as crianças receberam o famoso "queijo petit suisse", o que valeu em 1999 uma reportagem da revista *Exame* constatando que, "no grupo que recebeu o Danoninho, a ocorrência de anemia foi bem menor".

A palavra Danone aparece 74 vezes no currículo Lattes de Fisberg, que é da diretoria do Danone Institute International e do Yogurt in Nutrition — que, como vimos neste livro, é uma iniciativa da empresa para promover pesquisas científicas sobre os benefícios do produto.

Em 2014, Fisberg lançou o livro *Dia a dia com iogurte*, pela editora Abril e pela revista *Saúde*. "Ajuda a emagrecer, previne problemas no coração, fortalece os ossos e muito mais. Entenda por que virou o ingrediente mais badalado para a saúde." O texto desfila uma série de motivos para consumir lácteos pelo menos três vezes por dia, incluindo a ideia de que quem consome mais iogurte é menos sedentário e consome menos álcool. É evidente que não é o iogurte que faz essa mágica: a pessoa tem hábitos mais saudáveis porque se preocupa mais com isso.

"Quando você pensa em obesidade, não deve se esquecer de todos os problemas, não menos graves, que costumam acompanhá-la, como a hipertensão, a resistência à insulina, o colesterol elevado... O consumo regular de iogurte parece interferir — para o seu bem — em tudo isso", resume o texto.

Quando procuramos o professor da Unifesp para uma entrevista, ele prontamente aceitou, mas deixou claro que não falaria sobre assuntos relacionados a empresas. "Eu trabalho como consultor de algumas indústrias. Não sou de uma indústria. Então, quem tem que defender ou atacar a indústria são eles mesmos. Eu não tenho nada a ver", disse. "Eu sou tão claro e tão aberto... Em aula, eu nunca coloquei um nome de produto. E eu não falo de um produto. Falo de vários produtos. As indústrias não entram na minha aula. Elas podem me ajudar. Podem pagar minha passagem, minha estadia. Mas o conteúdo é meu."

Um grupo de cientistas brasileiros publicou um artigo na *Public Health Nutrition* revisando toda a evidência científica acumulada sobre a importância do fracionamento das refeições.[441] Faz décadas que ouvimos que é preciso comer de três em três horas para evitar a obesidade. A conclusão desse grupo é que não há comprovação científica da associação entre frequência de alimentação e peso, e que boa parte dos estudos nessa área padece de falhas sérias — um exemplo claríssimo de como a mistura entre ciência e marketing termina em confusão, com a ciência como clara derrotada.

Durante a palestra, Fisberg afirmou que os brasileiros estão com o hábito de beliscar entre uma refeição e outra — motivo para a obesidade. Em agosto de 2017, ele comandou dois simpósios-satélite no Congresso da Sban — um da Danone, um da Piracanjuba. Ambos enfatizaram a importância dos lácteos em nossa vida e criticaram "modismos alimentares" que levam a eliminar, entre outros, os lácteos. Uma das integrantes da equipe de Fisberg apresentou evidências de benefícios de consumo do achocolatado e criticou a decisão dos Estados Unidos de passar a oferecer à criançada nas escolas leite puro e sem açúcar — medida mais tarde revertida por Donald Trump.

Um dos slides destacava a vantagem em termos de nutrientes desse produto em comparação com os sucos. Porém, dava menor relevo a informações sobre a grande diferença calórica e de gorduras, justamente os pontos desfavoráveis à patrocinadora.

No mesmo evento, na ampla área comercial, a empresa estava lançando uma composição de leite desnatado e xarope de cacau ou baunilha que prometia reduzir a um terço o açúcar presente nesse tipo de bebida — entende como esses produtos acabam chegando até nós com a aura de saudáveis?

No simpósio patrocinado pela Danone, Fisberg exibiu as principais conclusões de um estudo financiado pela mesma corporação sobre os lanches feitos entre as refeições. Uma das constatações é que é preciso reforçar o consumo de lácteos, carro-chefe da Danone. "Será que todo mundo come arroz e feijão? Será que precisamos realmente comer arroz com feijão? Será que, se eu comesse macarrão, se eu comesse batata, se eu comesse outros alimentos, não estaria tendo uma alimentação ideal? Não. Parece que criança precisa sempre comer aquilo que é idealizado."

É... Vamos dar a palavra a Silvia Cozzolino, que também conversou conosco. "Se você quiser provar o que quer que seja, encontra literatura para poder provar. Então, assim, o que é preciso? Que as pessoas tenham um senso crítico do que é verdade e do que é mito", ela disse. "E isso é difícil. Geralmente, um recém-formado está com mil ideias na cabeça e qualquer pessoa que chegue e fale alguma coisa, ele não tem um filtro para poder dizer se aquilo é verdadeiro ou não".

Em 2016, Cozzolino foi alvo de um abaixo-assinado depois de publicar um artigo sobre *fast-food*. O texto comparava uma refeição cotidiana em casa com as de lanchonetes e concluía que não havia diferença substancial do ponto de vista nutricional.

O ponto de partida foi o Guia Alimentar. Ao analisar os cardápios das redes de *fast-food*, as autoras do trabalho incluíram na composição iogurtes e frutas, que obviamente não são a primeira escolha de quem vai a um restaurante desse tipo. "Essas comparações ilustram que o foco deveria ser colocado na qualidade nutricional, mais do que no local de alimentação", conclui o artigo, assinado em parceria com duas profissionais da Equilibrium, uma consultoria da indústria de alimentos.

O trabalho foi financiado pelo McDonald's. Cozzolino fazia parte do Conselho Consultivo Global da empresa, composto por doze especialistas em nutrição. "Por que não ir? Eu penso que, se eu puder melhorar o produto que eles fazem, que seja em 5%, eu vou fazer algum bem para a humanidade. No meu pensamento, foi isso. E foi exatamente isso que foi feito", defende-se a professora, que também foi do comitê científico do Prêmio Pemberton, da Coca-Cola, entre outros.

Há saídas

Eventos científicos que mais se parecem shopping centers estão com os dias contados? Difícil dizer. No entanto, caiu o tabu de que é preciso recorrer a recursos da indústria de alimentos para realizar encontros na área de nutrição. Dá bastante trabalho e é preciso ter regras claras para o jogo, mas há meios de fazer.

O Congresso Brasileiro de Nutrição (Conbran) já teve duas edições livres de conflito de interesses com as corporações da área. Carolina Chagas, que ficou à frente da captação de recursos do evento realizado pela Associação Brasileira de Nutrição, considera que o estabelecimento de uma política pública sobre conflito de interesses foi um passo fundamental. "Uma vez que está regulamentado, você minimiza as brechas. Tanto aquele que quer participar como aquele que está dentro sabe quais são os critérios."

O Conbran se ancorou em patrocínios de órgãos públicos, organizações da sociedade civil e pequenos empreendimentos. Em Brasília, vários produtores rurais e artesanais comercializaram produtos. Quem quer oferecer alimentos durante o congresso, porém, precisa passar pelos critérios nutricionais estabelecidos pela associação.

O Congresso Latino-Americano de Nutrição também deu passos importantes durante a edição realizada em 2018 em Guadalajara, no México. Os protestos dos maiores nomes da pesquisa científica em relação ao evento anterior levaram à criação de uma política sobre conflito de interesses. Essa política é clara, mas deixa brechas para que, em caso de dificuldade, os responsáveis pela organização do evento possam lançar mão do apoio da indústria.

Foi assim que, para surpresa dos participantes, a Yakult apareceu por lá. Os responsáveis pelo encontro contam que o patrocínio surgiu de última hora, encaminhado pelo Ministério da Saúde, que havia prometido apoiar a realização do encontro. Além de ter um estande, a empresa realizou um simpósio-satélite. A abordagem foi bem mais discreta que a comumente realizada nesses eventos. A responsável pela palestra falou sobre as evidências relacionadas ao uso de probióticos, sem menções à marca.

Apesar de algumas questões em aberto, a feira comercial do Congresso Latino-Americano de Nutrição diferia bastante da média. No Congresso Internacional de Nutrição, realizado em 2017, em Buenos Aires, as corporações tinham os maiores espaços. Água gratuita só estava disponível na geladeira delas, com a marca delas. Havia brindes aos montes para quem preenchesse o cadastro colhido por elas. E enormes logotipos davam o tom visual.

Em Guadalajara, em compensação, boa parte dos estandes era ocupado por coalizões de organizações da sociedade civil, poder público e empresas de equipamentos clínicos. Os logos eram bem mais discretos. E distribuíram frutas frescas em vez de salgadinhos, biscoitos, chocolates e barrinhas de cereal. Contudo, havia um logo da Bonafont, da Danone, com um agradecimento expresso pelo fornecimento de água.

Teresa Shamah, secretária da Sociedade Latino-Americana de Nutrição e uma das responsáveis pelo evento, considera que foi importante evidenciar o problema e cobrar que, se as pessoas quiserem mudanças, precisam colocar a mão no bolso: o encontro no México foi pago majoritariamente com anuidades e inscrições. "Acreditamos que se assentou o precedente e que agora se deve continuar, sempre e quando os organizadores do congresso tenham as mesmas ideias que nós. Nós sabíamos que poderíamos falhar, mas todos os sócios tomaram consciência de que era importante apoiar."

Até o momento em que este livro foi para a gráfica, havia uma grande incerteza sobre os rumos desse congresso. O fato de os organizadores do evento mexicano serem do Instituto Nacional de Saúde Pública facilitou bastante. No caso do Paraguai, próxima sede, há uma maior proximidade com as marcas.

Como diz Marion Nestle, o assunto é muito complexo. A interferência de um órgão público na programação é tão nociva quanto a interferência de uma empresa.

Outro tópico importante diz respeito a fabricantes de produtos saudáveis. Se uma empresa de amêndoas decidir fazer uma palestra sobre os benefícios para a saúde, isso é mais legítimo que a palestra do Yakult ou da Coca-Cola? Esse debate daria margem a múltiplas interpretações. O mínimo que podemos dizer é que essa empresa teve a chance de influenciar a conduta de profissionais de saúde, em detrimento de produtos ausentes ou que não tenham uma empresa com força suficiente para bancar um simpósio. Amêndoas são melhores do que abacate, laranja, nozes, brócolis? Foi o que ocorreu no evento latino-americano, que teve não só uma sessão sobre amêndoas como uma exposição da Bimbo, fabricante de pães nada saudáveis (no Brasil, a empresa produz os bolinhos Ana Maria e os pães Pullman).

Em meio a tantas subjetividades, o certo é que esse debate é de interesse dos cientistas, mas não só. Como vimos, a maneira como pesquisadores se relacionam com empresas tem incidência direta em nossa alimentação. E, portanto, essa questão precisa ser discutida com o todo da sociedade.

JOÃO PERES E MORITI NETO
Fevereiro de 2019

NOTAS

Introdução

1 "Following the links from Russian hackers to the U.S. election". *The New York Times*, 6 jan. 2017; Office of the Director of National Intelligence, *Intelligence Community Assessment: Assessing Russian Activities and Intentions in Recent US Elections*, ICA 2017-01D, 6 jan. 2017. Para os arquivos do DC Leaks, consulte a Biblioteca de Documentos da Indústria de Alimentos da Universidade da Califórnia, em San Francisco, que identifica cada e-mail pelo código único anexado ao URL do site. Disponível em <www.industrydocumentslibrary.ucsf.edu/food/docs/>.

2 "Hillary Clinton campaign officials helped Coca-Cola fight soda tax". *The Russells*, 12 out. 2016; "Leaked: Coca-Cola's worldwide political strategy to kill soda taxes". *Medium.com*, 14 out. 2016; "Coca-Cola's secret plan to monitor Sydney University academic Lisa Bero". *Sydney Morning Herald*, 22 out. 2016.

3 "Coke as a sensible snack? Coca-Cola works with dietitians who suggest cola as snack". *Associated Press*, 16 mar. 2015.

4 Karyn Harrington para Matt Echols, 6 mai. 2016. Em: Michael Goltzman para Adrian Ristow, Brian Michael Frere, Capricia Penavic Marshall et al., 19 mai. 2016.

5 Amanda Rosseter para Joanna Price, 26 mai. 2016. A resposta de Price tem a mesma data. Em: Michael Goltzman para Darlene Hayes, Missy Owens, Elaine Bowers Coventry et al., 27 mai. 2016, UCSF ID: qpcl0226.

6 "AP Exclusive: How candy makers shape nutrition science". *Associated Press*, 2 jun. 2016.

7 Kate Loatman para o Conselho Internacional de Associações de Bebidas, 19 fev. 2015, UCSF ID: gqdl0226.

8 "Monsanto and the organics industry pay to train journalists: What could go wrong?". *Forbes*, 31 mai. 2016.

9 "Coca-Cola funds scientists who shift blame for obesity away from bad diets". *The New York Times*, 9 ago. 2015.

10 NESTLE, Marion. "Food company sponsorship of nutrition research and professional activities: A conflict of interest?". *Public Health Nutritrion*, 2001, v. 4, n. 5, pp. 1015-22.

11 SHOOK, R. P.; HAND G. A.; DRENOWATZ, C. et al. "Low levels of physical activity are associated with dysregulation of energy intake and fat mass gain over year". *American Journal of Clinical Nutrition*, 2015, v. 102, n. 6, pp. 1332-8.

12 LEE, Y.; BERRYMAN, C. E.; WEST, S. G. et al. "Effects of dark chocolate and almonds on cardiovascular risk factors in overweight and obese individuals: A randomized controlled-feeding trial". *Journal of the American Heart Association*, 2017.

13 BESLEY, J. C.; MCCRIGHT, A. M.; ZAHRY, N. R. et al. "Perceived conflict of interest in health science partnerships". *PLOS One*, 2017, v. 12, n. 4, e0175643; KROEGER, C. M.; GARZA, C.; LYNCH, C. J. et al. "Scientific rigor and credibility in the nutrition research landscape". *American Journal of Clinical Nutrition*, 2018, v. 107, n. 3, pp. 484-94; MILLER, D.; HARKINS, C. "Corporate strategy and corporate capture: Food and alcohol industry and lobbying and public health". *CritSoc Policy*, 2010, v. 30, pp. 564-89.

14 USDA. "Food availability (per capita) data system"; MIALON, M.; SWINBURN, B.; ALLENDER, S.; SACKS, G. "'Maximising shareholder value': A detailed insight into the corporate political activity of the Australian food industry". *Australian and New Zealand Journal of Public Health*, 2017, v. 41, n. 2, pp. 165-71.

15 A classificação dos alimentos pelo grau e propósito de processamento foi criada em 2009 por Carlos Augusto Monteiro, professor da Faculdade de Saúde Pública da Universidade de São Paulo. Essa classificação é a base do Guia Alimentar para a População Brasileira, do Ministério da Saúde, de 2014, e por isso é a adotada ao longo do livro. O documento oficial recomenda evitar o consumo desses produtos. [N.E.]

16 POLLAN, Michael. *Em defesa da comida*. São Paulo: Intrínseca, 2008.

17 KRIMSKY, S. *Science in the Private Interest: Has the Lure of Profits Corrupted Medical Research?* Lanham: Rowman & Littlefield, 2004; LO, B.; FIELD, M. J. *Conflict of Interest in Medical Research, Education, and Practice*. Washington: National Academies Press, 2009; ORESKES, N.; CONWAY, E. M. *Merchants of Doubt: How a Handful of Scientists Obscured the Truth on Issues from Tobacco Smoke to Global Warming*. Londres: Bloomsbury Press, 2010; FREUDENBERG, N., *Lethal but Legal: Corporations, Consumption, and Protecting Public Health*. Oxford: Oxford University Press, 2014; MILLER, D.; HARKINS, C.; SCHLÖGL, M.; MONTAGUE, B. *Impact of Market Forces on Addictive Substances and Behaviours*. Oxford: Oxford University Press, 2018.

18 MARKS, J. H.; THOMPSON, D. B. "Shifting the focus: Conflict of interest and the food industry". *American Journal of Bioethics*, 2011, v. 11, n. 1, pp. 44-46; MARKS, J. H. "Toward a systemic ethics of public-private partnerships related to food and health". *Kennedy Institute of Ethics Journal*, 2014, v. 24, n. 3, pp. 267-99.

19 BARNOYA, J.; NESTLE, M. "The food industry and conflicts of interest in nutrition research: A Latin American perspective". *Journal of Public Health Policy*, 2016, v. 37, n. 4, pp. 552-9; NESTLE, M. "A retraction and apology". *FoodPolitics.com*, 25 nov. 2015; "Retraction published for nutrition researcher Marion Nestle". *RetractionWatch.com*, 31 dez. 2015.

20 "KIND snacks founder & CEO creates new organization to promote public health over special interests". *PRNewswire.com*, 15 fev. 2017.

21 "Millions to fight food industry sway, from a snack bar CEO". *The Washington Post*, 15 fev. 2017.

22 WOOD, S. F.; PODRASKY J.; MCMONAGLE, M. A. et al. "Influence of pharmaceutical marketing on Medicare prescriptions in the District of Columbia". *PLOS One*, 2017, v. 12, n. 10, e0186060.

23 World Health Organization. World Health Assembly, International Code of Marketing of Breast-Milk Substitutes, maio de 1981; RICHTER, J., *Public-Private Partnerships and International Health Policy-Making: How Can Public Interests Be Safeguarded?* Helsinque: Hakapaino Oy, 2004; Nestlé Public Affairs, "Nestlé Policy and Instructions for Implementation of the WHO International Code of Marketing of Breast-Milk Substitutes", jul. 2010; Changing Markets Foundation, "Busting the Myth of Science-Based Formula: An Investigation into Nestlé Infant Milk Products and Claims", fev. 2018.

24 ADAMS, P. J. *Moral Jeopardy: Risks of Accepting Money from the Alcohol, Tobacco and Gambling Industries*. Cambridge: Cambridge University Press, 2016; ROOM, R. "Sources of funding as an influence on alcohol studies". *Int J Alcohol Drug Res*, 2016, v. 5, n. 1, pp. 15-6.

25 COHEN, P. A. "The supplement paradox: Negligible benefits, robust consumption". *JAMA*, 2016, v. 316, n. 14, pp. 1453-4; KANTOR, E. D.; REHM, C. D.; DU, M. et al. "Trends in dietary supplement use among US adults from 1999-2012". *JAMA*, 2016, v. 316, n. 14, pp. 1464-74.

26 ROGERS, P. J.; HOGENKAMP, P. S.; DE GRAAF, C. et al. "Does low-energy sweetener consumption affect energy intake and body weight? A systematic review, including meta-analyses, of the evidence from human and animal studies". *International Journal of Obesity*, 2016, v. 40, n. 3, pp. 381-94; pase, M. P.; HIMALI, J. J.; BEISER, A. S. et al. "Sugar and artificially sweetened beverages and the risks of incident stroke and dementia: A prospective cohort study". *Stroke*, 2017, v. 48, pp. 1139-46.

27 KRIMSKY, S.; GRUBER, J. (orgs.). *The GMO Deception: What You Need to Know about the Food, Corporations, and Government Agencies*. Nova York: Skyhorse Publishing, 2014; "Food industry enlisted academics in GMO lobbying war, emails show". *The New York Times*, 5 set. 2015; "Scientists loved and loathed by an agrochemical colossus". *The New York Times*, 2 jan. 2017; GILLIAM, C. *Whitewashed: The Story of a Weed Killer, Cancer, and the Corruption of Science*. Washington: Island Press, 2017.

1. Uma história para ter cautela

29 GOMES, F. S. "Conflicts of interest in food and nutrition". *Cadernos de Saúde Pública*, 2015, v. 31, n. 10, pp. 2039-46; MADUREIRA LIMA, J.; GALEA, S. "Corporate practices and health: A framework and mechanisms". *Global Health*, 2018, v. 14, n. 1, p. 21.

30 ORESKES, N.; CONWAY, E. M. *Merchants of Doubt: How a Handful of Scientists Obscured the Truth on Issues from Tobacco Smoke to Global Warming*. Londres: Bloomsbury Press, 2010; BROWNELL, K. D.; WARNER, K. E. "The perils of ignoring history: Big Tobacco played dirty and millions died. How similar is Big Food?". *Milbank Q.*, 2009, v. 87, n. 1, pp. 259-94; MOODIE, A. R., "What public health practitioners need to know about unhealthy industry tactics". *American Journal of Public Health*, 2017, v. 107, n. 7, pp. 1047-9.

31 THOMPSON, D. F. "Understanding financial conflicts of interest". *New England Journal of Medicine*, 1993, v. 329, n. 8, pp. 573-6; WHITE, J.; BANDURA, A.; BERO, L. A. "Moral disengagement in the corporate world". *Account Res.*, 2009, v. 16, n. 1, pp. 41-74.

32 *Big Pharma* é a maneira como se descreve, nos Estados Unidos, o conjunto das grandes corporações do setor, assim como se usa *Big Tobacco* para as fabricantes de cigarros e *Big Food* para as corporações alimentícias. [N.T.]

33 American Diabetes Association, Advance program, 65th scientificsessions, San Diego, 10-14 jun. 2005.

34 YKI-JÄRVINEN, H. "Type 2 diabetes: Remission in just a week". *Diabetologia*, 2011, v. 54, pp. 2477-8; ADES, P. A.; SAVAGE, P. D.; MARNEY, A. M. et al. "Remission of recently diagnosed type 2 diabetes mellitus with weight loss and exercise". *J Cardiopulm Rehabil Prev.*, 2015, v. 35, n. 3, pp. 193-7.

35 SILVERMAN, M. M.; LEE, P. R. *Pills, Profits and Politics*. Berkeley: University of California Press, 1974; ANGELL, M. *The Truth About the Drug Companies: How They Deceive Us and What to Do About It*. Nova York: Random House, 2004.

36 SAH, S.; FUGH-BERMAN, A. "Physicians under the influence: Social psychology and industry marketing strategies". *The Journal of Law, Medicine & Ethics*,

2013, v. 41, n. 3, pp. 665-72; KATZ, D.; CAPLAN, A. L.; MERZ, J. F. "All gifts large and small: Toward an understanding of the ethics of pharmaceutical industry gift-giving". *American Journal of Bioethics*, 2003, v. 3, n. 3, pp. 39-46; LO, B.; GRADY, D. "Payments to physicians: Does the amount of money make a difference?". *JAMA*, 2017, v. 317, n. 17, pp. 1719-20.

37 Association of American Medical Colleges and Baylor College of Medicine. *The Scientific Basis of Influence and Reciprocity: A Symposium*, 12 jun. 2007.

38 Physician Payments Sunshine Act e Affordable Care Act [Lei de cuidados acessíveis].

39 LO, B. "The future of conflicts of interest: A call for professional standards". *The Journal of Law, Medicine & Ethics*, 2012, v. 40, n. 3, pp. 441-51; US Department of Health and Human Services. *Medicare, Medicaid, Children's Health Insurance Programs; Transparency Reports and Reporting of Physician Ownership or Investment Interests; Final Rule*, Fed Reg. 2013, v. 78, n. 27, p. 9458; THACKER, P. D. "Consumers deserve to know who's funding health research". *Harvard Business Rev.*, 2 dez. 2014; Centers for Medicare & Medicaid Services, "The facts about Open Payments data". 30 jun. 2017.

40 ORLOWSKI, J. P.; WATESKA, L. "The effects of pharmaceutical firm enticements on physician prescribing patterns: There's no such thing as a free lunch". *Chest*, 1992, v. 102, pp. 270-3; WAZANA, A. "Physicians and the pharmaceutical industry: Is a gift ever just a gift?". *JAMA*, 2000, v. 283, n. 3, pp. 373-80.

41 Estatinas são fármacos usados no tratamento da hipercolesterolemia e na prevenção da aterosclerose. [N.E.]

42 TRINGALE, K. R.; MARSHALL, D.; MACKEY, T. K. et al. "Types and distribution of payments from industry to physicians in 2015". *JAMA*, 2017, v. 317, n. 17, pp. 1774-84; YEH, J. S.; FRANKLIN, J. M.; AVORN J. "Association of industry payments to physicians with the prescribing of brand-name statins in Massachusetts". *JAMA Intern Med.*, 2016, v. 176, n. 6, pp. 763-68; HADLAND, S. E.; KRIEGER, M. S.; MARSHALL, B. D. L. "Industry payments to physicians for opioid products, 2013-2015". *American Journal of Public Health*, 2017, v. 107, n. 9, pp. 1493-5.

43 ROBERTSON, C.; ROSE, S.; KESSELHEIM, A. S. "Effect of financial relationships on the behaviors of health care professionals: A review of the evidence". *The Journal of Law, Medicine & Ethics*, 2012, v. 40, n. 3, pp. 452-66; LARKIN, I.; ANG, D.; STEINHART, J. et al. "Association between academic medical center pharmaceutical detailing policies and prescription prescribing". *JAMA*, 2017, v. 317, n. 17, pp. 1785-95; DEJONG, C.; AGUILAR, T.; TSENG, C.-W. et al. "Pharmaceutical industry sponsored meals and physician prescribing patterns for Medicare beneficiaries". *JAMA Intern Med.*, 2016, v. 176, n. 8, pp. 1114-22; ORNSTEIN, C. "Public disclosure of payments to physicians from industry". *JAMA*, 2017, v. 317, n. 17, pp. 1749-50.

44 SAH, S. "Conflicts of interest and your physician: Psychological processes that cause unexpected changes in behavior". *The Journal of Law, Medicine & Ethics*, 2012, v. 40, n. 3, pp. 482-7; SAH, S.; LOEWENSTEIN, G. "Effect of reminders of personal sacrifice and suggested rationalizations on residents' self-reported willingness to accept gifts". *JAMA*, 2010, v. 304, n. 11, pp. 1204-11.

45 KRIMSKY, S. "The ethical and legal foundations of scientific 'conflict of interest'". Em: LEMMENS, T.; WARING, D. R. (orgs.). *Law & Ethics in Biomedical Research: Regulation, Conflict of Interest, and Liability*. Toronto: University of Toronto Press, 2006, pp. 63-81.

46 FDA, "Advisory committees"; FDA, "Advisory committees: Financial conflicts of interest overview"; STEINBROOK, R. "Financial conflicts of interest and the Food and Drug Administration's advisory committees". *New England Journal of Medicine*, 2005, v. 353, n. 2, pp. 116-8.

47 PHAM-KANTER, G. "Revisiting financial conflicts of interest in FDA advisory committees". *Milbank Q.*, 2014, v. 92, n. 3, pp. 446-70; CALIFF, R. M. "FDA advisory committees: Independent, informed, essential, and evolving". *FDA Voice*, 18 jan. 2017.

48 MITCHELL, A. P.; BASCH, E. M.; DUSETZINA, S. B. "Financial relationships with industry among National Comprehensive Cancer Network guideline authors". *JAMA Oncol.*, 2016, v. 2, n. 12, pp. 1628-31; JONES, D. J.; BARKUN, A. N.; LU, Y. et al. "Conflicts of interest ethics: Silencing expertise in the development of international clinical practice guidelines". *Annals of Internal Medicine*, 2012, v. 156, n. 11, pp. 809-16.

49 ROSE, S. L.; HIGHLAND, J.; KARAFA, M. T. et al. "Patient advocacy organizations, industry funding, and conflicts of interest". *JAMA Intern Med.*, 2017, v. 177, n. 3, pp. 344-50; KOPP, E.; LUPKIN, S.; LUCAS, E. "Patient advocacy groups take in millions from drugmakers. Is there a payback?". *Kaiser Health News*, 6 abr. 2018.

50 Comissão de Assuntos de Segurança Interna e Assuntos Governamentais do Senado dos Estados Unidos. *Fueling an epidemic, report two: Exposing the financial ties between opioid manufacturers and third party advocacy groups*. Senado dos Estados Unidos, 2018.

51 SPENCER, P. H.; COHEN, I. G.; ADASHI, E. Y.; KESSELHEIM, A. S. "Influence, integrity, and the FDA: An ethical framework". *Science*, 2017, v. 357, pp. 876-7; MOYNIHAN, R. "Evening the score on sex drugs: Feminist movement or marketing masquerade?". *BMJ*, 2014, v. 349, g6246; SCHULTE, B.; DENNIS, B. "FDA approves controversial drug for women with low sex drives". *The Washington Post*, 18 ago. 2015.

52 "Loyalties split, patient groups skip drug price debate". *The New York Times*, 28 set. 2016.

53 Ghostwriter é alguém que escreve em nome de outra pessoa, sem assinar o texto. Seria um "escritor fantasma", em tradução literal. [N.T.].

54 ROSS, J. S.; GROSS, C. P.; KRUMHOLZ, H. M. "Promoting transparency in pharmaceutical industry sponsored research". *American Journal of Public Health*, 2012, v. 102, n. 1, pp. 72-80.

55 KRIMSKY, S. "Do financial conflicts of interest bias research? An inquiry into the 'funding effect' hypothesis". *Sci Tech Human Values*, 2012, v. 38, n. 4, pp. 566-87; STELFOX, H. T.; CHUA, G.; O'ROURKE, K.; DETSKY, A. S. "Conflict of interest in the debate over calcium-channel antagonists". *New England Journal of Medicine*, 1998, v. 338, n. 2, pp. 101-6; BEKELMAN, J. E; LI, Y.; GROSS, C. P. "Scope and impact of financial conflicts of interest in biomedical research: A systematic review". *JAMA*, 2003, v. 289, n. 4, pp. 454-65.

56 BERRO, L.; OOSTVOGEL, F.; BACCHETTI, P.; LEE, K. "Factors associated with findings of published trials of drug comparisons". *PLOS Med.*, 2007, v. 4, n. 6, e184; YANK, V.; RENNIE, D.; BERO, L. A. "Financial ties and concordance between results and conclusions in meta-analyses: Retrospective cohort study". *BMJ*, 2007, v. 7631, pp. 1202-5; LUNDH, A.; SISMONDO, S.; LEXCHIN, J. et al. "Industry sponsorship and research outcome". *Cochrane Database Syst Rev.*, 2012, 12:MR000033; RIDKER, P. M.; TORRES, J. "Reported outcomes in major cardiovascular clinical trials funded by for-profit and not-for-profit organizations: 2000-2005". *JAMA*, 2006, v. 295, n. 19, pp. 2270-74; CHO, M. K.; BERO, L. A. "The quality of drug studies published in symposium proceedings". *Annals of Internal Medicine*, 1996, v. 124, n. 5, pp. 485-89; DEANGELIS, C. D. "Conflict of interest and the public trust". *JAMA*, 2000, v. 284, n. 17, pp. 2237-8.

57 WHITE, J.; BERO, L. A. "Corporate manipulation of research". *Stan Law e Pol Rev.*, 2010, v. 21, pp. 105-34; FINEBERG, H. V. "Conflict of interest: Why does it matter?". *JAMA*, 2017, v. 317, n. 17, pp. 1717-8, LIU, J. J.; BELL, C. M.; MATELSKI, J. J. et al. "Payments by US pharmaceutical and medical device manufacturers to US medical journal editors: Retrospective observational study". *BMJ*, 2017, v. 359, j4619.

58 DANA, J.; LOEWENSTEIN, G. "A social science perspective on gifts to physicians from industry". *JAMA*, 2003, v. 290, n. 2, pp. 252-55.

59 LICHTER, A. S. "Conflict of interest and the integrity of the medical profession". *JAMA*, 2017, v. 317, n. 17, pp. 1725-6; RELMAN, A. S. "Dealing with conflicts of interest". *New Engl J Med.*, 1984, v. 310, n. 18, pp. 1192-3, e 1985, v. 313, n. 12, pp. 749-51; Conselho de Assuntos Éticos e Judiciais da Associação Médica Americana. "Gifts to physicians from industry". *JAMA*, 1991, v. 265, n. 4, p. 501.

60 Serviço de Saúde Pública, "Objectivity in research". *NIH Guide*, v. 24, n. 25, 14 jul. 1995.

61 Pharmaceutical Research and Manufacturers of America. *Code on Interactions with Healthcare Professionals.*

62 KASSIRER, J. P. "A piece of my mind: Financial indigestion". *JAMA*, 2000, v. 284, n. 17, pp. 2156-7.

63 KORN, D.; CARLAT, D. "Conflicts of interest in medical education: Recommendations from the Pew Task Force on Medical Conflicts of Interest". *JAMA*, 2013, v. 310, n. 22, pp. 2397-8; STEINBROOK, R. "Industry payments to physicians and prescribing of brand-name drugs". *JAMA Intern Med.*, 2016, v. 176, n. 8, p. 1123.

64 "Vermont probes whether drug makers violated its gift ban". *Stat*, 9 nov. 2017; "Medical groups push to water down requirements for disclosing industry ties". *Stat*, 21 jul. 2016.

2. A complexidade da nutrição em benefício da confusão

65 MCCOLLUM, E. V. *A History of Nutrition: The Sequence of Ideas in Nutrition Investigations.* Boston: Houghton Mifflin, 1957.

66 Universidade Cornell, Faculdade de Agricultura e Ciências da Vida, Departamento de Ciência Alimentar. "About us". Disponível em: <foodscience.cals.cornell.edu/about-us>.

67 NESHEIM, M. C. *The Division of Nutritional Sciences at Cornell University: A History and Personal Reflections.* Ithaca: Cornell eCommons, 2010; Cornell University Division of Nutritional Sciences, College of Human Ecology.

68 PIERCE, J. P.; NATARAJAN, L.; CAAN, B. J. et al. "Influence of a diet very high in vegetables, fruit, and fiber and low in fat on prognosis following treatment for breast cancer: The Women's Healthy Eating and Living (WHEL) randomized trial". *JAMA*, 2007, v. 298, n. 3, pp. 289-98.

69 John Pierce, em e-mail para mim, 27 dez. 2016.

70 PIERCE, J. P.; FAERBER, S.; WRIGHT, F. A. et al. "A randomized trial of the effect of a plant based dietary pattern on additional breast cancer events and survival: The Women's Healthy Eating and Living (WHEL) Study". *Cont Clin Trials*, 2002, v. 23, pp. 728-56; PIERCE, J. P.; STEFANICK, M. L.; FLATT, S. W. et al. "Greater survival after breast cancer in physically active women with high vegetable-fruit intake regardless of obesity". *Journal of Clinical Oncology*, 2007, v. 25, n. 17, pp. 2345-51; Women's Healthy Eating and Living (WHEL) Study, bibliografia atualizada em janeiro de 2016. Disponível em: https://library.ucsd.edu/dc/object/bb2493244b. Universidade da Califórnia, biblioteca de San Diego, jan. 2016.

71 Comissão do Morango da Califórnia, carta para pesquisadores de nutrição, 5 mar. 2018.

72 WALLACE, M. "Aspartame NutraSweet". *60 Minutes News Segment*, 29 dez. 1996; WALTON, R. G. "Survey of aspartame studies: Correlation of outcome and funding sources". Artigo não publicado. Resumo disponível em: <www.lightenyourtoxicload.com/wpcontent/uploads/2014/07/Dr-Walton-survey-of-aspartamestudies.pdf>.

73 FDA, Código de Regulamentos Federais Título 21: Seção 172.867 "Olestra"; "The 50 worst inventions", *Time*, 27 mai. 2010.

74 LUDWIG, D. S.; PETERSON, K. E.; GORTMAKER, S. L. "Relation between consumption of sugar-sweetened drinks and childhood obesity: A prospective, observational analysis". *Lancet*, 2001, v. 357, pp. 505-08.

75 LESSER, L. I.; EBBELING, C. B.; GOOZNER, M. et al. "Relationship between funding source and conclusion among nutrition related scientific articles". *PLOS Med.*, 2007, v. 4, n. 1, e5; VARTANIAN, L. R.; SCHWARTZ, M. B.; BROWNELL, K. D. "Effects of soft drink consumption on nutrition and health: A systematic review and meta-analysis". *American Journal of Public Health*, 2007, v. 97, n. 4, pp. 667-75; BES-RASTROLLO, M.; SCHULZE, M. B.; RUIZ CANELA, M.; MARTINEZ GONZALEZ, M. A. "Financial conflicts of interest and reporting bias regarding the association between sugar-sweetened beverages and weight gain: A systematic review of systematic reviews". *PLOS Med.*, 2013, v. 10, n. 12, e1001578; MASSOUGBODJI, J.; LE BODO, Y.; FRATU, R.; DE WALS, P. "Reviews examining sugar-sweetened beverages and body weight: Correlates of their quality and conclusions". *American Journal of Clinical Nutrition*, 2014, v. 99, n. 5, p. 1096.

76 SCHILLINGER, D.; TRAN, J.; MANGURIAN, C.; KEARNS, C. "Do sugar sweetened beverages cause obesity and diabetes? Industry and the manufacture of scientific controversy". *Annals of Internal Medicine*, 2016, v. 165, n. 12, pp. 895-7.

77 LITMAN, E. A.; GORTMAKER, S. L.; EBBELING, C. B.; LUDWIG, D. S. "Source of bias in sugar-sweetened beverage research: A systematic review". *Public Health Nutrition*, 26 mar. 2018, pp. 1-6.

78 CHARTRES, N.; FABBRI, A.; BERO, L. A. "Association of industry sponsorship with outcomes of nutrition studies: A systematic review and meta-analysis". *JAMA Intern Med.*, 2016, v. 176, n. 12, pp. 1769-77.

79 BERO, L. "Systematic review: A method at risk for being corrupted". *American Journal of Public Health*, 2017, v. 107, n. 1, pp. 93-6; DIELS, J.; CUNHA, M.; MANAIA, C. et al. "Association of financial or professional conflict of interest to research outcomes on health risks or nutritional assessment studies of genetically modified products". *Food Policy*, 2011, v. 36, n. 2, pp. 197-203.

80 Center for Media and Democracy, SourceWatch, "International Life Sciences Institute". Disponível em: www.sourcewatch.org/index.php/International_Life_Sciences_Institute.

81 KAISER, K. A.; COFIELD, S. S.; FONTAINE, K. R. et al. "Is funding source related to study reporting quality in obesity or nutrition randomized control trials in toptier medical journals?" *International Journal of Obesity*, 2012, v. 36, n. 7, pp. 977-81; THOMAS, O.; THABANE, L.; DOUKETIS, J. et al., "Industry funding and the reporting quality of large long-term weight trials". *International Journal of Obesity*, 2008, v. 32, n. 10, pp. 1531-36.

82 ODIERNA, D. H.; FORSYTH, S. R.; WHITE, J.; BERO, L. A. "The cycle of bias in health research". *Account Res.*, 2013, v. 20, n. 2, pp. 127-41.

83 FABBRI, A.; CHARTRES, N.; SCRINIS, G.; BERO, L. A. "Study sponsorship and the nutrition research agenda: Analysis of randomized controlled trials included in systematic reviews of nutrition interventions to address obesity". *Public Health Nutrition*, 2017, v. 20, n. 7, pp. 1306-13.

84 BERO, L. "Essays on health: How food companies can sneak bias into scientific research". *The Conversation*, 1º nov. 2016.

85 KATAN, M. "Does industry sponsorship undermine the integrity of nutrition research?" *PLOS Med.*, 2007, v. 4, n. 1, e6.

86 MARKS, J. H. "Toward a systemic ethics of public-private partnerships related to food and health". *Kennedy Institute of Ethics Journal*, 2014, v. 24, n. 3, pp. 267-99; MARKS, J. H. "What's the big deal? The ethics of public-private partnerships related to food and health". *Edmond J. Safra Working Papers*, n. 11, 23 mai. 2013.

3. Doce vida: açúcar e doces como alimentos saudáveis

87 LUSTIG, R.; SCHMIDT, L. A.; BRINDIS, C. D. "Public health: The toxic truth about sugar". *Nature*, 2012, v. 482, pp. 27-29; TAUBES, Gary. *Açúcar: culpado ou inocente?*. Porto Alegre: L&PM, 2018; JOHNSON, R. K.; APPEL, L. J.; BRANDS, M. et al. "Dietary sugars intake and cardiovascular health: A scientific statement from the American Heart Association". *Circulation*, 2009, v. 120, n. 11, pp. 1011-20; VOS, M. B.; KAAR, J. L.; WELSH, J. A. et al. "Added sugars and cardiovascular disease risk in children: A scientific statement from the American Heart Association". *Circulation*, 2016, v. 135, n. 19, e1017-34; OMS. *Diretriz: ingestão de açúcares por adultos e crianças*, 2015. Disponível em: <https://www.paho.org/bra/images/stories/GCC/ingestao%20de%20acucares%20por%20adultos%20e%20criancas_portugues.pdf>; Departamento de Saúde e Serviços Humanos dos Estados Unidos e Departamento de Agricultura dos Estados Unidos, *Guia Alimentar dos Estados Unidos, 2015-2020*, 8ª ed., dez. 2015.

88 GORNALL, J. "Sugar: Spinning a web of influence". *BMJ*, 2015, v. 350, h231; GOLDMAN, G.; CARLSON, C.; BAILIN, D. et al. "Added sugar, subtracted science: How industry obscures science and undermines public health policy on sugar". Union of Concerned Scientists, jun. 2014.

89 KEARNS, C. E.; GLANTZ, S. A.; SCHMIDT, L. A. "Sugar industry influence on the scientific agenda of the National Institute of Dental Research's 1971 National Caries Program: A historical analysis of internal documents". *PLOS Med.*, 2015, v. 12, n. 3, e1001798.

90 Jeffrey S. Tenenbaum, Venable, Baetjer, Howard & Civiletti, LLP, em carta para a autora, 27 mar. 2002.

91 Western Sugar Coop et al., PLAINTIFFS, v.; Archer-Daniels-Midland Co. et al., Tribunal Distrital dos Estados Unidos do Distrito Central da Califórnia, 2015 US dist. LEXIS 21448, 13 fev. 2015.

92 GOLDMAN, G.; CARLSON, C.; BAILIN, D. et al. "Added sugar, subtracted science: How industry obscures science and undermines public health policy on sugar". *Union of Concerned Scientists*, jun. 2014.

93 NESTLE, M. "Sugar v. HFCS: How I got involved in this lawsuit". *Food-Politics.com*, 12 fev. 2014.

94 "A war over sweetener market share". *The New York Times*, 11 fev. 2014.

95 BOCARSLY, M. E.; POWELL, E. S.; AVENA, N. M.; HOEBEL, B. G. "High-fructose corn syrup causes characteristics of obesity in rats: Increased body weight, body fat and triglyceride levels". *Pharmacol Biochem Behav.*, 2010, v. 97, n. 1, pp. 101-06; NESTLE, M. "HFCS makes rats fat?". *FoodPolitics.com*, 24 mar. 2010.

96 VENTURA, E. E.; DAVIS, J. N.; GORAN, M. I. "Sugar content of popular sweetened beverages based on objective laboratory analysis: Focus on fructose content". *Obesity*, 2011, v. 19, n. 4, pp. 868-74.

97 D. Martosko para Audrae Erickson, e-mail, 30 out. 2010, em "A war over sweetener market share. Bury the data", *The New York Times*, 11 fev. 2014.

98 B. Brady para Bonnie E. Raquet, e-mail, 8 dez. 2008, em: "A war over sweetener market share. Bury the data"; "'Soft lobbying' war between sugar, corn syrup shows new tactics in Washington influence". *The Washington Post*, 12 fev. 2014.

99 A. Erickson para Alan Willits e Jeff Cotter, e-mail, 25 set. 2009.

100 J. M. Rippe para Audrae Erickson, e-mail, 16 jul. 2009.

101 RIPPE, J. M. "The metabolic and endocrine response and health implications of consuming sugar-sweetened beverages: Findings from recent randomized controlled trials". *Advances in Nutrition*, 2013, v. 4, n. 6, pp. 677-86; ANGELOPOULOS, T. J.; LOWNDES, J.; SINNETT, S.; RIPPE, J. M. "Fructose containing sugars at normal levels of consumption do not effect adversely components of the metabolic syndrome and risk factors for cardiovascular disease". *Nutrients*, 2016, v. 8, n. 4, p. 179.

102 DINICOLANTORIO, J. J.; O'KEEFE, J. H.; LUCAN, S. C. "Added fructose: A principal driver of type 2 diabetes mellitus and its consequences". *Mayo Clin Proc.*, 2015, v. 90, n. 3, pp. 372-81; MALIK, V. S.; HU, F. B. "Fructose and cardiometabolic health". *Journal of the American College of Cardiology*, 2015, v. 66, n. 14, pp. 1615-24.

103 SIEVENPIPER, J. L. "Sickeningly sweet: Does sugar cause chronic disease? No". *Canadian Journal of Diabetes*, 2016, v. 40, pp. 287-95; CHOO, V. L.; HA, V.; SIEVENPIPER, J. L. "Sugars and obesity: Is it the sugars or the calories?". *Nutr Bull.*, 2015, v. 40, pp. 88-96; KAHN, R.; SIEVENPIPER, J. "Dietary sugar and body weight: Have we reached a crisis in the epidemic of obesity and diabetes? We have, but the pox on sugar is overwrought and overworked". *Diabetes Care*, 2014, v. 37, pp. 957-62.

104 JAMNIK, J.; REHMAN, S.; MEJIA, S. B. et al. "Fructose intake and risk of gout and hyperuricemia: A systematic review and meta-analysis of prospective cohort studies". BMJ OPEN, 2016, v. 6, e013191; JAYALATH, V. H.; DE SOUZA, R. J.; HA, V. et al., "Sugar-sweetened beverage consumption and incident hypertension: A systematic review and meta-analysis of prospective cohorts". *American Journal of Clinical Nutrition*, 2015, v. 102, n. 4, pp. 914-21.

105 SIEVENPIPER, J. L., citado por GORNELL, J. "Sugar's web of influence 2: Biasing the science". BMJ, 2015, v. 350, h215.

106 IOANNIDIS, J. P. A. "The mass production of redundant, misleading, and conflicted systematic reviews and meta-analyses". *Milbank Q.*, 2016, v. 94, n. 3, pp. 485-514.

107 RAATZ, S. K.; JOHNSON, L. K.; PICKLO, M. J. "Consumption of honey, sucrose, and high-fructose corn syrup produces similar metabolic effects in glucose tolerant and intolerant individuals". *Journal of Nutrition*, 2015, v. 145, n. 10, pp. 2265-72.

108 National Confectioners Association. "The economic impact and leadership of America's confectionery industry."

109 "AP Exclusive: How candy makers shape nutrition science". *Associated Press*, 2 jun. 2016.

110 O'NEIL, C. E.; FULGONI, V. L.; NICKLAS, T. A. "Association of candy consumption with body weight measures, other health risk factors for cardiovascular disease, and diet quality in US children and adolescents: NHANES 1999-2004". *Food & Nutrition Research*, 2011, v. 55, n. 10, 3402/fnr.v55i0.5794.

111 National Confectioners Association. "New study shows children and adolescents who eat candy are less overweight or obese". PR *Newswire*, 28 jun. 2011.

112 PACYNIAK, B. "'The only thing that moves sales is health claims.' AP article claims food research more about marketing than science". *Candy Ind.*, 8 jun. 2016.

113 O'NEIL, C. E.; FULGONI, V. L.; NICKLAS, T. A. "Candy consumption was not associated with body weight measures, risk factors for cardiovascular disease, or metabolic syndrome in US adults: NHANES 1999-2004". *Nutrition Research*, 2011, v. 31, n. 2, pp. 122-30.

114 O'NEIL, C. E.; NICKLAS, T. A.; LIU, Y.; BERENSON, G. S. "Candy consumption in childhood is not predictive of weight, adiposity measures or cardiovascular risk factors in young adults: The Bogalusa Heart Study". *Journal of Human Nutrition and Dietetics*, 2015, v. 28, pp. 59-69.

115 MURPHY, M. M.; BARRAJ, L. M.; BI, X.; SHUMOW, L. "Abstract: Patterns of candy consumption in the United States, WWEIA, NHANES 2009-2012". *FASEB J.*, 2015, v. 30, n. 1, suppl:1154.19.

116 MURPHY, M.; BARRAJ, L. M.; BI, X.; STETTLER, N. "Body weight status and cardiovascular risk factors in adults by frequency of candy consumption". *Nutrition Journal*, 2013, v. 12, p. 53.

117 FATTORE, E.; BOTTA, F.; AGOSTONI, C.; BOSETTI, C. "Effects of free sugars on blood pressure and lipids: A systematic review and meta-analysis of nutritional isoenergetic intervention trials". *American Journal of Clinical Nutrition*, 2017, v. 105, n. 1, pp. 42-56.

118 MESSERLI, F. H. "Chocolate consumption, cognitive function, and Nobel Laureates". *New England Journal of Medicine*, 2012, v. 367, n. 16, pp. 1562-64.

119 MONTOPOLI, M.; STEVENS, L. C.; SMITH, C. et al. "The acute electrocortical and blood pressure effects of chocolate". *NeuroReg.*, 2015, v. 2, n. 1, pp. 3-28.

120 PEKIC, V. "Step aside energy drinks: Chocolate has a stimulating effect on human brains, says Hershey-backed study". *Food Navigator*, 18 mai. 2015.

121 "The dark truth about chocolate". *The Guardian*, 25 mar. 2018.

122 Mars, Incorporated, "The history of CocoaVia". Disponível em: <www.cocoavia.com /how-we-make-it/history-of-cocoavia>.

123 VLACHOJANNIS, J.; ERNE, P.; ZIMMERMANN, B.; CHRUBASIK-HAUSMANN, S. "The impact of cocoa flavanols on cardiovascular health". *Phytother Res.*, 2016, v. 30, n. 10, pp. 1641-57; ANDRES-LACUEVA, C.; MONAGAS, M.; KHAN, N. et al. "Flavanol and flavonol contents of cocoa powder products: Influence of the manufacturing process". *J Agric Food Chem.*, 2008, v. 56, pp. 3111-17; CREWS, W. D.; HARRISON, D. W.; WRIGHT, J. W. "A double-blind, placebo-controlled, randomized trial of the effects of dark chocolate and cocoa on variables associated with neuropsychological functioning and cardiovascular health: Clinical findings from a sample of healthy, cognitively intact older adults". *American Journal of Clinical Nutrition*, 2008, v. 87, n. 4, pp. 872-80.

124 "Chocolate is good for you (or how Mars tried to sell us this as health food)". *The Guardian*, 23 dez. 2002; "An apple a day for health? Mars recommends two bars of chocolate". *The New York Times*, 31 out. 2005.

125 FDA. *Inspections, Compliance, Enforcement, and Criminal Investigations*, carta para John Helferich, Masterfoods USA, 31 mai. 2006.

126 OTTAVIANI, J. I.; BALZ, M.; KIMBALL, J. et al. "Safety and efficacy of cocoa flavanol intake in healthy adults: A randomized, controlled, double-masked trial". *American Journal of Clinical Nutrition*, 2015, v. 102, n. 6, pp. 1425-35; NECOZIONE, S.; RAFFAELE, A.; PISTACCHIO, L. et al. "Cocoa flavanol consumption improves cognitive function, blood pressure control, and metabolic profile in elderly Assunto: The Cocoa, Cognition, and Aging (CoCoA) Study — a randomized controlled trial". *American Journal of Clinical Nutrition*, 2015, v. 101, n. 3, pp. 538-48; HEISS, C.; SANSONE, R.; KARIMI, H. et al. "Impact of cocoa flavanol intake on age-dependent vascular stiffness in healthy men: A randomized, controlled, double-masked trial". *Age*, 2015, v. 37, p. 56; SANSONE, R.; RODRIGUEZ-MATEOS, A.; HEUEL, J. et al., "Cocoa flavanol intake improves endothelial function and Framingham Risk Score in healthy men and women: A randomised, controlled, double-masked trial: The Flaviola Health Study". *British Journal of Nutrition*, 2015, v. 114, n. 8, pp. 1246-55.

127 Mars Center for Cocoa Health Science. "Cocoa flavanols lower blood pressure and increase blood vessel function in healthy people". Release, 9 set. 2015.

128 CocoaVia, "Cocoa's past and present: A new era for heart health". Anúncio, *The New York Times*, 27 set. 2015.

129 Mars, Inc. "Largest nutritional intervention trial of cocoa flavanols and hearth [sic] health to be launched". *MarsCocoaScience.com*, 17 mar. 2014; National Institutes of Health, US National Library of Medicine, "Cocoa Supplement and Multivitamin Outcomes Study (COSMOS)". *ClinicalTrials. gov*.

130 "Does cocoa prevent cancer? Mars. [sic] Inc. pays Harvard scientists for 'research'". *The Russells*, 19 set. 2016.

131 "The dark truth about chocolate". *The Guardian*, 25 mar. 2018.

132 "Dark chocolate is now a health food. Here's how that happened". *Vox*, 16 out. 2017; "Mars: we have no agenda to create chocolate health halo with cocoa flavanol studies". *Confectionary News*, 17 jan. 2018.

133 GORNALL, J. "Sugar's web of influence 4: Mars and company: Sweet heroes or villains?". *BMJ*, 2015, v. 350, h220; "Dolmio and Uncle Ben's firm Mars advises limit on products". *BBC*, 15 abr. 2016; "Snickers maker criticizes industry-funded paper on sugar". *Business Insider*, 21 dez. 2016; "Breaking away from bad science? Mars to leave ILSI in transparency bid". *Food Navigator*, 8 fev. 2018.

4. Venda de carne e laticínios

134 CRAIG, W. J. "Health effects of vegan diets". *American Journal of Clinical Nutrition*, 2009, v. 89 (caderno especial), pp. 1627s-33s; RAJARAM, S.; WIEN, M.; SABATÉ, J. (orgs.). "Sixth International Congress on Vegetarian Nutrition: Proceedings of a symposium held in Loma Linda, CA, Feb 24—26, 2013". *American Journal of Clinical Nutrition*, 2014, v. 100 (caderno especial), pp. 303s-02s.

135 MIHRSHAHI, S.; DING, D.; GALE, J. et al. "Vegetarian diet and all-cause mortality: Evidence from a large population based Australian cohort—the 45 and Up study". *Prev Med.*, 2017, v. 97, n. 4, pp. 1—7.

136 Pew Commission on Industrial Farm Animal Production. *Putting Meat on the Table: Industrial Farm Animal Production in America*, 2008; GREGER, M.; STONE, G. *How Not to Die: Discover the Foods Scientifically Proven to Prevent and Reverse Disease*. Nova York: Flatiron Books, 2015.

137 WILDE, P. *Food Policy in the United States: An Introduction*. Londres: Routledge & Earthscan, 2013.

138 BURKITT, D. P. "Epidemiology of cancer of the colon and rectum". *Cancer*, 1971, v. 28, n. 1, pp. 3-13; CROSS, A. J.; LEITZMANN, M. F.; GAIL, M. H. et al. "A prospective study of red and processed meat intake in relation to cancer risk". *PLOS Med.*, 2007, v. 4, n. 12, e325.

139 GENKINGER, J. M.; KOUSHIK, A. "Meat consumption and cancer risk". *PLOS Med.*, 2007, v. 4, n. 12, e345; International Agency for Research on Cancer. "IARC monographs evaluate consumption of red meat and processed meat", material de divulgação à imprensa n. 240, 26 out. 2015.

140 "Science does not support international agency opinion on red meat and cancer", material de divulgação à imprensa, 26 out. 2015.

141 ALEXANDER, D. D.; WEED, D. L.; MILLER, P. E.; MOHAMED, M. A. "Red meat and colorectal cancer: A quantitative update on the state of the epidemiologic science". *J Am Coll Nutr.*, 2015, v. 34, pp. 521-43; BYLSMA, L. C.; ALEXANDER, D. D. "A review and meta-analysis of prospective studies of red and processed meat, meat cooking methods, heme iron, heterocyclic amines and prostate cancer". *Nutrition Journal*, 2015, v. 14, p. 125.

142 AGARAWAL, S.; FULGONI, V. L.; BERG, E. P. "Association of lunch meat consumption with nutrient intake, diet quality and health risk factors in U.S. children and adults: NHANES 2007-2010". *Nutrition Journal*, 2015, v. 14, p. 128.

143 SLAVIN, J. "The challenges of nutrition policymaking". *Nutrition Journal*, 2015, v. 14, p. 15.

144 MÅNSSON, H. L. "Fatty acids in bovine milk fat". *Food Nutr Res.*, 2008, v. 52, 10.3402/fnr.v52i0.1821; TAUBES, G. *Good Calories, Bad Calories*. Nova York: Knopf, 2006; TEICHOLZ, N. *The Big Fat Surprise: Why Butter, Meat and Cheese Belong in a Healthy Diet*. Nova York: Simon & Schuster, 2014; SACKS, F. M.; LICHTENSTEIN, A. H.; WU, J. H. Y. et al. "Dietary fats and cardiovascular disease: A presidential advisory from the American Heart Association". *Circulation* 2017, v. 136, e1-e23.

145 O'CONNOR, L. E.; KIM, J. E., CAMPBELL, W. W. "Total red meat intake of ≥ 0.5 servings/d does not negatively influence cardiovascular disease risk factors: A systemically searched meta-analysis of randomized controlled trials". *American Journal of Clinical Nutrition*, 2017, v. 105, n. 1, pp. 57-69; PHILLIPS, S. M.; FULGONI, V. L.; HEANEY, R. P. et al., "Commonly consumed protein foods contribute to nutrient intake, diet quality, and nutrient adequacy". *American Journal of Clinical Nutrition*, 2015, v. 101, n. 6, pp. 1346-52.

146 LI, Y.; HRUBY, A.; BERNSTEIN, A. M. et al. "Saturated fats compared with un-saturated fats and sources of carbohydrates in relation to risk of coronary heart disease: A prospective cohort study". *Journal of the American College of Cardiology*, 2015, v. 66, n. 14, pp. 1538-48; ZONG, G., LI, Y.; WANDERS, A. J. et al., "Intake of individual saturated fatty ac-ids and risk of coronary heart disease in US men and women: Two prospective longitudinal cohort studies". BMJ, 2016, v. 355, i5796.

147 WHEATLEY, S. D.; DEAKIN, T.; REEVES, T.; WHITAKER, M. "Letter: Intake of individual saturated fatty acids and risk of coronary heart disease in US men and women: Two prospective longitudinal cohort studies". BMJ, 2016, v. 355, i5796.

148 FAGHIHNIA, N.; MANGRAVITE, L. M.; CHIU, S. et al. "Effects of dietary saturated fat on LDL subclasses and apolipoprotein CIII in men". *European Journal of Clinical Nutrition*, 2012, v. 66, n. 11, pp. 1229-33.

149 USDA. "Report to Congress on the National Dairy Promotion and Research Program and the National Fluid Milk Processor Promotion Program: 2012 Program Activities".

150 COLLIER, R. "Dairy research: 'Real' science or marketing?" *CMAJ*, 2016, v. 188, n. 10, pp. 715-6.

151 O termo é uma alusão a *greenwashing*, estratégia corporativa que significa adotar padrões de preocupação ambiental apenas como fachada, com objetivos de marketing. *Whitewashed* faz uma brincadeira com a expressão *white*, ou seja, branco, a cor dos produtos lácteos [N.E.].

152 SIMON, M. *Whitewashed: How Industry and Government Promote Dairy Junk Foods*. EatDrinkPolitics.com, jun. 2014

153 WILDE, P.; MORGAN, E.; ROBERTS, J. et al. "Relationship between funding sources and outcomes of obesity-related research". *Physiol and Behav.*, 2012, v. 107, n. 1, pp. 172-5.

154 National Dairy Council. "Dairy research for your business: Nutrition, product and sustainability research program overview, 2011-2016".

155 LAMARCHE, B.; GIVENS, D. I.; SOEDAMAH-MUTHU, S. et al. "Does milk consumption contribute to cardiometabolic health and overall diet quality?". *Canadian Journal of Cardiology*, 2016, v. 32, pp. 1026-32.

156 GUO, J.; ASTRUP, A.; LOVEGROVE, J. A. et al. "Milk and dairy consumption and risk of cardiovascular diseases and all-cause mortality: Dose response, meta-analysis of prospective cohort studies". *Eur J Epidemiol*, 2017, v. 32, n. 4, pp. 269-87; ATHERTON, M. "Dairy 'does not increase heart attack or stroke risk'". *FoodManufacture.com*, 10 mai. 2017.

157 PASIN, G.; COMERFORD, K. B. "Dairy foods and dairy proteins in the management of type 2 diabetes: A systematic review of the clinical evidence". *Advances in Nutrition*, 2015, v. 6, n. 3, pp. 245-59; CHEN, G.-C.; SZETO, I. M. Y.; CHEN L.-H. et al. "Dairy products consumption and metabolic syndrome in adults: Systematic review and meta-analysis of observational studies". *Sci Rep.*, 2015, v. 5, p.14606; QUANN, E. E.; FULGONI, V. L.; AUESTAD, N. "Consuming the daily recommended amounts of dairy products would reduce the prevalence of inadequate micronutrient intakes in the United States: Diet modeling study based on NHANES 2007-2010". *Nutrition Journal*, 2015, v. 14, pp. 90; PONTES, M. V.; RIBEIRO, T. C. M.; RIBEIRO, H. et al. "Cow's milk based beverage consumption in 1- to 4-year-olds and allergic manifestations: An RCT". *Nutrition Journal*, 2016, v. 15, p. 19; SEERY, S.; JAKEMAN, P. "A metered intake of milk following exercise and thermal dehydration restores whole-body net fluid balance better than a carbohydrate-electrolyte solution or water in healthy young men". *British Journal of Nutrition*, 2016, v. 116, n. 6, pp. 1013-21.

158 DROUIN-CHARTIER, J.-P., CÔTÉ, J. A.; LABONTÉ, M. È. et al. "Comprehensive review of the impact of dairy foods and dairy fat on cardiometabolic risk". *Advances in Nutrition*, 2016, v. 7, n. 6, pp. 1041-51.

159 LOPEZ-GARCIA, E.; LEON-MUÑOZ, L.; GUALLAR-CASTILLON, P.; RODRÍGUEZ-ARTALEJO, F. "Habitual yogurt consumption and health-related quality of life: A prospective cohort study". *Journal of the Academy of Nutrition and Dietetics*, 2015, v. 115, pp. 31-39; BERGHOLDT, H. K.; NORDESTGAARD, B. G.; ELLERVIK, C. "Milk intake is not associated with low risk of diabetes or overweight-obesity: A Mendelian randomization study in 97,811 Danish individuals". *American Journal of Clinical Nutrition*, 2015, v. 102, n. 2, pp. 487-96; KIM, K.; WACTAWSKI-WENDE, J.; MICHELS, K. A. et al. "Dairy food intake is associated with reproductive hormones and sporadic anovulation among healthy premenopausal women". *Journal of Nutrition*, 2017, v. 147, n. 2, pp. 218-26.

160 DE GOEDE, J.; GELEIJNSE, J. M.; DING, E. L.; SOEDAMAH-MUTHU, S. S. "Effect of cheese consumption on blood lipids: A systematic review and meta-analysis of randomized controlled trials". *Nutrition Reviews*, 2015, v. 73, n. 5, pp. 259-75.

161 THORNING, T. K.; RAZIANI, F.; BENDSEN, N. T. et al. "Diets with high-fat cheese, high-fat meat, or carbohydrate on cardiovascular risk markers in over--weight postmenopausal women: A randomized crossover trial". *American Journal of Clinical Nutrition*, 2015, v. 102, n. 2, pp. 573-81.

162 MARCKMANN, P. "Letter: Misleading conclusions on health effects of cheese and meat-enriched diets in study sponsored by dairy industry". *American Journal of Clinical Nutrition*, 2016, v. 103, n. 1, pp. 291-92; THORNING, T. K.; RAZIANI, F.; ASTRUP, A. et al. "Letter: Reply to P Marckmann". *American Journal of Clinical Nutrition*, 2016, v. 103, n. 1, p. 292.

163 "Every day is a gift when you are over 100". *National Geographic*, jan. 1973, pp. 93-118; SPECTER, M. "Yogurt? Caucasus centenarians 'never eat it'". *The New York Times*, 16 mar. 1998; BABIO, N.; BECERRA-TOMÁS, N.; MARTÍNEZ-GONZÁLEZ, M. A. et al. "Consumption of yogurt, low-fat milk, and other low-fat dairy products is associated with lower risk of metabolic syndrome incidence in an elderly Mediterranean population". *Journal of Nutrition*, 2015, v. 145, n. 10, pp. 2308-16; LAIRD, E.; MOLLOY, A. M.; MCNULTY, H. et al. "Greater yogurt consumption is associated with increased bone mineral density and physical function in older adults". *Osteoporosis Int.*, 2017, v. 28, n. 8, pp. 2409-19; GIJSBERS, L.; DING, E. L.; MALIK, V. S. et al. "Consumption of dairy foods and diabetes incidence: A dose response meta-analysis of observational studies". *American Journal of Clinical Nutrition*, 2016, v. 103, n. 4, pp. 1111-24; EALES, J.; LENOIR-WIJNKOOP, I.; KING, S. et al., "Is consuming yoghurt associated with weight management outcomes? Results from a systematic review". *International Journal of Obesity*, 2016, v. 40, n. 5, pp. 731-46; BROWN-RIGGS, C. "Nutrition and health disparities: The role of dairy in improving minority health outcomes". *Int J Environ Res Public Health*, 2016, v. 13, n. 1, p. 28.

164 NESTLE, M. "Industry-sponsored research: This week's collection". *Food-Politics.com*, 2 jun. 2015.

165 "Concussion related measures improved in high school football players who drank new chocolate milk, UMD study shows", material de divulgação à imprensa, 22 dez. 2015.

166 BLOOM, B. M.; KINSELLA, K.; POTT, J. et al. "Short-term neurocognitive and symptomatic outcomes following mild traumatic brain injury: A prospective multicenter observational cohort study". *Brain Inj.*, 2017, v. 31, n. 3, pp. 304-11; MEX, J.; DANESHVAR, D. H.; KIERNAN, P. T. et al. "Clinicopathological evaluation of chronic traumatic encephalopathy in players of American football". *JAMA*, 2017, v. 318, n. 4, pp. 360-70; KUCERA, K. L.; YAU, R. K.; REGISTER-MIHALIK, J. et al. "Traumatic brain and spinal cord fatalities among high school and college football players—United States, 2005—2014". *MMWR*, 2017, v. 65, n. 52, pp. 1465-69; MARGOLIS, L. H.; CANTY, G.; HALSTEAD, M.; LANTOS, J. D. "Should school boards discon-tinue support for high school football?" *Pediatr.*, 2017, v. 139, n. 1, e20162604.

167 "Can chocolate milk speed concussion recovery? Experts cringe". *Stat News*, 11 jan. 2016.

168 HOLTZ, A.; FREEDHOFF, Y.; STONE, K. "Release claiming chocolate milk improves concussion symptoms in student athletes is out-of-bounds". Health News Review, 5 jan. 2016.

169 HOLTZ, A. "Why won't the University of Maryland talk about the chocolate milk/concussion study it was so eager to promote?". Health News Review, 11 jan. 2016.

170 "University of Maryland crosses ethical boundaries with chocolate milk study, experts say". *Baltimore Bus Journal*, 12 jan. 2016.

171 "The University of Maryland has a burgeoning chocolate-milk concussion scandal on its hands". *New York Magazine*, 20 jan. 2016.

172 WYLIE, A. G.; BALL, G. F.; DESHONG, P. R, et al. "Final report, ad hoc review committee". Universidade de Maryland, 24 mar. 2016.

173 "University of Maryland committee finds fault in school's research, promotion of chocolate milk study". *Baltimore Bus Journal*, 1º abr. 2016.

174 "The University of Maryland just released a report on its incredibly irresponsible chocolate milk research". *Vox*, 1º abr. 2016.

175 "U of Maryland review: Researcher on flawed chocolate milk/concussions study failed to disclose big dairy donations". *Health News Review*, 1º abr. 2016;

"Chocolate milk maker wanted study touted with 'Concussion'". *The Washington Post*, 19 abr. 2016; BACHYNSKI, K. E.; GOLDBERG, D. S. "Time out: NFL conflicts of interest with public health efforts to prevent TBI". *Inj Prev.*, 15 nov. 2017.

176 CAULFIELD, T.; OGBOGU, U. "The commercialization of university based research: Balancing risks and benefits". *BMC Med Ethics*, 2015, v. 16, p. 70.

5. Marketing não é ciência

177 SCHNEEMAN, B. "FDA's review of scientific evidence for health claims". *Journal of Nutrition*, 2007, v. 137, n. 2, pp. 493-94; Royal Hawaiian Macadamia Nut, Inc. "Petition for the authorization of a qualified health claim for macadamia nuts and reduced risk of coronary heart disease", 4 set. 2015; ORIEL, A. E.; CAO, Y.; BAGSHAW, D. O. et al. "A macadamia nut rich diet reduces total and LDL-cholesterol in mildly hypercholesterolemic men and women". *Journal of Nutrition*, 2008, v. 138, n. 4, pp. 761-7.

178 FDA, "FDA completes review of qualified health claim petition for macadamia nuts and the risk of coronary heart disease", 24 jul. 2017.

179 "Go nuts, folks! FDA declares macadamia nuts heart healthy". *Hawaii News Now*, 24 jul. 2017.

180 Disponível em: <www.wildblueberries.com>.

181 USDA. "Plant pigments paint a rainbow of antioxidants". *AgResearch Magazine*, nov. 1996. Veja também WANG, H.; CAO, G.; PRIOR, R. L. "Total antioxidant capacity of fruits". *J Agric Food Chem*, 1996, v. 44, pp. 701-5.

182 BJELAKOVIC, G.; NIKOLOVA, D.; GLUUD, L. L. et al. "Antioxidant supplements for prevention of mortality in healthy participants and patients with various diseases". *Cochrane.org*, 14 mar. 2012.

183 USDA. "Oxygen Radical Absorbance Capacity (ORAC) of selected foods".

184 National Center for Complementary and Integrative Health, "Anti oxidants: In depth".

185 CASSIDY, A.; FRANZ, M.; RIMM, E. B. "Dietary flavonoid intake and incidence of erectile dysfunction". *American Journal of Clinical Nutrition*, 2016, v. 103, n. 2, pp. 534-41; University of East Anglia, "Blueberries associated with reduced risk of erectile dysfunction", material de divulgação à imprensa, 13 jan. 2016.

186 MCKAY, D. L.; ELIASZIW, M.; CHEN, C.-Y. O.; BLUMBERG, J. B. "Amelioration of cardiometabolic risk factors with a pecan-rich diet in overweight and obese adults". Pôster na reunião anual da Sociedade Americana de Nutrição, Boston, abr. 2016. Depois, os autores agregaram dados de várias medições — o escore composto indicou uma redução clinicamente significativa do risco cardiometabólico. Veja MCKAY, D. L.; ELIASZIW, M.; CHEN, C.-Y. O.; BLUMBERG, J. B. "A pecan rich diet improves cardiometabolic risk factors in overweight and obese adults: A randomized controlled trial". *Nutrients*, 2018, v. 10, n. 3, pp. 1-17.

187 TUPPER, M. e-mail para a autora, 20 fev. 2008. Veja "The truth behind the pomegranate craze". *Smart Money*, 4 fev. 2008.

188 A POM lista estudos patrocinados em: <www.wonderfulpomegranateresearch.com>.

189 NESTLE, M. "Be skeptical of food studies". *San Francisco Chronicle*, 4 mar. 2011.

190 Comissão Federal Americana de Comércio. "FTC complaint charges deceptive advertising by POM Wonderful", 27 set. 2010; "POM Wonderful LLC and Roll Global LLC, in the matter of", 16 jan. 2013.

191 FDA. "Label claims for conventional foods and dietary supplements", atualizado em 11 abr. 2016.

192 POM Wonderful v. FDA, US District Court, District of Columbia, Complaint for declaratory relief, 13 set. 2010. Disponível em: <www.fdalawblog.net/files/pom-wonderful-complaint.pdf>.

193 Comissão Federal Americana de Comércio. "Administrative law judge upholds FTC's complaint that POM deceptively advertised its products as treating, preventing, or reducing the risk of heart disease, prostate cancer, and erectile dysfunction", material de divulgação à imprensa, 21 mai. 2012.

194 Decisão inicial: 17 mai. 2012. Disponível em: <www.ftc.gov/sites/default/files/documents/cases/2012/05/120521pomdecision.pdf>.

195 "The 'science' behind Lynda Resnick's Pom Wonderful juice". *Los Angeles Times*, 5 out. 2010.

196 WU, P.-T.; FITSCHEN, P. J.; KISTLER, B. M. et al. "Effects of pomegranate extract supplementation on cardiovascular risk factors and physical function in hemodialysis patients". *J Med Food*, 2015, v. 18, n. 9, pp. 941-9.

197 "Pasta is good for you, say scientists funded by big pasta". *Buzz Feed News*, 19 abr. 2018.

198 "Guest post: These two raisin studies read like advertisements". *WeightyMatters.ca*, 12 dez. 2016.

199 RICHTER, C. K.; SKULAS-RAY, A. C.; GAUGLER, T. L. et al. "Incorporating freeze dried strawberry powder into a high-fat meal does not alter postprandial vascular function or blood markers of cardiovascular disease risk: A randomized controlled trial". *American Journal of Clinical Nutrition*, 2017, v. 105, n. 2, pp. 313-22.

6. Coca-Cola, um estudo de caso

200 SACKS, G.; SWINBURN, B. A.; CAMERON, A. J.; RUSKIN, G. "How food companies influence evidence and opinion — straight from the horse's mouth". *Crit Public Health*, 13 set. 2017; GRANDJEAN, A. C.; REIMERS, K. J.; BUYCKX, M. E. "Hydration: Issues for the 21st century". *Nutrition Reviews*, 2003, v. 61, n. 8, pp. 261-71; MOYE, J. "Just the facts: 10 years in, Beverage Institute for Health and Wellness expands its reach", Coca-Cola, 17 dez. 2004; SHORT, D. "When science met the consumer: The role of industry". *American Journal of Clinical Nutrition*, 2005, v. 92 (caderno especial), pp. 256-8; O'REILLY, C. E.; FREEMAN, M. C.; RAVANI, M. et al., "The impact of a school-based safe water and hygiene program on knowledge and practices of students and their parents in Nyanza Province, Western Kenya, 2006". *Epidemiol Infect*, 2008, v. 136, n. 1, pp. 80-91.

201 APPLEBAUM, R. S. "Balancing the debate", apresentação à indústria alimentícia: Trends & Opportunities, 29th International Sweetener Symposium, Coeur d'Alene, Idaho, 7 ago. 2012. Disponível em: <www.phaionline.org/wp-content/uploads/2015/08/Rhona-Applebaum.pdf>.

202 SERÔDIO, P. M.; MCKEE, M.; STUCKLER, D. "CocaCola — a model of transparency in research partnerships? A network analysis of Coca-Cola's research funding (2008-2016)". *Public Health Nutrition*, 21 mar. 2018, pp. 1-14; SHOOK, R. P.; HAND, G. A.; DRENOWATZ, C. et al. "Low levels of physical activity are associated with dysregulation of energy intake and fat mass gain over 1 year". *American Journal of Clinical Nutrition*, 2015, v. 102, n. 6, pp. 1332-8; CHOO, V. L.; HA, V.; SIEVENPIPER, J. L. "Sugars and obesity: Is it the sugars or the calories?" *Nutr Bull.*, 2015, v. 40, pp. 88-96; ALTHUIS, M. D.; WEED, D. L. "Evidence mapping: Methodologic foundations and application to intervention and observational re-search on sugar-sweetened beverages and health outcomes". *American Journal of Clinical Nutrition*, 2013, v. 98, n. 3, pp. 755-68; ARCHER, E.; PAVELA, G.; LAVIE, C. J. "The inadmissibility of What We Eat in America and NHANES dietary data in nutrition and obesity research and the scientific formulation of national dietary guidelines". *Mayo Clin Proc.*, 2015, v. 90, n. 7, pp. 911-26; MENACHEMI, N.; TAJEU, G.; SEN, B. et al. "Overstatement of results in the nutrition and obesity peer-reviewed literature". *Am J Prev Med.*, 2013, v. 45, n. 5, pp. 615-21.

203 "Dr. Steven Blair of Coca-Cola and ACSM's Global Energy Balance Network". Disponível em: <https://www.youtube.com/watch?v=9xBV_Enlh1A>.

204 Escola de Saúde Pública Arnold, Universidade da Carolina do Sul. "Blair connects energy balance experts world-wide with new Global Energy Balance

Network (GEBN)", material de divulgação à imprensa, 5 dez. 2014; "Energy balance experts from six continents join forces to reduce obesity", material de divulgação à imprensa, 31 mar. 2015; BLAIR, S. N.; HAND, G. A.; HILL, J. O. "Energy balance: A crucial issue for exercise and sports medicine". *Br J Sports Med.*, 2015, v. 49, n. 15, pp. 970-71.

205 "CocaCola funds effort to alter obesity battle". *The New York Times*, 10 ago. 2015; NESTLE, M, "Coca-Cola's promotion of activity: A follow up". *FoodPolitics.com*, 12 ago. 2015.

206 "DeLauro statement on Coca-Cola funding biased obesity research", material de divulgação à imprensa, 10 ago. 2015.

207 "Setting the record straight on CocaCola and its scientific research", Coca-Cola Journey, 10 ago. 2015.

208 KENT, M. "Coca-Cola: we'll do better". *Wall Street Journal*, 19 ago. 2015.

209 DOUGLAS, S. "Our commitment to transparency: Our actions and way forward", Coca-Cola Journey, 22 set. 2015; DOUGLAS, e-mail para a autora, 10 mar. 2016. Os países adicionais são Austrália, Bélgica, Dinamarca, Finlândia, França, Irlanda, Holanda, Nova Zelândia, Noruega e Suécia.

210 PFISTER, K. "The new faces of Coke". *Medium*, 28 set. 2015.

211 "CocaCola funds returned: CU School of Medicine", comunicado da Universidade do Colorado, 6 nov. 2015; "University returns $1 million grant to Coca-Cola". *The New York Times*, 6 nov. 2015.

212 "Coca-Cola ends financial sponsorship of Academy of Nutrition and Dietetics". *Wall Street Journal*, 28 set. 2015; "Excerpts from emails between Coke, anti-obesity group". *Denver Post*, 24 nov. 2015; "Coke's chief scientist, who orchestrated obesity research, is leaving". *The New York Times*, 24 nov. 2015; "Facing criticism, a research group financed by Coca-Cola says it will disband". *The New York Times*, 1º dez. 2015; "A special thank you to Rhona Applebaum". *ILSI News*, 2015, v. 33, n. 2, p. 1; "CU nutrition ex-pert accepts $550,000 from Coca-Cola for obesity campaign". *Denver Post*, 26 dez. 2015; "CU nutrition expert who took Coca-Cola money steps down". *Denver Post*, 23 mar. 2016.

213 BARLOW, P.; SERÔDIO, P.; RUSKIN, G. et al. "Science organisations and Coca-Cola's 'war' with the public health community: Insights from an internal industry document". *J Epidemiol Community Health*, 14 mar. 2018; RUSKIN, G. "Commentary: Coca-Cola's 'war' with the public health community". *Environ Health News*, 3 abr. 2018.

214 "Emails reveal Coke's role in anti-obesity group". *Business Insider*, 24 nov. 2015.

215 "The Approval Matrix: Our deliberately oversimplified guide to who falls where on our taste hierarchies". *New York Magazine*, 30 nov.-13 dez. 2015, p. 96.

216 THACKER, P. "CocaCola's secret influence on medical and science journalists". BMJ, 2017, v. 357, j1638.

217 "Coca-Cola says it spent more on health research than previously disclosed". *Fortune*, 25 mar. 2016; DOUGLAS, S. "Our commitment to transparency: Our actions and way forward", Coca-Cola Journey, 7 out. 2016 e 24 mar. 2017.

218 KATZMARZYK, P. T.; BARREIRA, T. V.; BROYLES, S. T. et al. "The International Study of Childhood Obesity, Lifestyle and the Environment (ISCOLE): D-sign and methods". BMC *Public Health*, 2013, v. 13, p. 900; KATZMARZYK, P. T.; BARREIRA, T. V.; BROYLES, S. T. et al. "Relationship between lifestyle behaviors and obesity in children ages 9-11: Results from a 12 country study". *Obesity*, 2015, v. 23, n. 8, pp. 1696-702.

219 STUCKLER, D.; RUSKIN, G.; MCKEE, M, "Complexity and conflicts of interest statements: A case-study of emails exchanged between Coca-Cola and the principal investigators of the International Study of Childhood Obesity, Lifestyle and the Environment (ISCOLE)". *J Public Health Pol.*, 2018.

220 ROWE, S.; ALEXANDER, N.; CLYDESDALE, F. M.et al. "Funding food science and nutrition research: Financial conflicts and scientific integrity". *Journal of Nutrition*, 2009, v. 139, n. 6, pp. 1051-53.

221 SERÔDIO, P. M.; MCKEE, M.; STUCKLER, D. "Coca-Cola — a model of transparency in research partnerships? A network analysis of Coca-Cola's research funding (2008-2016)". *Public Health Nutrition*, 21 mar 2018, pp. 1-14; TSENG, M.; BARNOYA, J.; KRUGER, S. et al., "Disclosures of Coca-Cola funding: Transparent or opaque?". *Public Health Nutrition*, 21 mar. 2018, pp. 1-3.

222 "Coca-Cola CEO Muhtar Kent stepping down in 2017". *Forbes*, 9 dez. 2016; CocaCola, "Guiding principles for well-being scientific research and third party engagement", Coca-Cola Journey, 24 mar. 2017.

223 "Coca-Cola's funding of health research and partnerships". *Lancet*, editorial, 2015, v. 386, p. 1312

7. Comitês conflitantes: antes e agora

224 UK Health Forum. "Public health and the food and drinks industry: The governance and ethics of interaction; Lessons from research, policy and practice." Disponível em: <www.ukhealthforum.org.uk/prevention/pie/?entryid43=58305>.

225 PROXMIRE, W. "Conflict of interest on vitamin Recommended Dietary Allowances". *Congressional Record* — Senate 18477, 10 jun. 1974.

226 WADE, N. "Food board's fat report hits fire". *Science*, 1980, v. 209, pp. 248-50.

227 FISHER, K. D. "A successful peer review program for regulatory decisions". *Reg Toxicol Pharmacol*, 1982, v. 2, pp. 331-34; as citações de Fisher são de e-mails para a autora, 31 jul., 5 ago. e 10 ago. 2016.

228 NELTNER, T. G.; ALGER, H. M.; O'REILLY, J. T. et al. "Conflicts of interest in approvals of additives to food determined to be Generally Recognized as Safe: Out of balance". *JAMA Intern Med.*, 2013, v. 173, n. 22, pp. 2032-36; NESTLE, M. "Conflict of interest in the regulation of food safety: A threat to scientific integrity". *JAMA Intern Med.*, 2013, v. 173, n. 22, pp. 2036-8.

229 Activist Facts, "Center for Science in the Public Interest". Disponível em: <www.activistfacts.com/organizations/13-center-for-science-in-the-public-interest/>.

230 VAN HORN, L.; CARSON, A. S.; APPEL L. J. et al. "Recommended dietary pattern to achieve adherence to the American Heart Association/American College of Cardiology guidelines: A scientific statement from the American Heart Association". *Circulation*, 2016, v. 134, e505-e529.

231 "Petition to the National Institutes of Health seeking an independent review panel to reevaluate the National Cholesterol Education Program Guidelines". Center for Science in the Public Interest, 23 set. 2004. Disponível em: <https:// cspinet.org/sites/default/files/attachment/finalnihltr.pdf>; REDBERG, R. F.; KATZ, M. H. "Statins for primary prevention: The debate is intense but the data are weak". *JAMA Intern Med.*, 2017, v. 117, n. 1, pp. 21-3.

232 "Corn syrup lobbyist is helping set USDA dietary guidelines". *Intl Business Times*, 2 fev. 2018.

233 HERMAN, J. "Saving U.S. dietary advice from conflicts of interest". *Food Drug Law J.*, 2010, v. 65, n. 2, pp. 285-316.

234 ABRAMS, Z. "The food industry and the U.S. dietary guidelines: Investigating nutrition's most powerful players". *Medium*, 17 dez. 2016.

235 TEICHOLZ, N. *The Big Fat Surprise*. Nova York: Simon & Schuster, 2014; TEICHOLZ, N. "The scientific report guiding the US dietary guidelines: Is it scientific?" *BMJ*, 2015, v. 351, h4962.

236 O documento, de novembro de 2015, está disponível em: <https://cspinet.org/letter-requesting-bmj-retract-investigation>.

237 "Independent experts find no grounds for retraction of the BMJ article on dietary guidelines", material de divulgação à imprensa, BMJ, 2 dez. 2016. Disponível em: <www.bmj.com/company/wpcontent/uploads/2016/12/the-bmj-US-dietary-correction.pdf>; "The scientific report guiding the US dietary guidelines: Is it scientific? Corrections". BMJ, 2015, v. 351, h5686; "Correction". BMJ, 2016, v. 355, i6061.

238 "Division A — Agriculture, Rural Development, Food and Drug Administration, and Related Agencies Appropriations Act, 2016. Congressional Directives". Disponível em: <https://docs.house.gov/meetings/RU/RU00/20151216/104298/HMTG-114-RU00-20151216-SD002.pdf>.

239 Academias Nacionais de Ciências, Engenharia e Medicina. *Optimizing the Process for Establishing the Dietary Guidelines for Americans: The Selection Process.* Washington: National Academies Press, 2017.

240 ECKEL, R. H.; JAKICIC, J. M.; ARD, J. D. et al. "2013 AHA/ACC guideline on lifestyle management to reduce cardiovascular risk: A report of the American College of Cardiology /American Heart Association Task Force on Practice Guidelines". *Circulation* 2014, v. 129 (25Suppl2), s76-s99; SHIN, J. Y.; XUN, P.; NAKAMURA, Y.; HE, K. "Egg consumption in relation to risk of cardio-vascular disease and diabetes: A systematic review and meta-analysis". *American Journal of Clinical Nutrition*, 2013, v. 98, n. 1, pp. 146-59.

241 Denúncia de medida cautelar e declaratória, Corte Distrital dos Estados Unidos, Northern District of California, 6 jan. 2016.

242 GRIFFIN, J. D.; LICHTENSTEIN, A. H. "Dietary cholesterol and plasma lipoprotein profiles: Randomized-controlled trials". *Curr Nutr Rep.*, 2013, v. 2, n. 4, pp. 274-82.

243 E-mail para a autora em 14 fev. 2018.

244 KIM, J. E.; FERRUZZI, M. G.; CAMPBELL, W. W. "Egg consumption increases vitamin E absorption from co-consumed raw mixed vegetables in healthy young men". *Journal of Nutrition*, 2016, v. 146, n. 11, pp. 2199-205.

245 "A single line in an obscure court case reveals how the food industry decides what we're told is healthy". *Business Insider*, 21 out. 2016.

246 Associação do Açúcar. "Sugar Association statement on WHO guideline on sugars: It's misleading for 'strong' guidelines to be backed by only 'moderate,' 'low' and 'very low' evidence". 4 mar. 2015; Associação do Açúcar, "2015 Dietary Guidelines for Americans recommendation for added sugars intake: Agenda based, not science based", 7 jan. 2016.

247 ERICKSON, J.; SADEGHIRAD, B.; LYTVYN, L. et al. "The scientific basis of guideline recommendations on sugar intake: A systematic review". *Annals of Internal Medicine*, 2017, v. 166, n. 4, pp. 257-67.

248 SCHILLINGER, D.; KEARNS, C. "Guidelines to limit added sugar intake: junk science or junk food?". *Annals of Internal Medicine*, 2017, v. 166, n. 4, pp. 305-6.

249 "Study tied to food industry tries to discredit sugar guidelines". *The New York Times*, 19 dez. 2016; "Snickers maker criticizesindustry-funded paper on sugar". *Associated Press*, 21 dez. 2016.

250 ROWE, S.; ALEXANDER, N.; WEAVER, C. M. et al. "How experts are chosen to inform public policy: can the process be improved?" *Health Policy*, 2013, v. 112, pp. 172-8.

8. Cooptado?

251 AARON, D. G.; SIEGEL, M. B. "Sponsorship of national health organizations by two major soda companies". *Am J Prev Med.*, 2017, v. 52, n. 1, pp. 20-30; CANELLA, D. S.; MARTINS, A. P.; SILVA, H. F. et al. "Food and beverage industries' participation in health scientific events: Considerations on conflicts of interest". *Revista Panamericana de Salud Pública*, 2015, v. 38, n. 4, pp. 339-43; OSHAUG, A. "What is the food and drink industry doing in nutrition conferences?" *Public Health Nutrition*, 2009, v. 12, n. 7, pp. 1019-20; FLINT, S. W. "Are we selling our souls? Novel aspects of the presence in academic conferences of brands linked to ill health". *J Epidemiol Community Health*, 2016, v. 70, n. 8, pp. 739-40; MARGETTS, B. "Time to agree guidelines and apply an ethical framework for public health nutrition". *Public Health Nutrition*, 2009, v. 12, n. 7, pp. 885-6.

252 SWAN, P. B. "The American Society for Nutritional Sciences (1979-2003): Years of action and change". *Journal of Nutrition*, 2003, v. 133, n. 3, pp. 646-56; HILL, F. W. (org.). *The American Institute of Nutrition: A History of the First 50 Years 1928-1978 and the Proceedings of a Symposium Commemorating the 50th Anniversary of the Journal of Nutrition*, American Institute of Nutrition, 1978.

253 NESTLE, M.; BARON, R. B. "Nutrition in medical education: From counting hours to measuring competence." *JAMA Intern Med.*, 2014, v. 174, n. 6, pp. 843-4.

254 O título original do trabalho, "Nutrition Scientists on the Take from Big Food", remete diretamente a uma relação financeira na qual se faz algo espúrio em troca de dinheiro. [N.T.]

255 Sociedade Americana de Nutrição. "ASN Advisory Committee on Ensuring Trust in Nutrition Science: Talking points [for committee members]", 9 fev. 2016.

256 Os prêmios foram para James Hill (bolsista de 2017), John Peters (Prêmio de Pesquisa do Instituto de Ciência Mc-Cormick) e Beate Lloyd (Prêmio de Sustentação da Mesa Redonda para Parceiros de Sustentação), da Coca-Cola.

257 Instituto Global Stevia, "Stevia leaf to Stevia sweetener: Exploring its science, benefits and future potential", Sessões científicas da ANS Chicago, 22 abr. 2017; TEY, S. L.; SALLEH, N. B.; HENRY, J.; FORDE, C. G. "Effects of aspartame, monk frui, stevia and sucrosesweetened beverages on postprandial glucose, insulin and energy intake". *International Journal of Obesity*, 2017, v. 41, n. 3, pp. 450-7.

258 Sociedade Americana de Nutrição, "Have you heard about the pre-meeting activities?", e-mail para os membros, 27 mar. 2018. Veja também Sociedade Americana de Nutrição, "Nutrition 2018: Full schedule". Disponível em: <www.eventscribe.com/2018/ Nutrition2018/agenda.asp?pfp=FullSchedule>.

259 NESTLE, M. "Open letter to nutrition colleagues". *FoodPolitics.com*, 11 mai. 2009.

260 LUPTON, J. R.; BALENTINE, D. A.; BLACK, R. M. et al. "The Smart Choices front-of-package nutrition labeling program: Rationale and development of the nu-trition criteria". *American Journal of Clinical Nutrition*, 2010, v. 91, n. 4, pp. 1078s-89s; NESTLE, M. "Reply from the American Society of Nutrition". *FoodPolitics.com*, 18 mai. 2009.

261 NEUMAN, W. "For your health, Froot Loops". *The New York Times*, 4 set. 2009.

262 "The popularity of 'natural' food spawns an unnatural response". *The Economist*, 24 set. 2009.

263 A carta da FDA está em "Smart Choices: 44% sugar calories!". *FoodPolitics.com*, 24 ago. 2009; outras publicações relevantes no *FoodPolitics.com* incluem "You don't like Smart Choices? Act now!", 16 set. 2009; "Update on not-so-Smart Choice labels", 23 set. 2009; "Connecticut takes on Smart Choices!", 15 out. 2009.

264 "Smart Choices fails". *Forbes*, 23 out. 2009.

265 NESTLE, M. "Smart Choices suspended! May it rest in peace". *FoodPolitics.com*, 23 out. 2009.

266 EICHER-MILLER, H. A.; FULGONI, V. L.; KEAST, D. R. "Contributions of processed foods to dietary intake in the US from 2003-2008: A report of the Food and Nutrition Science Solutions Joint Task Force of the Academy of Nutrition and Dietetics, American Society for Nutrition, Institute of Food Technologists, and International Food Information Council". *Journal of Nutrition*, 2012, v. 142, n. 11, pp. 2065s-72s.

267 MONTEIRO, C. A.; CANNON, G.; MOUBARAC, J.-C., et al. "The UN decade of nutrition, the NOVA food classification and the trouble with ultraprocessing". *Public Health Nutrition*, 2018, v. 21, n. 1, pp. 5-17.

268 Sociedade Americana de Nutrição. "Comment from American Society for Nutrition". Disponível em: <www.regulations.gov/document?D=FDA-2012-N-1210-0268>.

269 "Changes to the Nutrition Facts label". Disponível em: <www.fda.gov/Food/GuidanceRegulation/GuidanceDocumentsRegulatoryInformation/LabelingNutrition/ucm385663.htm>.

270 "Use of the term 'natural' in the labeling of human food products; Request for information and comments: Proposed rule. 80 FR 69905", 12 nov. 2015; ROCK, A. "Peeling back the 'natural' food label", resposta de consumidor, 29 jan. 2016.

271 "Let industry fund science". *Slate*, 21 set. 2016.

272 O relatório foi finalmente publicado em janeiro de 2019. Como observou Marion Nestle no blog *FoodPolitics.com*, as recomendações do painel de especialistas foram amplamente direcionadas a indivíduos, e falaram muito pouco sobre a Sociedade Americana de Nutrição. Podemos destacar a recomendação de que a organização deveria entrar em parcerias apenas quando "mantidas exclusivamente por recursos dos membros ou por entidades sem fins lucrativos e sem conflito de interesses". Outra possibilidade, mais branda, seria o desenvolvimento de uma política de transparência "rigorosa" para políticas de patrocínio. "Eu, obviamente, fico com a primeira opção, principalmente por causa da substancial evidência de que conflitos de interesse percebidos — e, por isso — a desconfiança não podem ser eliminados por abordagens que permitem laços financeiros com empresas de alimentos, bebidas e suplementos que fabricam produtos de benefício duvidoso à saúde". [N.E.]

273 GOMES, F. "Words for our sponsors". *World Nutr.*, 2013, v. 4, n. 8, pp. 618-44.

274 "Malaysian government official personally profited from soda-government partnership". *The Russells*, 5 jan. 2018.

275 "In Asia's fattest country, nutritionists take money from food giants". *The New York Times*, 23 dez. 2017.

276 HAMID, J.; MOHAMED, J.; SOY, S. L. et al. "Characteristics associated with the consumption of malted drinks among Malaysian primary school children: Findings from the MyBreakfast study". *BMC Public Health*, 2015, v. 15, p. 1322.

277 Cientista anônimo, "Improper attack on study". *Star Online*, 25 dez. 2017;

LUDWIG, D. "Comment on BMC Public Health. 2015, 15:1322". *PubMed Commons*, 6 jan. 2018.

9. Soluções frágeis

278 ULLRICH, H. D. *The SNE Story: 25 Years of Advancing Nutrition Education*, Nutrition Communications Associates, 1992, p. 5; ULLRICH, H. D. *The Nutritionists: Scientists and Practitioners*. Helen Denning Ullrich, 2004.

279 GUSSOW, J. "Can industry afford a healthy America?". *CNI Weekly Rep.*, 1979, v. 9, n. 22, pp. 4-7.

280 GUSSOW, J. D. "Who pays the piper?". *Teach Coll Rec.*, 1980, v. 81, n. 4, pp. 448-66.

281 Sociedade de Educação e Comportamento Nutricional. "External funding policy", 27 jun. 2014. Disponível em: <www.sneb.org/clientuploads/directory/Documents/External _Funding_Policy_2014.pdf>.

282 "The new faces of Coke". *Medium.com*, 28 set. 2015; "Coke as a sensible snack? Coca-Cola works with dietitians who suggest cola as snack". *Associated Press*, 16 mar. 2015; "Coke ending sponsorship of dietitians group". *Associated Press*, 29 set. 2015.

283 "Soda group suspends payments to dietitians opposing new tax". *Associated Press*, 6 out. 2016.

284 "How Kellogg worked with 'independent experts' to tout cereal". *Associated Press*, 21 nov. 2016.

285 No original, em inglês, a palavra *lobby* não tem necessariamente conotação negativa, sendo usada para descrever qualquer ação de diálogo e negociação para fins políticos. No Brasil, organizações não governamentais preferem descrever a própria atuação como *advocacy*, diferenciando-se, assim, das movimentações corporativas. [N.T.]

286 STEIN, K. "Advancing health through sustained collaboration: How the history of corporate relations extended the academy's reach". *Journal of the Academy of Nutrition and Dietetics*, 2015, v. 115, pp. 131-42.

287 "Additives in advice on food". *The New York Times*, 15 nov. 1995.

288 "Kraft American Cheese Singles have been labeled a health food by professional nutritionists (not as a joke)". *Huff Post*, 18 mar. 2015; NESTLE, M. "Dietitians put seal on Kraft Singles (you can't make this stuff up)". *FoodPolitics.com*, 13 mar. 2015.

289 "A cheese 'product' gets kids' nutrition seal". *The New York Times*, 12 mar. 2015.

290 "Statement from Academy of Nutrition and Dietetics Foundation on new 'Kids Eat Right' nutrition education campaign". PR *Newswire*, 13 mar. 2015.

291 "The snacks of life". *The Daily Show*, 17 mar. 2015, YouTube. O trecho em questão está a 4'30". Disponível em: <www.youtube.com/watch?v=jCG_i9l-nBFc>.

292 BELLATTI, A. "Dietitians fight Kraft Singles' 'Kids Eat Right' seal". *Civil Eats*, 13 mar. 2015; "Kraft drops dubious 'Kids Eat Right' logo from its processed 'cheese' singles". *Take Part*, 31 mar. 2015.

293 "Nutritionists built close ties with the food industry. Now they're seeking some distance". *Stat News*, 31 out. 2016.

294 "Do candy and soda makers belong at a dietitians' conference?". *Associated Press*, 31 out. 2016.

295 BELLATTI, A. "Corporate sponsorship influence is not about 'weak-mindedness'". DFPI, 15 out. 2016. Disponível em: <https://integritydietitians.org/2016/10/15/corporate-sponsorship-influence-not-weak-mindedness/>.

296 "And now a word from our sponsors: Are America's nutrition professionals in the pocket of Big Food?". *Eat Drink Politics*, jan. 2013. Disponível em: <www.eatdrinkpolitics.com/wp-content/uploads/AND_Corporate_Sponsorship_Report.pdf>.

297 "Report faults food group's sponsor ties". *The New York Times*, 22 jan. 2013; BERGMAN, E. citação de NESTLE, M. "An open letter to Registered Dietitians and RDs in training: Response to yesterday's comments". *FoodPolitics.com*, 24 jan. 2013.

298 BELLATTI, A. "The food ties that bind: The Academy of Nutrition & Dietetics' 2013 Conference & Expo". DFPI, nov. 2013.

299 FREELAND-GRAVES, J.; NITZKE, S. "Position of the American Dietetic Association: Total diet approach to communicating food and nutrition in-formation". *Journal of American Diet Association*, 2002, v. 102, n. 7, pp. 100-8.

300 Associação Dietética Americana. "Code of ethics for the profession of dietetics". *Journal of American Diet Association*, 1999, v. 99, n. 1, pp. 109-13.

301 O'SULLIVAN MAILLET, J. "Conflicting priorities, questions without easy answers: Ethics and ADA". *Journal of American Diet Association*, 2002, v. 102, n. 9, p. 1208.

302 WOTEKI, C. E. "Ethics opinion: Conflicts of interest in presentations and publications and dietetics research". *Journal of American Diet Association*, 2006, v. 106, n. 1, pp. 27-31.

303 TAPPENDEN, K. A. "A unifying vision for scientific decision making: The Academy of Nutrition and Dietetics' Scientific Integrity Principles". *Journal of the Academy of Nutrition and Dietetics*, 2015, v. 115, pp. 1486-90; "Letter to members". AND, 19 jan. 2016 (cópia da autora).

10. Justificativas, fundamentos e desculpas — todos estão em conflito?

304 PURDY, S.; LITTLE, M.; MAYES, C. et al. "Debates about conflict of interest in medicine: Deconstructing a divided discourse". *J Bioeth Inq.*, 2017, v. 14, n. 1, pp. 135-49.

305 "U.S. Agricultural R&D in an era of fall-ing public funding". *Amber Waves*, 10 nov. 2016; "Science and technology funding under Obama: A look back". AAAS, 19 jan. 2017; "The Trump administration's science budget: Toughest since Apollo?". AAAS, 29 mar. 2017.

306 HOURIHAN, M.; PARKES, D. "Federal R&D budget trends: A summary". AAAS, 20 dez. 2016.

307 "Federal support for nutrition research trends upward as USDA share declines". *Amber Waves*, 1º jun. 2015; Congresso dos Estados Unidos, Lei Agrícola de 2014. Disponível em: <www.agriculture.senate.gov/imo/media/doc/Farm_Bill_Final.pdf>.

308 USDA. "Research projects", 25 ago. 2016. Disponível em: <www.ars.usda.gov/research/projects/?slicetype=keyword>; USDA. "National Program 107: Human Nutrition Annual Reports". Disponível em: <www.ars.usda.gov/nutrition-food-safetyquality/human nutrition/docs/annual-reports>.

309 Stanford History Education Group. "Evaluating information: The cornerstone of civic online reasoning", 2016. Disponível em: <https://sheg.stanford.edu/upload>. /V3LessonPlans/Executive%20Summary%2011.21.16.pdf; BESLEY, J. C.; MC-CRIGHT, A. M.; ZAHRY, N. R. et al. "Perceived conflict of interest in health science partnerships". *PLOS One*, 2017, v. 12, n. 4, e0175643.

310 RAATZ, S. K.; JOHNSON, L. K.; PICKLO, M. J. "Consumption of honey, sucrose, and high-fructose corn syrup produces similar metabolic effects in glucose tolerant and -intolerant individuals". *Journal of Nutrition*, 2015, v. 145, n. 10, pp. 2265-72; CHIU, S.; WILLIAMS, P. T.; KRAUSS, R. M. "Effects of a very high saturated fat diet on LDL particles in adults with atherogenic dyslipidemia: A randomized controlled trial". *PLOS One*, 2017, v. 12, n. 2, e0170664.

311 SONG, F.; PAREKH BHURKE, S.; HOOPER, L. et al. "Extent of publication bias in different categories of research cohorts: A meta-analysis of empirical studies". *BMC Med Res Methodol.*, 2009, v. 9, p. 79.

312 ORANSKY, I.; MARCUS, A. "Keep negativity out of politics. We need more of it in journals". *Stat News*, 14 out. 2016.

313 GOLDBERG, D. S. "coi bingo". *BMJ*, 2015, v. 351, h6577.

314 LIPTON, S.; BOYD, E. A.; BERO, L. A. "Conflicts of interest in academic research: Policies, processes, and attitudes". *Account Res.*, 2004, v. 11, n. 2, pp. 83-102.

315 HADDOCK, C. K.; POSTON, W. S.; LAGROTTE, C. et al. "Findings from an on-line behavioural weight management programme provided with or without a forti-fied diet beverage". *British Journal of Nutrition*, 2014, v. 111, n. 2, pp. 372-79.

316 GORNALL, J. "Sugar: Spinning a web of influence". *BMJ*, 2015, v. 350, h231.

317 JEBB, S. "Yes, I work with the food industry, but I doubt they see me as a friend". *The Guardian*, 13 fev. 2015.

318 ZACHWIEJA, J.; HENTGES, E.; HILL, J. O. et al. "Public-private partnerships: The evolving role of industry funding in nutrition research". *Adv Nutr.*, 2013, v. 4, n. 5, pp. 570-2.

319 COPPOLA, A. R.; FITZGERALD, G. A. "Confluence, not conflict of interest: Name change necessary". *JAMA*, 2015, v. 314, n. 17, pp. 1791-2.

320 KATZ, D. "Industry-funded research: conflict or confluence?" *Huff Post*, 20 ago. 2015.

321 AVEYARD, P.; YACH, D.; GILMORE, A. B.; CAPEWELL, S. "Head to head: Should we welcome food industry funding of public health research?" *BMJ*, 2016, v. 353, i2161; LUDWIG, D. S.; NESTLE, M. "Can the food industry play a constructive role in the obesity epidemic?" *JAMA*, 2008, v. 300, n. 15, pp. 1808-11.

322 ROTHMAN, K. J. "Conflict of interest: The new McCarthyism in science". *JAMA*, 1993, v. 269, n. 21, pp. 2782-8.

323 Comentário de "Ombudsman" sobre NESTLE, M. "Five more industry-funded studies with expected results. Score 70:5". *FoodPolitics.com*, 8 out. 2015.

324 Citação de ALLISON KARASU, S. R. "Interests conflicted: A 'wicked problem' in medical research". *Psychology Today*, 12 out. 2016.

325 SAGNER, M.; BINKS, M.; YAPIJAKIS, C. et al. "Overcoming potential threats to scientific advancements: Conflict of interest, ulterior motives, false innuendos and harassment". *Prog Cardiovasc Dis.*, 2017, v. 59, n. 5, pp. 522-4.

326 "The quality of medical research, not its source of funding, is what matters". *The New York Times*, 20 set. 2016.

327 "It's silly to assume all research funded by corporations is bent". *The Guardian*, 14 mai. 2016.

328 CAULFIELD, T.; OGBOBU, U. "The commercialization of university-based research: Balancing risks and benefits". *BMC Med Ethics*, 2015, v. 16, p. 70.

329 COPE, M. B.; ALLISON, D. B. "White hat bias: Examples of its presence in obesity research and a call for renewed commitment to faithfulness in research reporting". *International Journal of Obesity*, 2010, v. 34, n. 1, pp. 84-8.

330 GALEA, S. "A typology of nonfinancial conflict in population health research". *American Journal of Public Health*, 2018, v. 108, n. 5, pp. 631-2

331 IOANNIDIS, J. "Why most published research findings are false". *PLOS Med.*, 2005, v. 2, n. 8, e124.

332 IOANNIDIS, J. P. A.; TREPANOWSKI, J. F. "Disclosures in nutrition research: Why it is different". *JAMA*, 2018, v. 319, n. 6, pp. 547-48.

333 "Nature journals tighten rules on non-financial conflicts". *Nature*, 2018, v. 554, p. 6.

334 KRIMSKY, S. "The ethical and legal foundations of scientific 'conflict of interest'", em: LEMMENS, T.; WARING, D. R. *Law and Ethics in Biomedical Research: Regulation, Conflict of Interest, and Liability*. Toronto: Toronto University Press, 2006, pp. 63-81; LEVINSKY, N. G. "Sounding board: Nonfinancial conflicts of interest in research". *New England Journal of Medicine*, 2002, v. 347, n. 10, pp. 759-61; KRIMSKY, S. "Autonomy, disinterest, and entrepreneurial science". *Society*, 2006, v. 43, n. 4, pp. 22-9.

335 BERO, L. A.; GRUNDY, Q. "Why having a (nonfinancial) interest is not a conflict of interest". *PLOS Biol.*, 2016, v. 14, n. 12, e2001221; BERO, L. "Addressing bias and conflict of interest among biomedical researchers". *JAMA*, 2017, v. 317, n. 17, pp. 1723-24; BERO, L. A.; GRUNDY, Q. "Not all influences on science are conflicts of interest". *American Journal of Public Health*, 2018, v. 108, n. 5, pp. 632-33; PLOS Medicine Editors, "Making sense of non-financial competing interests". *PLOS Medicine*. 2008, v. 5, n. 9, e199.

336 RODWIN, M. A. "Attempts to redefine conflicts of interest". Research paper n. 17-18, Suffolk University Law School, 7 dez. 2017; RODWIN, M. A. "Should we try to manage non-financial interests? No". *BMJ*, 2018, v. 361, k1240; SCHWAB, T.

"Dietary disclosures: How important are non-financial disclosures?". BMJ, 2018, v. 361, k1451; BERO, L. "What is in a name? Nonfinancial influences on the outcomes of systematic reviews and guidelines". *Journal of Clinical Epidemiology*, 2014, v. 67, pp. 1239-41.

337 KORN, D. "Conflicts of interest in biomedical research". JAMA, 2000, v. 284, n. 17, pp. 2234-7.

11. Divulgação e descontentamento

338 NESTLE, M. (org.). "Mediterranean diets: Science and policy implications". *American Journal of Clinical Nutrition*, 1995, v. 61 (caderno especial), pp. 1313s-427s.

339 Comitê Internacional dos Editores de Revistas Médicas. "Conflicts of interest. ICMJE form for disclosure of potential conflicts of interest". Disponível em: <http:// icmje.org/conflicts-of-interest/>.

340 JAMA Network. "Conflicts of interest and financial disclosures". Disponível em: <http://jamanetwork.com/journals/jama/pages/instructions-for-authors#Sec ConflictsofInterestandFinancialDisclosures>.

341 "Conflict of interest guidelines". Disponível em: <https://nutrition.org/publications/guidelines-and-policies/conflict-of-interest/>.

342 KESSELHEIM, A. S.; ROBERTSON, C. T.; MYERS, J. A. et al. "A randomized study of how physicians interpret research funding disclosures". *New England Journal of Medicine*, 2012, v. 367, n. 12, pp. 1119-27.

343 GOOZNER, M. "Unrevealed: Non-disclosure of conflicts of interest in four leading medical and scientific journals". Centro de Ciência para o Interesse Público, 12 jul. 2004; MANDRIOLI, D.; KEARNS, C. E.; BERO, L. A. "Relationship between research outcomes and risk of bias, study sponsorship, and author financial conflicts of interest in reviews of the effects of artificially sweetened beverages on weight outcomes: A systematic review of reviews". *PLOS One*, 2016, v. 11, n. 9, e0162198; SERÔDIO, P. M.; MCKEE, M.; STUCKLER, D. "Coca-Cola — a model of transparency in research funding (2008-2016)". *Public Health Nutrition*, 21 mar. 2018, v. 21, pp. 1-14.

344 ARCHER, E.; HAND, G. A.; BLAIR, S. N. "Validity of U.S. nutritional surveil-lance: National Health and Nutrition Examination Survey caloric energy intake data, 1971—2010". *PLOS One* 2013, v. 8, n. 10, e76632; "Correction". *PLOS One* 2013, v. 8, n. 10, 10.1371/annotation.

345 CHIAVAROLI, L.; DE SOUZA, R. J.; HA, V. et al. "Effect of fructose on established lipid targets: A systematic review and meta-analysis of controlled feeding trials". *Journal of the American Heart Association*, 2015, v. 4, e001700.

346 NESTLE, M. "Another five industry-funded nutrition studies with industry-favorable results. Score: 60:3". *FoodPolitics.com*, 17 set. 2015.

347 "Is this epic study disclosure statement the world's greatest or most absurd?". *Weighty Matters*, 17 set. 2015.

348 SIEVENPIPER, J. L. "Sickeningly sweet: does sugar cause chronic disease? No". *Canadian Journal of Diabetes*, 2016, v. 40, pp. 287-95; "Correction". *Canadian Journal of Diabetes*, 2016, v. 40, p. 603.

349 BARNOYA, J.; NESTLE, M. "The food industry and conflicts of interest in nutrition research: A Latin American perspective". *J Public Health Pol.*, 2016, v. 37, n. 4, pp. 552-59 [retracted]; NESTLE, M. "A retraction and apology". *FoodPolitics.com*, 25 nov. 2015; "Retraction published for nutrition researcher Marion Nestle". *RetractionWatch.com*, 31 dez. 2015.

350 SACKETT, D. L. "List of DLS's potential conflicts". Disponível em: <www.bmj.com/content/ suppl/2002/02/28/324.7336.539.DC1>; "David Sackett". BMJ, obituário, 2015, v. 350, h2639.

351 LOEWENSTEIN, G.; SAH, S.; CAIN, D. "The unintended consequences of conflict of interest disclosure". *JAMA*, 2012, v. 307, n. 7, pp. 669-70; SAH, S. "Conflicts of interest and your physician: Psychological processes that cause unexpected changes in behavior". *The Journal of Law, Medicine & Ethics*, 2012, v. 40, n. 3, pp. 482-7; SAH, S.; LOEWENSTEIN, G.; CAIN, D. M. "The burden of disclosure: Increased compliance with distrusted advice". *Journal of Personality and Social Psychology*, 2013, v. 104, n. 2, pp. 289-304.

352 BERO, L. A. "Disclosure policies for gifts from industry to academic faculty". *JAMA*, 1998, v. 279, n. 13, p. 1031; Universidade Cornell, "Sanctions for non-compliance with the financial conflict of interest related to research policy", 2017.

353 "PubMed urged to include funding info, conflicts of interest with study abstracts". Centro para a Ciência no Interesse Público, 30 mar. 2016; BLUMENTHAL, R. "Blumenthal, colleagues urge clear disclosure of conflicts of interest in scientific papers", material de divulgação à imprensa, 30 mar. 2016; COLLINS, M. "PubMed updates March 2017". NLM Tech Bull, mar. e abr. 2017, v. 415, e2.

354 "PubMed to include conflict of interest statements with study abstracts", 18 abr. 2017.

355 US House of Representatives Committee on Oversight and Government Reform. "FOIA is broken: A report", jan. 2016.

356 LEWANDOWSKY, S.; BISHOP, D. "Don't let transparency damage science". *Nature*, 2016, v. 529, pp. 459-61.

357 HALPERN, M. "Freedom to bully: How laws intended to free information are used to harass researchers". União de Cientistas Conscientes, fev. 2015; "How public must science be? Union of Concerned Scientists would limit disclosures". *Boston Globe*, 19 mar. 2016.

358 "Science in an age of scrutiny: How scientists can respond to criticism and personal attacks", set. 2012.

359 THACKER, P. D.; SEIFE, C. "Post removed by PLOS —The fight over transparency: Round two". *PLOS Biologue*, 13 ago. 2015.

360 THACKER, P. D. "Scientists, give up your emails". *The New York Times*, 9 jan. 2016.

361 LIPTON, E. "Food industry enlisted academics in G.M.O. war, emails show". *The New York Times*, 5 set. 2015; THACKER, P. D. "Why scientific transparency is so tricky: People love transparency in science, until they don't". *Pacific Standard*, 21 mar. 2017.

362 "Fisheries scientist under fire for undisclosed seafood industry funding". *The Salt*, 12 mai. 2016.

363 "From eggs to trees, USDA promotional programs controversial". *US News*, 4 set. 2015.

364 "American Egg board denies claims it 'went way beyond its mandate' as Hampton Creek calls for Congressional investigation". *Food Navigator*, 15 set. 2015; WATSON, E. "American Egg board to get 'ethics training' after USDA uncovers 'inappropriate behavior' over Hampton Creek". *Food Navigator*, 7 out. 2016; MONKE, J.; GREENE, J. L.; DABROWSKA, A. et al. "FY2017 Agriculture and related agencies appropriations: In brief", Serviço de Pesquisa do Congresso, 20 dez. 2016; "Hampton Creek smells a rat in ag appropriations bill over FOIA requests". *Food Navigator*, 29 abr. 2016.

12. Gerenciamento de conflitos

365 "The Nutrition Foundation, Inc.". *Science*, 1942, v. 95, p. 64.

366 KING, C. G. *A Good Idea: The History of the Nutrition Foundation*, Nutrition Foundation, 1976, p. 10; 11; 25; 163; 118.

367 "62 institutions get $1,810,730 in grants for research". *The New York Times*, 19 nov. 1948.

368 "Rachel Carson book is called one-sided". *The New York Times*, 14 set. 1962.

369 "'The martyred meal': Some skip it, some skim it, some splurge". *The New York Times*, 21 jan. 1967; "For your health, Froot Loops". *The New York Times*, 4 set. 2009.

370 "Dining in the laboratory". *The New York Times*, 14 ago. 1974.

371 "Taking the fat out of eating". *The New York Times*, 17 mar. 1982.

372 MARSHALL, E. "Diet advice, with a grain of salt and a large helping of pepper." *Science*, 1986, n. 231, pp. 537-9; Source-Watch. "International Life Sciences Institute". Disponível em: <https://www.sourcewatch.org/index.php/International_Life_Sciences_Institute>.

373 STARE, F. J. *Adventures in Nutrition*, Christopher Publishing House, 1991, p. 155; 158.

374 STARE, F. J. *Harvard's Department of Nutrition, 1942-1986*. Boston: Christopher Publishing House, 1987.

375 "Frederick J. Stare, defender of the American diet, died on April 4th, aged 91". *Economist*, 18 abr. 2002; ROSENTHAL, B.; JACOBSON, M.; BOHM, M. "Feeding at the company trough". *Congressional Record*, 1976, v. 122 (parte 21, 24 ago.), 27527-31.

376 KEARNS, C. E.; SCHMIDT, L. A.; GLANTZ, A. S. "Sugar industry efforts to steer science on coronary heart disease: An historical analysis of internal industry documents". *JAMA Intern Med.*, 2016, v. 176, n. 11, pp. 1680-5; MCGANDY, R. B.; HEGSTED, D. M.; STARE, F. J. "Dietary fats, carbohydrates and atherosclerotic vascular disease", parte I, *New England Journal of Medicine*, 1967, v. 277, n. 4), pp. 186-92 e parte II, *New England Journal of Medicine*, 1967, v. 277, n. 5, pp. 242-7; KEARNS, C. E.; APOLLONIO, D.; GLANTZ, A. S. "Sugar industry sponsorship of germ-free rodent studies linking sucrose to hyperlipidemia and cancer: An historical analysis of internal documents". *PLOS Biol.*, 2017, v. 15, n. 11, e2003460.

377 NESTLE, M. "Food industry funding of nutrition research: The relevance of history for current debates". *JAMA Intern Med.*, 2016, v. 176, n. 11, pp. 1685-86.

378 HEGSTED, D. M. "Serum-cholesterol response to dietary cholesterol: A reevaluation". *American Journal of Clinical Nutrition*, 1986, v. 44, n. 2, pp. 299-305; NESTLE, M. "In memoriam: Mark Hegsted, 1914-2009". *FoodPolitics.com*, 18 ago. 2009.

379 HEGSTED, D. M. "Statement", em: Senado dos Estados Unidos, Comitê Seleto sobre Nutrição e Necessidades Humanas, Metas Dietéticas para os Estados Unidos, fev. 1977, xv.

380 GLINSMANN, W. H.; IRAUSQUIN, H.; PARK, Y. K. "Report from FDA's Sugars

Task Force, 1986: Evaluation of health aspects of sugars contained in carbohydrate sweeteners". *Journal of Nutrition*, 1986, v. 116, (11 suppl), s1-s216; JOHNS, D. M.; OPPENHEIMER, G. M. "Was there ever really a 'sugar conspiracy'?". *Science*, 2018, v. 359, pp. 747-50.

381 OMS, ingestão de açúcares para adultos e crianças: Diretriz, 2015; "We were wrong about saturated fats". *Time*, 7 jul. 2016; LUSTIG, R. *Fat Chance: Beating the Odds Against Sugar, Processed Food, Obesity, and Disease*. Nova York: Hudson Street Press, 2012; TAUBES, Gary. *Açúcar: culpado ou inocente?* São Paulo: L&PM Editores, 2018.

382 KOWITT, B. "These ubiquitous food industry ingredients are now on the decline". *Fortune*, 14 mar. 2017; SCRINIS, G. *Nutritionism: The Science and Politics of Dietary Advice*. Nova York: Columbia University Press, 2013; POLLAN, M. "Unhappy meals". *New York Times Magazine*, 28 jan. 2007.

383 "Instructions for authors". *Journal of Nutrition*, 1960, v. 70, n. 1, pp. 127-8.

384 RELMAN, A. S. "Dealing with conflicts of interest". *New England Journal of Medicine*, 1984, v. 310, pp. 1192-93; "Guidance for journals developing or revising policies on conflict of interest, disclosure, or competing financial interests", fev. 2005.

385 Humane Society. "U.S. per capita egg consumption, 1950-2008". Dados do Departamento de Agricultura, Serviço de Pesquisa Educacional, 2010. Disponível em: <www.humanesociety.org/assets/pdfs/farm/Per-Cap-Cons-Eggs-1.pdf>; GARWIN, J. L.; MORGAN, J. M.; STOWELL, R. L. et al. "Modified eggs are compatible with a diet that reduces serum cholesterol concentrations in humans". *Journal of Nutrition*, 1992, v. 122, n. 11, pp. 2153-60.

386 DONALDSON, W. E.; GARLICH, J. D.; HILL, C. H. "Comments on the paper by Garwin et al. (1992)". *Journal of Nutrition*, 1993, v. 123, n. 9, 1601.

387 MERRILL, A. H. "Comment by A.H. Merrill, Associate Editor". *Journal of Nutrition*, 1993, v. 123, n. 9, p. 1605.

13. Além de divulgar, o que fazer?

388 "In this issue of JAMA". *JAMA*, 2017, v. 317, n. 17, pp. 1705-812.

389 "Nestlé policy on public-private science & research partnerships".

390 SAH, S.; FUGH-BERMAN, A. "Physicians under the influence: Social psychology and industry marketing strategies". *The Journal of Law, Medicine & Ethics*, 2013, v. 41, n. 3, pp. 665-72.

391 MOZAFFARIAN, D. "Conflict of interest and the role of the food industry in nutrition research". JAMA, 2017, v. 317, n. 17, pp. 1755-6.

392 Academias Nacionais de Ciências, Engenharia e Medicina, *Fostering Integrity in Research*, National Academies Press, 2017; THORNTON, J. P. "Conflict of interest and legal issues for investigators and authors". JAMA, 2017, v. 317, n. 17, pp. 1761-2.

393 OMS. "Sixty-Ninth World Health Assembly (WHA) agenda item 11.3: Framework of Engagement with Non-State Actors", 28 mai. 2016. Disponível em: <http://apps.who.int/gb/ebwha/pdf_files/WHA69/A69 _R10-en.pdf?ua=1>.

394 "NGOs protest industry influence at WHO". *Politico*, 26 jan. 2016.

395 "Civil Society Statement on the World Health Organization's proposed Framework of Engagement with Non-State Actors (FENSA), 69th World Health Assembly", mai. 2016. Disponível em: <www.ghwatch.org/sites/www.ghwatch.org/files/Civil%20Society%20Statement%2060.pdf>.

396 BROWN, K.; RUNDALL, P.; LOBSTEIN, T. et al. "On behalf of sixty-one signatories. Open letter to WHO DG candidates: Keep policy and priority setting free of commercial influence". *Lancet*, 2017, v. 389, p. 1879.

397 OMS. *Abordagem e gestão de conflitos de interesses no planejamento e execução de programas de nutrição no âmbito nacional. Relatório da consulta técnica realizada em Genebra, na Suíça, de 8 a 9 de outubro de 2015*. Disponível em: <http://iris.paho.org/xmlui/handle/123456789/34896>.

398 OMS, "Guidance on ending the inappropriate promotion of foods for infants and young children: Mandate from the World Health Assembly", 28 mai. 2016.

399 ROWE, S.; ALEXANDER, N.; CLYDESDALE, F. M. et al. "Funding food science and nutrition research: financial conflicts and scientific integrity". *Nutrition Reviews*, 2009, v. 67, n. 5, pp. 264-72; *Journal of Nutrition*, 2009, v. 139, n. 6, pp. 1051-53; *American Journal of Clinical Nutrition*, 2009, v. 89, n. 5, pp. 1285-91; *Journal of the Academy of Nutrition and Dietetics*, 2009, v. 109, n. 5, pp. 929-36.

400 ROWE, S.; ALEXANDER, N.; KRETSER, A. et al. "Principles for building public-private partnerships to benefit food safety, nutrition, and health research". *Nutrition Reviews*, 2013, v. 71, n. 10, pp. 682-91.

401 ALEXANDER, N.; ROWE, S.; BRACKETT, R. E. et al. "Achieving a transparent, actionable framework for public-private partnerships for food and nutrition research". *American Journal of Clinical Nutrition*, 2015, v. 101, v. 6, pp. 1359-63.

402 BERO, L. A. "Accepting commercial sponsorship". BMJ, 1999, v. 319, pp. 653-4; MONTEIRO, C. A.; CANNON, G. "The impact of transnational 'Big Food' companies on the South: A view from Brazil". *PLOS Med.*, 2012, v. 9, n. 7, e1001252; "Dietary public health research and the food industry: Towards a consensus". Robinson College (Cambridge), 11 dez. 2015.

403 BELLATTI, A. "Ethical sponsorship". DFPI, 2017. Disponível em: <https://integritydietitians.org/category/ethical-sponsorship/>.

404 MONTEIRO, C. A.; CANNON, G.; MOUBARAC, J.-C. et al. "The UN Decade of Nutrition, the NOVA food classification and the trouble with ultra-processing". *Public Health Nutrition*, 2018, v. 21, n. 1, pp. 5-17.

405 KASSIRER, J. P.; ANGELL, M. "Financial conflicts of interest in biomedical research". *New England Journal of Medicine*, 1993, v. 329, n. 8, pp. 570-1; NIH, "Financial conflict of interest: 2011 revised regulations", 2 nov. 2016.

406 Universidade da Califórnia, Berkeley. "Conflict of interest". Disponível em: <https://compliance.berkeley/conflict-of-interest>.

407 NIPP, R. D.; MOY, B. "No conflict, no interest". *JAMA Oncol.*, 2016, v. 2, n. 12, pp. 1631-2; BERO, L. "Essays on health: How food companies can sneak bias into scientific research". *The Conversation*, 1º nov. 2016.

14. É hora de agir

408 MARKS, J. H. "Caveat partner: Sharing responsibility for health with the food industry". *American Journal of Public Health*, 2017, v. 107, n. 3, pp. 360-1.

409 TEMPELS, T.; VERWEIJ, M.; BLOK, V. "Big Food's ambivalence: Seeking profit and responsibility for health". *American Journal of Public Health*, 2017, v. 107, n. 3, pp. 402-6.

410 Unilever, "Science with objectivity and integrity"; Assuntos Regulatórios e Científicos da Nestlé, "Nestlé policy on public-private science & research partnerships"; DOUGLAS, S. "Our commitment to transparency: Our actions and way forward", Coca-Cola Journey, 24 mar. 2017.

411 "New CDC chief saw Coca-Cola as ally in obesity fight". *The New York Times*, 22 jul. 2017.

412 Durante o processo de edição desse livro, o CDC se viu envolvido num escândalo particular com a Coca-Cola. O vazamento de e-mails revelou relações próximas entre pesquisadores e a empresa, num entrelaçamento de questões pessoais e profissionais. Um resumo pode ser encontrado em: <https://outraspalavras.net/ojoioeotrigo/2019/01/e-mails-revelam-intimidade-e-influencia-de-coca-cola-sobre-agencia-de-saude-nos-eua/>. [N.E.]

413 Dixon Hughes Goodman LLP. "Foundation for the National Institutes of Health, Inc.: Financial statements and supplementary information years ended December 31, 2016 and 2015". Disponível em: <https://fnih.org/sites/default/files/final /pdf/2016%20Audited%20Financial%20Statements.pdf>; Foundation for the National Institutes of Health. "Celebrating 20 years: 2016 Annual Report". Disponível em: <http://2016-annual-report.fnih.org/wp-content/uploads/2016-fnih-annual-report-web.pdf>.

414 "Is alcohol good for you? An industry-backed study seeks answers". *The New York Times*, 3 jul. 2017.

415 "NIH rejected a study of alcohol advertising while pursuing industry funding for other research". *Stat News*, 2 abr. 2018; "Congressional investigation needed into scientific and ethical corruption at the NIAAA". *Tobacco Analysis*, 26 mar. 2018. Disponível em: <http://tobaccoanalysis.blogspot.com/2018/03/congressional-investigation-needed-into.html>; "The National Institute on Alcohol Abuse and Alcoholism clinical trial of should be halted". *The Hill*, 14 abr. 2018.

416 SCHAFER, A. "Biomedical conflicts of interest: A defense of the sequestration thesis". *J Med Ethics*, 2004, v. 30, n. 1, pp. 8-24; MARKS, J. H. "Toward a systemic ethics of public-private partnerships related to food and health". *Kennedy Institute of Ethics Journal*, 2014, v. 24, n. 3, pp. 267-99; AGOSTONI, C. "Sponsors and investigators in food science: Vicious circle or virtuous circle?". *Pediatr Res.*, 2009, v. 65, n. 4, p. 369.

417 ZACHWIEJA, J.; HENTGES, E.; HILL, J. O. et al. "Public-private partnerships: The evolving role of industry funding in nutrition research". *Advances in Nutrition*, 2013, v. 4, n. 5, pp. 570-72.

418 KATAN, M. B. "Does industry sponsorship undermine the integrity of nutrition research?" *PLoS Med.*, 2007, v. 1, n. 4, e6.

419 "World Obesity's terms of engagement". Disponível em: <www.worldobesity.org/who-we-are/what-we-stand-for/financial-engagementpolicy/>.

420 ROTHMAN, D. J.; MCDONALD, W. J.; BERKOWITZ, C. D. et al. "Professional medical associations and their relationships with industry: A proposal for controlling conflict of interest". *JAMA*, 2009, v. 301, n. 13, pp. 1367-72.

421 ALBERTS, B.; CICERONE, R. J.; FIENBERG, S. E. et al. "Self-correction in science at work". *Science*, 2015, v. 348, pp. 1420-2.

422 GOTTLIEB, J. D.; BRESSLER, N. M. "How should journals handle the conflict of interest of their editors? Who watches the 'watchers'?" *JAMA*, 2017, v. 317, n. 17, pp. 1757-8; EASLEY, T. J. "Medical journals, publishers, and conflict of interest". *JAMA*, 2017, v. 317, n. 17, pp. 1759-60; International Committee of Medical Journal Editors, "Recommendations for the conduct, reporting, editing, and publication of scholarly work in medical journals". Disponível em: <www.icmje.org/icmje-recommendations.pdf>.

423 GODLEE, F.; MALONE, R.; TIMMIS, A. et al. "Journal policy on research funded by the tobacco industry". *BMJ*, 2013, v. 347, f5193; SMITH, R. "Comment from the editor". *BMJ*, 2003, v. 327, p. 505.

424 FONTANAROSA, P.; BAUCHNER, H. "Conflict of interest and medical journals". *JAMA*, 2017, v. 317, n. 17, pp. 1768-71; TOVEY, D. "Cochrane and conflict of interest". *Cochrane Community*, 18 abr. 2016. Disponível em: <http://community.cochrane.org/news/cochrane-and-conflict-interest>; *New England Journal of Medicine*, Author Center, "New manuscripts". Disponível em: <www.nejm.org/author-center/new-manuscripts>.

425 Sociedade de Jornalistas Profissionais. "SPJ Code of Ethics," revisado em 6 set. 2014.

426 "Monsanto and the organics industry pay to train journalists: What could go wrong?" *Forbes*, 31 mai. 2016.

427 "Where do science journalists draw the line?" *Columbia Journal Rev.*, 23 nov. 2015.

428 "Journalists fail to reveal sources funded by CocaCola: A short report". *US Right to Know*, 14 dez. 2015.

429 WANG, M. T. M.; GREY, A.; BOLLAND, M. J. "Conflicts of interest and expertise of independent commenters in news stories about medical research". *Canadian Medical Association Journal*, 2017, v. 189, n. 15, e553-59.

430 WILNER, T. "How to talk about conflict of interest". *Center for Skeptical Inquiry*, 5 out. 2016.

431 HealthNewsReview.org. "Our review criteria". Disponível em: <www.healthnewsre-view.org/about-us/review-criteria/>.

432 "How to read and understand a scientific paper: A step-by-step guide for non-scientists". *Huff Post*, 18 jun. 2014.

433 MILLER, D.; HARKINS, C.; SCHLÖGL, M.; MONTAGUE, B. *Impact of Market Forces on Addictive Substances and Behaviours*, Oxford University Press, 2018.

434 NIH, "Financial conflict of interest: 2011 revised regulations", 2 nov. 2016.

435 Association of Public and Land-Grant Universities. *The Challenge of Change: Harnessing University Discovery, Engagement, and Learning to Achieve Food and Nutrition Security*, 2017.

Posfácio
Uma verdade indigesta à brasileira

436 CARVALHO, Camila Maranha Paes. *Processo de construção do guia alimentar para a população brasileira de 2014: consensos e conflitos*. Tese de Doutorado. Universidade do Estado do Rio de Janeiro, Instituto de Medicina Social. 2017. 209 f.

437 A consulta pública na íntegra está disponível em: <http://189.28.128.100/dab/docs/portaldab/documentos/relatorio_consulta_publica.pdf>.

438 GIBNEY, Michael J;. FORDE, Ciarán G.; MULLALLY, Deirdre; GIBNEY, Eileen R.; "Ultra-processed foods in human health: a critical appraisal". *The American Journal of Clinical Nutrition*, v. 106, n. 3, 1º set. 2017, pp. 717-24, doi.org/10.3945/ajcn.117.160440

439 MONTEIRO, Carlos; CANNON, Geoffrey, MOUBARAC, Jean-Claude; LEVY, Renata; LOUZADA, Maria Laura; JAIME, Patricia. "Ultra-processing. An odd 'appraisal'". *Public Health Nutrition*, v. 21, 2017, pp. 1-5. 10.1017/S1368980017003287.

440 MIALON, Mélissa et al. "Criticism of the NOVA classification: who are the protagonists?". *Journal of the World Public Health Nutrition Association*, v. 9, n. 3. 29 dez. 2018.

441 CANUTO, R.; DA SILVA GARCEZ, A.; KAC, G., DE LIRA, P.; OLINTO, M. "Eating frequency and weight and body composition: A systematic review of observational studies". *Public Health Nutrition*, 2017, v. 20, n. 12, pp. 2079-95. doi:10.1017/S1368980017000994

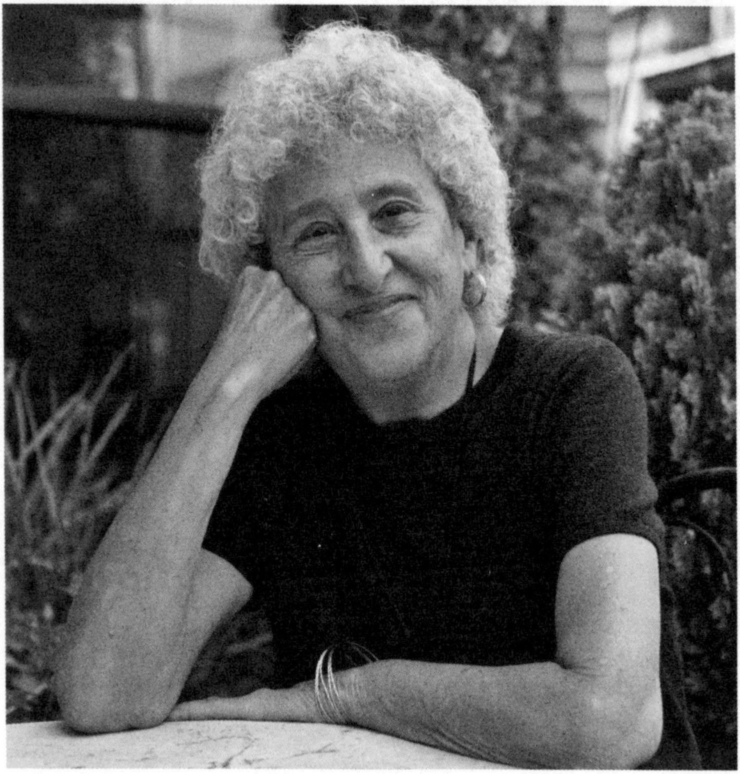

Marion Nestle nasceu em 1936. É professora emérita da Faculdade de Nutrição, Estudos Alimentares e Saúde Pública da Universidade de Nova York. É também professora visitante no curso de Ciências Nutricionais da Universidade de Cornell. É autora, entre outros, de *Food Politics* [Políticas da comida] (University of California Press, 2002) e *Soda Politics* [Políticas do refrigerante] (Oxford University Press, 2015), nos quais explicita as estratégias da indústria de alimentos para criar confusão na ciência e na formulação de políticas públicas em benefício próprio. Ao longo de mais de meio século de carreira acadêmica, acumulou premiações e homenagens, como o Public Health Hero [Heroína da saúde pública] da Universidade de Califórnia em Berkeley.

**Esta publicação
contou com o apoio da**

ACT
Promoção da **Saúde**

© Elefante, 2019
© Marion Nestle, 2019

Título original:
*Unsavory Truth: How Food Companies
Skew the Science of What We Eat*, 2018.

This edition published by arrangement with Basic Books, an imprint of Perseus Books, LLC, a subsidiary of Hachette Book Group, Inc., New York, New York, USA. All rights reserved.

Primeira edição, maio de 2019
Terceira reimpressão, março de 2025
São Paulo, Brasil

Dados Internacionais de Catalogação na Publicação (CIP)
Angélica Ilacqua CRB–8/7057

Nestle, Marion
Uma verdade indigesta: como a indústria alimentícia manipula a ciência do que comemos; [tradução Heloisa Menzen] / Marion Nestle. — São Paulo: Elefante, 2019.
368 p.

ISBN 978-85-93115-27-1

Título original: Unsavory Truth: How Food Companies Skew the Science of What We Eat

1. Alimentos - Indústria 2. Alimentos - Pesquisa - Aspectos morais e éticos 3. Alimentos - Marketing - Aspectos morais e éticos 4. Política alimentar I. Título II. Menzen, Heloisa

19-0800   CDD 664

Índices para catálogo sistemático:
1. Alimentos - Indústria

EDITORA ELEFANTE
editoraelefante.com.br
contato@editoraelefante.com.br
fb.com/editoraelefante
@editoraelefante

O JOIO E O TRIGO
ojoioeotrigo.com.br
joio@ojoioeotrigo.com.br
fb.com/najoeira
@ojoioeotrigo

Tipografia Adelle, Rhode & Swift
Papel Supremo 250 g/m² & Pólen Bold 70 g/m²
Impressão PifferPrint